철학,
세상과
소통하기

철학, 세상과 소통하기

초판 1쇄 인쇄일 · 2007년 10월 5일
초판 1쇄 발행일 · 2007년 10월 12일

지은이 · 김범춘
펴낸이 · 양미자

책임 편집 · 추미영
경영 기획 · 하보해
본문 디자인 · 이춘희

펴낸곳 · 도서출판 모티브북
등록번호 · 제313-2004-00084호
주소 · 서울시 마포구 동교동 156-2 마젤란21빌딩 1104호
전화 · 02-3141-6921, 6924 / 팩스 · 02-3141-5822
e-mail · motivebook@naver.com

ISBN 978-89-91195-19-6 03100

- 잘못된 책은 구입한 곳에서 바꾸어 드립니다.
- 이 책은 저작권법에 따라 보호를 받는 저작물이므로 무단 전재와 무단 복제, 광전자매체 수록을 금합니다. 이 책 내용의 전부 또는 일부를 이용하려면 도서출판 모티브북의 서명동의를 받아야 합니다.

철학, 세상과 소통하기

김범춘 지음

모티브
BOOK

머리말

부정적 사고의 힘

　　　　　　　　　　우리는 누구일까요? 우리 가운데 나는 또 누구일까요? 철학은 결국 우리 자신의 존재를 문제 삼습니다. 존재! 사실 지금의 나는 지금까지의 선택의 결과물입니다. 이런저런 선택의 과정에서 내가 했던 선택의 내용이 바로 나 자신이라는 겁니다. 그 많은 선택지 가운데서 다른 것도 아닌 그 어떤 선택지를 골라냈다면, 그건 바로 당신이 그런 사람이기 때문입니다. 누군가는 선택지가 없었다거나 선택지가 적었다고, 지금도 그렇다고 말할 것입니다. 그래서 왜 나에게는 선택지가 없거나 적을까 하고 물어본다면, 그처럼 선택지가 없거나 적은 그런 처지에서 살아가는 사람이 바로 당신 자신이라는 대답이 돌아올 것입니다. 이 새로운 통찰은 자신의 변화 가능성을 열어놓습니다. 새로운 선택지를 만들고 자신의 가능성을 넓히는 일이 생겨나고, 이 일은 변화의 계기가 됩니다. 이런 변화를 위해서는 '부정의 힘', 곧 내가 주목하지 않았던, 생각하지 않았던 것에 대한 관심과 시각을 갖는 삶의 태도가 필요합니다.

　주어진 틀 속에서 생각하고 살아가는 '긍정의 힘'에 관한 내용 없는 짧은 이야기가 넘치는 세상입니다. 그러나 틀을 넘어서지 않는다면 삶과 역사는 한 치도 나아가지 못합니다. 긍정의 힘은 안정과 누림을 노리고 있습니다. 주어진 것만이라도 잘 활용하면 행복할 수 있다는 삶의 태도는 지극히 현실적이며 별로 잃어버릴 게 없다는 점에서 매력적이기도 합니다. 반면에 부정의 힘은 불안정과 상실에 대한 두려움을 갖게 합니다. 가진 것조차 잃어버릴 수도 있다는 불안감에 부정의 힘을 거부해보지만, 그것까지 넘어서는 부정에 이르면 모든 것이 새로운 가능성으로 다가옵니다. 체 게바라Che Guevara(1928~1967)가 "우리 모두 현실주의자가 되자. 하지만 가슴속에 비현실적인 꿈을 갖자All of us, let's be realists, but have unrealistic dreams in our hearts."고 한 것도 바로 이런 가능성을 얘기한 것입니다.

마르쿠제H. Marcuse(1898~1979)는 사회를 변혁하려는 시도를 유토피아에 대한 열망이라고 비난하는 사람들을 향해 "사람들이 새로운 이론을 비난할 때 사용하는 유토피아라는 말을 두려워하지 않는다. 진리가 기존의 사회 질서 안에서 실현될 수 없을 때 그것은 언제나 그 사회에서는 단순한 유토피아로 보인다."고 말하면서 유토피아적 요소가 철학에 포함된 유일한 진보적 요소였고, 바로 그 유토피아적 열망이 있어 오늘날의 발전이 가능했다고 진단합니다. 없는 세상, 불가능한 세상인 유토피아는 머릿속에서만 가능한 이상향理想鄕이 아니라 현실을 바꾸는 힘을 가진 현실적 대안이 됩니다. 노동하는 사람이 존중받는 세상은 과거의 신분 사회나 억압적 자본주의 사회에서는 불가능한 이상향이었습니다. 그러나 누구도 이제 그걸 이상향이라고 말하지 않습니다.

질곡의 사회에서 강요된 선택을 거부하는 것도 부정의 힘이고, 새로운 사회를 열고자 하는 노력도 현실을 부정하는 데서 출발합니다. 부정이 진정한 긍정을 낳는 원천인 것입니다. 그런데 우리는 이처럼 현실을 넘어서려는 욕망을 꿈이라고 말합니다. 어쩌면 헛된 꿈이라는 말이 더 어울린다고 생각할지도 모릅니다. 하지만 이건 맞지 않습니다. 꿈은 언제나 그 속성상 긍정이 아니라 부정이고, 그래서 아름다운 것입니다. 꿈꾸는 사람, 희망을 가진 사람이 아름답다면, 그 이유는 주어진 현실을 넘어서려고 하기 때문일 것입니다. 이때 꿈은 곧 부정의 힘이고, 주어진 현실을 넘어서서 새로이 만들어내는 현실은 다름 아닌 새로운 긍정입니다. 새로운 긍정이 부정에서부터 시작된다는 말은 이런 내용을 담고 있습니다.

이 부정의 힘이 철학의 핵심인 '비판'입니다. 그리고 비판은 가능성의 문제를 다룹니다. 가능성의 문제란 떠올릴 수 있는 모든 경우의 수와 상황을 전제로 삼으면서 새로운 결론, 즉 새로운 현실을 만들어내는 것을 가리키는 말입니다. 비판은 그렇기에 불가능하다고 포기하는 사람이 아니라, 무엇인가를 가능하게, 더 나아가 현실로 만들어보려는 사람의 몫입니다. 포기하는 사람, 안주하는 사람은 긍정의 힘을 믿습니다. 쟁취하는 사람, 찾아 나서는 사람은 부정의 힘을 믿습니다. 오늘날의 용어로 말하자면 정착하는 농경민과 떠도는 유목민, 즉 노마드nomad의 차이가 바로 긍정과 부정의 차이입니다. 유목민은 주어진 현실을 새로운 현실로 대체합니다. 없으면 있는 데를 찾아 나섭니다. 찾아 나선 곳에 제대로 먹을 것이 있을지는 아무도 모릅니다. 그래서 불안하고 힘들지만, 그래도 나서는 게 그들의 삶입니다.

부정과 비판은 우리를 강하게 해줍니다. "참으로 하루가 새로워지려거든 나날이 새롭게 하고 또 새롭게 하라苟日新 日日新 又日新."는 말도 나날이 자신을 부정하는 데서 새로움이 가능함을 강조합니다. 마음을 다지거나 새로운 결심을 하는 일상의 일도 다르지 않습니다. 어제와 다른 나는 어제의 나를 부정하는 것이며, 오늘과 다른 내일의 나도 오늘의 나를 부정하는 것입니다. 그래서 새로움과 변화는 부정과 비판을 먹고 자라납니다. 강호江湖의 고수高手, '센 놈'은 스스로 부정하고 부정해서 이전과는 전혀 다른 절정의 고수로 변해갑니다. 물론 진정한 고수는 늘 칼을 놓는 순간을 꿈꿉니다. 칼을 놓는 순간, 칼을 부정하는 그날이 진정으로 최고수가 되는 날이기 때문입니다. 결국 최고수라는 마지막 완성, 절대 긍정도 칼을 부정하는 데서 가능한 것입니다.

인류 사상사에서 일어난 세계사적 스캔들도 마찬가지입니다. 사상가가 의도했든 의도하지 않았든 간에 그들의 연구와 결과는 대단히 부정적인 것입니다. 우주관을 송두리째 뒤흔들어버린 갈릴레이G. Galilei(1564~1642), 창조의 비밀을 과학으로 증명한 다윈C. R. Darwin(1809~1882), 삶을 움직이는 궁극적인 힘이 노동과 경제임을 밝힌 마르크스K. Marx(1818~1883), 잠자는 무의식을 깨워서 불러낸 프로이트S. Freud(1856~1939). 이 사상가들은 모두 도저히 움직일 수 없을 만큼 강력한 긍정의 세계를 부정합니다. 지구 중심적 우주, 신의 창조, 정신적 문화, 이성적 의식은 누구도 건드릴 수 없는 견고한 중심이었지만, 이 사상가들은 그 중심에 도전했습니다. 그 결과 그들의 부정은 이제 우리의 긍정이 되었습니다. 이처럼 인류 사상사에서 이루어진 발전도 그 근본에서는 부정이며 비판입니다.

사람의 행복도 다르지 않습니다. 대부분의 사람들은 긍정 속에서 행복을 좇아 살아갑니다. 누구는 "밥 굶지 않는 것만으로도 행복하지." 하고, 누구는 "작은 것도 나누면 행복해진다."고 자랑처럼 말합니다. 모두들 불행을 억지로라도 꾸며서 행복으로 탈바꿈시키려고 합니다. 또 그보다 많은 사람들이 누군가에게 행복하게 해주겠다고 약속합니다. 이미 행복하다면 행복을 약속하지 않아도 됩니다. 그렇기에 행복하게 해주겠다는 약속은 현실의 불행을 전제하는 것입니다. 어두운 면을 감추고 모두 밝은 쪽으로 쏠려갑니다. 철학의 힘, 부정의 힘은 이 어두운 면을 고스란히 나의 삶의 모습으로 받아들이고 인정하는 것입니다. 밥을 굶지 않는 게 아니라 배부르게 먹을 수 있게 변화시켜야 합니다. 충분히 먹고도 남는 밥을 남에게 나누면, 그게 정말 인간다운 사람의 태도입니다. 작은 것을 크게 만들어서 더 많은 사람과 나누는 게 실제로 더 낫습니다. 부족함, 작은 것의 행복은 풍요로움, 큰 것의 행복을 찾기에 실패하면 어쩌나 하는 약한 사람들의 자기 위안입니다.

 그래서 부정은 '센 놈'의 자기 도전입니다. 약자는 너와 나, 그들과 우리를 구분하면서 안정을 찾습니다. 약자는 선택의 폭을 좁히면서 즐거움을 누리고자 합니다. 약자는 소통하기보다는 닫아버립니다. 약자는 인간성이 부족한 자신의 삶을 현실 때문이라고 말합니다. 반면에 강자는 차이를 인정하면서 통합합니다. 너와 나는 다르지만, 너는 너의 가치를, 나는 나의 가치를 갖는다고 인정하는 게 강자의 태도입니다. 또 강자는 늘 선택지를 넓혀갑니다. 그런데 선택지를 넓히는 과정에는 고통이 따릅니다. 강자는 그 고통을 즐깁니다. 그리고 강자는 문을 열어놓습니다. 더 강한 사람을 만나서 더 강해지고 싶은 마음이 굴뚝같기 때문입니다. 이런 모든 삶의 태도 가운데서 강자의 가장 두드러지는 특징은 강함을 억압의 수단이나 출세의 수단이 아니라 인간됨의 도구로 생각한다는 것입니다. 강한 것이 아름다운 경우는, 그 강함을 나 밖의 인간을 위해, 나 자신의 인간됨을 위해 사용할 때입니다.

물론 강한 것만이 가치 있는 것은 아닙니다. 그러나 남과 자신의 인간적 삶을 위해서 강함을 꿈꾸는 사람이라면, 그의 삶에서 약함보다 강한 게 나은 것이 틀림없습니다. 강함은 무엇인가를 변화시키고 만들어내고 따뜻하게 할 수 있는 힘을 갖고 있기 때문입니다. 이 책이 말하고자 하는 부정의 힘, 철학의 힘, '센 놈'은 바로 이런 강함으로 채워진 따뜻함입니다. 하지만 이 따뜻함은 우선 신경을 곤두세우고, 기분을 상하게 하고, 뭔지 모를 거부감을 일으킬 것입니다. 긍정에 익숙해진 사람에게는 행복이나 즐거움은커녕 불편함을 줄 것입니다. 이 거슬림, 불편함은 부정의 과정에서 지불해야 할 기회비용입니다. 행복은 불행을 거치면서 커져갑니다. 괴로움은 즐거움을 두 배로 즐길 수 있게 해주는 귀한 약입니다. 비움이나 약함이 아름다운 것은 그 자체가 아름답기 때문이 아닙니다. 비움은 채움을 가능하게 하고, 약함은 강함을 가능하게 하기 때문에 아름다운 것입니다. 그저 빈 상태로, 약한 상태로 지속하는 것은 의미가 없습니다. 마음을 비우는 심재心齋조차도 일상의 작은 나를 더 큰 나로 변화시키기 위한 것입니다. 이 책은 바로 그런 변화를 노리는 작은 노력입니다.

차례

머리말 : 부정적 사고의 힘 004

제1부 무리짓기

가족이라는 굴레의 비밀 015
당신의 짐은 얼마나 됩니까? 023
우리도 대치동에 살 수 있을까 027
주류는 말이 없다 036
눈은 말한다 042
용서하지 않으리! 048
종교와 미신 그리고 인간 053
누굴 존경하세요? 060
동창회, 앨범, 그리고 옛사랑 066
성공과 구멍 난 양말 혹은 낡은 구두 071
우연의 힘 076
부정어법의 속내 081
습격의 본능 084
노마디즘 088

제2부 선택하기

둘이면 족하다 ... 095
배워야 하는 까닭 ... 102
이성을 거부하라! ... 111
나이를 먹다 ... 116
무두질과 담금질 ... 120
범춘 씨의 하루 ... 125
좋은 인상 남기기 혹은 남 속이기 ... 132
삶의 계 ... 139
타인의 힘 ... 144
차선과 차악의 미덕 ... 150
수 또는 도표의 덫 ... 158
꽃을 주세요 ... 164
일부일처제의 위기 ... 170

제3부 소통하기

내 안의 남 ... 181
당신은 누구신가요? ... 186
지루함은 지루하지 않다! ... 193
인간의 조건 ... 199
분노에 대하여 ... 205
인간적인, 너무나 인간적인 병, 우울증 ... 209
좌절 연기 그리고 좌절 대처법 ... 214
알고 모르는 일 ... 219
천박함의 시대 ... 224
감각의 과잉 ... 228
유머의 우울함 ... 233
가장 사실적인 것이 가장 환상적이다 ... 239

준비된 사람과 행운 244
공동선의 이상 : 새해 인사를 겸하며 248
말과 문자를 넘어서 253
삼류 인생 259
잘못된 믿음으로 살아가다 266
누가 사회적 약자에 대한 배려를 말하는가? 273

제4부 인간되기

현존과 부재 그리고 차별성 281
순수의 함정 287
미인과 남자 293
선의는 없다! 298
아니마와 아니무스 305
일상의 반복에서 발견하는 행복 309
봄꽃을 곁에 하고서 313
시간과 백지 317
접속사의 진실 321
Sie wissen das nicht, aber sie tun es 326
명절증후군 330
선물과 뇌물 사이 337
소갈비 한 대 343
기본은 기본이다 346
체력, 정신력 그리고 인간됨 349
등산화 길들이기 354
사람살이 358

제1부

무리짓기

가족이라는 굴레의 비밀

　　　　　　　　　　　　　　"우린 가족이다!" "너는 가족과 다름없는 사람이야." 이런 말처럼 우리를 흔들어놓는 감동적인 문구도 드물 것입니다. 회사에서도 식당에서도 광고에서도 '가족처럼'이라는 말이 넘쳐납니다. 그런데 왜 우리는 이런 말에 흔들리는 것일까요? 아마도 가족이라는 단어에는 뭔가 다른 무엇이 숨어 있기 때문일 것입니다. 노골적으로 드러내지 않고 숨어 있다면, 그 숨어 있음 자체부터 의심해야 합니다. 마치 우리라는 단어가 우리 밖의 누군가를 전제하고 있듯이 가족 역시 가족 밖의 대상을 전제하고 있는 것입니다. 울타리는 안과 밖을 구분하는 동시에 나와 남을 구분합니다. 가족과 가족 아닌 사람 또는 가족과 다름없는 사람 사이의 구분점은 무엇일까요? 사람들은 흔히 그것을 사랑이라고 합니다. 하지만 사랑은 사실 서로 다른 집단 사이의 불가능한 관계를 넘어서는 특별한 감정 상태를 가리키는 말입니다. 어머니가 아이를 사랑한다는 건 그리 자랑할 것도 신기할 것도 없는 사건입니다. 그러나 피 한 방울 섞이지 않은 남의 자식을 제 자식으로 받아들여 사랑하는 부모의 이야기는 하나의 사건입니다. 그래서 가족을 둘러싼 구분 기준으로서 사랑은 적절하지 않습니다.

엥겔스F. Engels(1820~1895)는 『가족 사유재산 국가의 기원』이라는 책에서 "남녀의 새로운 세대가 자라나서, 남자는 일생을 두고 금전이나 기타 사회적 권력 수단으로 여자를 사는 일이 없게 되고 여자는 진정한 사랑 이외에는 다른 어떤 동기로도 결코 남자에게 몸을 맡기지 않게 되며, 사랑하는 사람에게 경제적 결과에 대한 두려움으로 몸을 허락해버리는 일을 거부하게 될 때" 비로소 새로운 가족 관계, 혼인 관계가 나타날 것이라고 말합니다. 그리고 이런 거부가 가능하려면 자본주의적 생산 양식을 극복해야 한다고 주장합니다. 여기서 한 가지 주목할 점은 엥겔스가 여성의 성적 자유를 대단히 중요한 가치로 제시하고 있다는 점입니다. 물론 이 성적 자유는 경제적 권력에 의해서 제한되거나 박탈당하고 있는데, 결국 여성의 성적인 자유가 여성의 경제적인 능력과 비례 관계에 있다고 주장하는 것으로 해석할 수 있습니다. 이전의 가족 관계와 새로운 가족 관계의 차이를 밝히는 글에서 경제적 동기와 사랑이 대립항으로 제시되고 있다는 점은 그냥 지나칠 문제가 아닙니다. 이 말을 좀더 확대해서 해석하면 우리의 가족 관계는 사랑이 아니라 경제적 이해관계에 따라 이루어지고 있다는 것입니다. 슬슬 불편해지기 시작합니다.

엥겔스는 가족의 역사를 부모와 자식 간의 성관계를 금지하는 형태로부터 형제자매 간의 성관계를 배제하는 형태로, 그리고 서로 다른 혈연 관계를 가진 사람들이 짝을 이루는 형태로 변화한 것과 연관시켜서 설명합니다. 간단히 말해서 결혼 상대자의 범주에서 점차

적으로 근친, 원친, 인척까지 배제하는 것이 결혼과 가족의 발달사입니다. 엥겔스에 따르면 이건 물론 재화財貨의 상속권과 맞물려 있습니다. 재산을 배타적으로 소유하려는 욕구가 결혼과 가족 형태를 변화시켰다는 것입니다. 만약 이 통찰을 우리가 받아들인다면, 우리 시대의 가족이나 결혼 형태의 변화도 바로 이 재산의 소유권 또는 상속권과 연관해서 살펴보는 것이 필요합니다. 그리고 이 소유권이나 상속권은 일상생활에서는 우선 공동 향유의 권리로 나타납니다. 같이 밥을 먹고 같은 집에서 살면서 비슷한 교육을 받고 비슷한 문화생활을 하는 것이 공동 향유입니다. 따라서 가족이란 누군가 배불리 먹을 때 굶지 않으며, 누군가 따뜻한 방에서 잘 때 한뎃잠을 자지 않으며, 누군가 교육을 받을 때 교육에서 배제되지 않으며, 누군가 즐길 때 소외당하는 구성원이 없다는 걸 뜻합니다. 그런데 우리의 가족생활이 영락없이 이런 모습입니까?

　아까 가족 관계는 이해관계와 맞물려 있다고 했습니다. 만약 굶거나 한뎃잠을 자거나 교육받지 못하거나 즐기지 못하고 있는 가족 구성원이 있다면, 그 까닭은 그가 가족 구성원이 아니기 때문이 아니라 이해관계의 측면에서 상대적으로 작은 기여를 하고 있기 때문일 것입니다. 사랑이 아니라 이해관계가 가족의 삶에서도 관철되고 있습니다. 그래서 우습게도 "우리 집은 화목해."라든지 "우리 집은 사랑이 넘쳐."라는 말이 자랑이 되는 것입니다. 만약 가족이라면 서로 화목하고 사랑하는 게 당연한 일인데, 그게 어떻게 자랑이 됩니까? 그런 말을 뒤집어보면 가족도 얼마든지 화목하지 않을 수 있으며 사랑하지 않을 수도 있다는 겁니다. 실제로 우리는 주변에서 화목하고 사랑하는 가족을 찾기가 쉽지 않습니다. 그리고 그 불화와 미움의 바탕에 경제적인 문제가 도사리고 있다는 것도 잘 알고 있습니다. 과거에 가난하면서도 화목한 가정이 그나마 많았던 이유는 가난에서 벗어나려는 공동의 의지, 목표가 있었기 때문이고, 공동 노력의 결과 점차 형편이 조금씩 나아지는 걸 느낄 수 있었기 때문입니다. 가족의 희생으로 개천에서 용이 나고, 그 용이 가족을 한 방에 용의 가족으로 만들 수 있었다는 말입니다. 그런가 하면 과거 부잣집에는 아버지의 외도나 자식의 일탈 행동으로 문제가 생기기도 했지만 그 문제가 가정을 깰 만한 것은 되지 못했습니다. 문제를 해결하는 경제적인 능력이 뒷받침되었기 때문입니다.

가족 구성원을 보호해주는 울타리가 바로 가족이라는 말이 갖는 가치의 핵심입니다. 그렇기에 나를 보호해주지 못하는 가족이라는 울타리는 굴레일 뿐입니다. 이때 말하는 보호는 물리적인 위협으로부터의 안전이 아니라 나의 욕망 충족의 실현 가능성을 가리키는 것입니다. 어떤 가족도 물리적인 위협을 늘 막아내지는 못합니다. 어린 시절에야 아이들 싸움에 어른이 나서서 보호막이 될 수도 있습니다만, 사회적 갈등에서 비롯되는 물리적 위협에는 아이들의 폭력만 있는 게 아닙니다. 욕망 충족의 실현 가능성이란 어떤 물리적 폭력에 대처할 수 있는 능력을 키우려는 나의 욕망을 가족이 충족시켜줄 수 있는가 하는 것입니다. 호신술을 배워볼 수도 있고, 돈으로 폭력을 회유할 수도 있고, 사회적으로 높은 자리에 올라 폭력에서 자유로울 수도 있습니다. 이런 모든 것을 원하는 만큼 뒷바라지할 수 있는 것이 바로 욕망 충족의 실현 가능성입니다. 대부분의 가정, 가족은 이 문제를 교육으로 풀어나가려고 합니다. 도를 넘어 미쳐버린 과외 풍토는 교육의 문제가 아니라 욕망의 문제입니다. 달리 욕망을 충족시킬 수단을 갖지 못한 사람들이 자녀 교육에 실낱같은 희망을 걸고 살아가는 걸 욕할 수 없습니다. 그리고 대안교육이니 자녀의 취향 존중이니 하는 말은 적어도 먹고사는 문제를 해결한 사람들의 자기 자랑일 뿐이라고 백안시하는 것을 가진 자에 대한 비아냥거림이라고 쉽게 욕할 수도 없습니다.

 우리 시대에만 가족이 붕괴되는 것이 아닙니다. 가족은 언제나 붕괴되어왔고 새로이 일어서 왔습니다. 우리 시대만이 가족이 어려운 게 아니라 늘 가족은 어려웠고 또 간간이 풍요로웠습니다. 자식을 열 명이나 낳아 기르면서도 행복에 겨워 오히려 힘들어하는 듯한 가족들이 드물지 않게 매체를 타고 나타납니다. 어떤 사람은 저게 사람 사는 것이라고 맞장구를 칩니다. 다 허황한 말잔치입니다. 부모의 욕심에 부모는 행복할지 몰라도 아이들이 한결같이 행복한 것은 아닙니다. 그것이 종교적인 신념이든 개인적인 가치관이든 간에 그런 가족들을 구성할 수 있는 것은 다 먹고살 만한 최소한의 형편입니다. 적응하지 못하는 아이를 대안학교에 보내고 싶은 부모가, 서로 돌아가면서 아이를 보살피는 공동 육아를 하고 싶은 부모가 대부분이라면, 왜 그 사람들이 그렇게 하지 못하는가에 주목해야 합니다. 잘난 놈들의 잘난 자랑이라는 말을 듣기 싫다면, 그런 이야기가 오해라면, 그렇게 하지 못하고 살아가야 하는 사람들의 귀를 위해서도 입조심해야 합니다. 그래서 알고 보면 결국은 다 제 가족 찾고 제 가족 먹여 살리고 있을 뿐이라고 자신의 이기심을 변명하지 않아야 합니다. 죽어라 노력해도 결실은커녕 운조차 없는 사람들에게는 노력에 대한 대가도, 능력에 맞는 선택도 다 운처럼 보이는 법입니다. 그래서 더 아픈 것입니다.

우리 시대에 드러나는 분명한 경향은 가족이 다양화되고 있다는 것입니다. 한 사람 가족이 늘어나고 자녀 없는 두 사람 가족이 적지 않습니다. 이제는 동성결혼 가족까지 생겨나고 있습니다. 가족의 중심 관계를 구성하던 부모와 자식의 관계가 해체되고 아내와 남편의 관계도 바뀌고 있습니다. 결혼하지 않은 가족의 등장을 보며 가족을 만들어내고 유지하던 결혼제도를 다시 생각하게 됩니다. 그리고 이 모든 변화를 특징짓는 것은 바로 가족 가치관이 책임에서 향유로 이전하고 있다는 것입니다. 전통적으로 가족을 유지하는 힘은 책임이었습니다. 부모의 어깨에는 감당하기 힘들 만큼 무거운 무게의 책임이 실려 있었습니다. 자식에게는 부모에 대한 보답이라는 도덕적 책임이 전가되었습니다. 부모는 자식의 성공으로 그 무게를 덜었고, 자식은 부모의 한결같은 사랑으로 보답을 미룰 수도 있었습니다. 그러나 사정이 달라지고 있습니다. 서로가 자신만의 삶을 말하기 시작하고, 책임보다는 자신의 삶에 대한 향유를 주장하기 시작한 것입니다. 이게 가능해진 까닭은 겉으로야 어떻게 해서든 제 밥벌이는 할 수 있는 세상이라는 삶의 환경 변화에 있겠지만, 속으로는 모두 다짐을 벗고 싶어하는 그런 마음 때문입니다.

물론 아직도 부모와 자식의 사랑을 말하는 가족이 있습니다. 철학적으로 사랑은 무엇인가와 하나가 되려는 성향을 가리킵니다. 여기서 중요한 건 '무엇'과 '하나 됨'입니다. 왜냐하면 사람은 아무것하고나 하나 되려고 하지 않기 때문입니다. 뭔가 그럴듯한 것하고 합치는 걸 원한다는 말입니다. 가족 중에 유난히 능력이 떨어지는 사람은 가족 구성원에서 내치겠다는 협박에 시달리지만, 특별히 뛰어난 사람은 자랑스러운 가족 구성원으로 칭찬받는 까닭도 같습니다.

사랑love의 어원이 기뻐하다lubere이든 믿다believe든 간에 사정이 달라지지 않습니다. 믿음을 주고 기쁨을 주는 무엇과 하나가 되는 게 가족입니다. 전혀 자랑스럽지도 않은 골칫덩어리나 깊은 병을 앓는 환자를 가족 구성원으로서 사랑하고 사는 가족은 어떻게 설명할 수 있느냐고 묻고 싶은 사람도 있을 겁니다. 그런 문제와 장애를 가진 사람을 가족으로 사랑하고 사는 사람, 바로 그 뒷바라지하는 사람과 하나 되는 기쁨을 가족 구성원이 누리고 사는 것입니다. 아무리 양보하더라도 그렇게 사는 자신에 대한 기쁨을 스스로 누리면서 살아가는 것입니다. 왜냐하면 우리는 그런 사람을 대부분 천사나 좋은 사람으로, 정말 인간적인 사람으로 평가하기 때문입니다. 화목和睦도 서로 뜻이 맞고 정답다는 의미를 갖고 있는데, 여기서 중요한 것도 '뜻이 맞고'와 '정다움'입니다. 화목의 영어 단어 concord도 마음(cord=heart)이 같다(con=together)는 어원을 갖고 있습니다. 또 마음heart이라는 단어에 애정love이라는 뜻도 있는 걸 보면 화목이나 사랑이나 같다고 할 수 있습니다. 같이 하나 되면서 기뻐하고 정겨워하는 게 바로 가족입니다. 그렇다면 뜻을 달리하거나 기쁨을 주지 못한다면, 가족은 위기에 처하게 됩니다.

위기의 가장家長, 위기의 아내, 위기의 자식. 우리 시대 단골 이름들입니다. 다들 가족 관계에서 "돈이 전부는 아니지."라고 말합니다. 세상 어느 바보가 돈이 전부라고 하겠습니까? 그러나 위기의 근원이 돈일 경우가 많다는 얘기에 대해서는 또 다들 동의합니다. 다만 몇 안 되는 가족만이 돈을 넘어서는 애정을 말합니다. 특히 아내와 남편의 문제에서 그런 말들을 합니다. 이 경우 사실은 돈을 넘어서는 애정이 아니라 애초 애정이 없는 결혼이었거나 돈의 여유가 주는 다른 행동이 문제의 진원지입니다. 따라서 결국에는 돈일 가능성이 높습니다. 자식의 위기는 제 몫 챙기기 어려운 아이들을 학원이라는 마지막 비상구로 내몰고 있는 부모의 과잉 투자 때문에 발생하는 것입니다. 만약 위기가 도처에 넘친다면, 그건 위기가 아니라 일상日常입니다. 그래서 위기가 아니라 일상으로 가족을 받아들여야 합니다. 가족은 이해관계가 '없는' 그런 인간들의 관계가 아니라 이해관계가 좀 '색다른' 인간들의 관계입니다. 여기서 색다르다는 말은, 위기가 아니라 일상이라는 말처럼 다른 시각에서 다르게 생각해야 한다는 걸 뜻합니다. 무엇과 하나 되기 위해서 사랑하고 살아가는 게 아니라 서로 다르지만 더불어 살아가야 하는 게 가족입니다. 직장 옮기듯이 애인 바꾸듯이 하는 게 아니라 함께 살면서 아프고 힘들지만, 그래서 언제나 굴레처럼 다가오지만 견뎌내는 게 가족입니다. 그래서 가족이라는 굴레는 어리석음의 굴레이자 자기 수양의 터전입니다. 기쁨과 노여움, 희망과 절망, 풍요와 궁핍이 문제처럼 제시되는 시험장. 가족의 비밀은 그 문제들이 나를 질기도록 시험하고 있다는 데 있습니다. 부모로, 남편으로, 아내로, 자식으로 살아가기 위해 사랑, 화목, 희생이라는 아름답지만 쓰린 시험에 매일 들고 있습니다. 이게 바로 가족 자격 시험입니다. 여러분은 이 시험을 얼마나 잘 치고 계신가요?

당신의 짐은 얼마나 됩니까?

재레드 다이아몬드Jared Diamond 교수의 책 『총, 균, 쇠』를 영상으로 묶어 설명하는 다큐멘터리 〈총, 세균, 그리고 강철〉을 텔레비전에서 보았습니다. 잘 짜여진 프로그램은 아니지만 시간이 그리 아깝지는 않았습니다. 그의 책 『총, 균, 쇠』는 간단히 말해 인류의 발전에서 왜 어떤 지역의 종족은 문명적으로 발전하고 어떤 종족은 여전히 원시적인 삶을 살고 있는가 하는 물음에 답하고자 하는 것입니다.

그리고 그 답은 지리적 여건이고, 그 가운데서도 길들일 수 있는 가축, 여분의 식량, 새로운 도구, 신체 면역력입니다. 그 중에서도 가장 강력한 것이 도구의 재료가 되는 쇠, 그 쇠를 가공한 칼과 총, 그리고 새로운 병균에 대한 저항력입니다. 결론은 아마존의 원주민이든 파푸아뉴기니의 원주민이든 그들이 아시아나 서유럽, 북아라비아 반도에 살았다면 지금 우리가 누리는 삶을 실현할 수 있었다는 겁니다. 다시 말해 인종적 능력의 차이가 아니라 지형적 차이가 결정적이었다는 말이죠. 문득 강남의 부자 동네 학생과 지방의 오지 학생이 떠오릅니다.

그런데 제가 주목한 것은 재레드 다이아몬드에게 던진 파푸아뉴기니 원주민 청년의 질문입니다. "왜 백인은 짐이 많은데, 우리는 짐이 적죠?" 여기서 말하는 짐은 단순한 물건들을 가리키는 것이 아니라 새로운 무엇, 능력을 보여주는 기술 결정체로서의 물건입니다. 다시 말해 백인은 왜 신기한 무엇을 많이 가지고 있는데 우리는 적으냐, 뭐 그런 말입니다. 간단한 대답은 "백인이 우월하기 때문이다."지만, 그게 답은 아닙니다. 이런 대답은 선결문제의 오류를 지니고 있습니다. "왜 백인이 다른 인종에 비해 뛰어난가?" 하는 물음을 남겨놓고 있기 때문입니다. 물론 백인들은 신의 은총이라고 하겠지요. 맞습니다. 그건 누군가의 은총이고, 그 누군가는 다름 아닌 지리적 여건입니다.

　결국 올바른 대답은 백인이 운 좋게 더 나은 지역을 삶의 터전으로 삼을 수 있었다는 것입니다. 이런 사정은 풍족한 가정에서 자라는 아이와 가난에 찌들어 사는 아이의 미래를 보여줍니다. 애당초 짐이 많은 아이와 짐이 적은 아이의 경쟁은 말 그대로 뻔할 뻔자입니다. 그리고 우리는 나의 아이에게 재산과 능력이라는 멋진 짐을 선물하기 위해서 온갖 수단을 가리지 않고 돈을 벌고 있습니다. 이 삿짐을 싸는 부모에게 아이가 "엄마, 우리 집은 왜 짐이 적어?" 하고 물었다고 생각해보십시오. 차마 입이 떨어지지 않을 것입니다. 물론 정답은 "가난하기 때문이지!"라는 비참한 말입니다. 흔히 가난한 게 뭐가 비참하다는 말이냐고 항의합니다. 그 사람 개인은 전혀 비참하지 않을 수 있습니다. 하지만 자식의 처지에서는 문제가 달라집니다. 왜 그 아이는 짐이 없이 삶에 시달려야 하지요?

　아프리카의 기아는 어제오늘의 이야기가 아닙니다. 왜 하필 아프리카에 태어났는가 하는 원통한 심정을 우리는 모르고 삽니다. 하기야 우리도 한참 어려울 때 미국이나 일본에서 태어났더라면 하고 원망한 적이 있습니다. 바뀌는 게 없는데도 말입니다. 일부는 꿈을 좇아 이민을 떠났습니다. 아메리카드림은 아메리카라는 지리적 여건이 만들어내는 것입니다. 강남의 부잣집은 부모의 교육열이 높고 아이에 대한 애정이 깊어서 아이들이 이른바 일류 대학을 가고 일류

직장을 갖는 것이 아닙니다. 부모가 가진 짐이 많기 때문입니다. 그리고 그 짐은 아이에게 대물림됩니다.

　누군가는 가난의 짐을, 누군가는 부의 짐을 지고 있습니다. 아이며 어른의 어깨에 올려진 바로 그 짐이 우리를 갈라놓고 있습니다. 지난날 소풍 갈 때 가방의 짐이 무거운 아이들이 부러웠습니다. 마술 상자처럼 그 가방에서는 참 많이도 먹을 게 나왔습니다. 심지어 만화책으로만 보던 바나나며 파인애플도 나왔고, 비싼 미제 과자도 전기구이 통닭도 나왔습니다. 그런가 하면 가난한 아이의 가방에는 짐이 적었습니다. 김밥도 아닌 맨밥 도시락에 사이다, 삶은 계란, 과자 하나 정도가 전부였습니다. 아버지의 작고 초라한 가방에서 꺼내 온 짐은 적을 수밖에 없었습니다. "아버지, 우리 집은 왜 짐이 적은가요?", "아버지 가방은 왜 작은가요?" 우리는 차마 묻지 못했습니다.

　여러분은 짐이 많습니까? 그런데 그 많은 짐은 어떻게 마련했지요? 부자들에게 묻습니다. 혹시 남의 짐을 빼앗은 것은 아니겠지요? 진실은 너무도 투명해서 눈이 시릴 정도입니다. 이곳저곳에 짐을 챙기는 개들의 싸움이 사람의 세상에서 버젓이 벌어지고 있습니다. 그런가 하면 한편에서는 짐을 내려놓기를 강요하는 자칭 선지자들이 넘쳐납니다. 2천 년 전에도 그랬습니다. 선지자의 숫자는 늘어났지만 그들이 말하는 고통의 짐은 가벼워지지 않았습니다. 내가 갖지 않고 내려놓은 짐은 누군가가 가져가고, 결국 누군가의 짐만 불려놓는 꼴입니다. 우리도 짐을 가집시다. 그래서 그 짐을 나눕시다. 특히 짐이 가벼워서 고통 받는 죄 없는 아이들에게 나눕시다. 무거운 짐을 든 자들이여, 교회로 향하지 말고, 가난한 아이들에게로 나아가라! 부자 교회, 부자 절집이 넘쳐납니다. 입만 열면 짐을 내려놓는다는 놈들의 집에 돈보따리 짐이 쌓여갑니다.

 가진 것 없는 사람들과 나누는 일에 충실한 독일 교회의 디아코니diakonie가 부럽습니다. 아니 저의 얄팍한 양심이 부끄럽습니다. 산타클로스의 짐보따리가 큰 건 참 좋은 일입니다. 그건 나눠줄 게 많다는 뜻이지요. 여러분의 짐보따리가 크다면, 그건 어디에 쓸 건지요? 여러분의 짐보따리가 적다면, 어떻게 키울 건지요? 이래저래 짐만 늘여놓는 제 이야기가 부담스러울 것입니다. 이럴 바에야 먼저 아이에게 고백합시다. "아이야, 짐이 적은 부모를 만나 얼마나 힘드니?" 아이가 이렇게 대답한다면 아직 희망은 있습니다. "제가 부모님의 짐을 키워드리겠습니다." 하지만 이 아이는 이미 충분히 힘들 것입니다. 아이는 우리 집 짐이 늘 많다고 생각하는 게 아이답습니다. 아, 우리 아이들이 짐 걱정 없이 살 수는 없을까요? 오, 하느님!

우리도 대치동에 살 수 있을까

노르베르토 보비오N. Bobbio는 좌파와 우파를 구분하는 데 가장 빈번하게 사용되는 척도는 사람들이 지닌 평등이라는 이상理想에 대한 태도라고 말합니다. 여기서 '평등이라는 이상에 대한 태도'라는 문구에 주목해야 합니다. 완전한 평등은 이상이며 그렇기에 불가능하며, 이 불가능한 완전한 평등에 대한 사람의 태도를 보고서 그가 좌인지 우인지를 판단할 수 있다는 뜻입니다. 대표적인 좌파이론가인 알렉스 캘리니코스A. Callinicos도 만약 좌파가 평등에 전념하지 않는다면, 그 어떤 의미에서도 좌파는 존재한다고 말할 수 없다고 합니다. 단순히 격차gap를 줄이고자 노력하는 게 아니라 완전한 평등을 추구하고자 운동하는 세력이 좌파입니다. 그런데 여기서 말하는 완전한 평등, 간단히 그냥 평등은 무엇일까요?

1789년의 프랑스 혁명은 자유liberté, 평등égalité, 박애fraternité(형제애)라는 슬로건을 내세웠습니다. 물론 이 슬로건도 그 당시에는 이루어질 수 없는 이상이었습니다. 그런데 흥미로운 점은 뒤로 갈수록 더 이루어지기 어렵다는 사실입니다. 자유는 누구나 가장 직접적으로 느끼는 어떤 상태입니다. 달리 말해 구속과 강압은 대단히 가시적이고 폭력적입니다. 그래서 그것에 상응하는 저항을 쉽게 불러일으킵니다. 그런데 평등은 당하는 사람의 일이자 당하는 사람의 처지에서도 자각의 정도에 따라 달라집니다. 이런 평등은 우회적이고 심리적이고 조건적입니다.

우회적이라는 말은 당사자 외에는 느끼기 어렵다는 말이고, 심리적이라는 말은 불평등을 수용하는 사람의 심리 상태에 영향을 받는다는 것입니다. 조건적이라는 말이 특히 중요한데, 흔히 말하는 '조건의 평등'이라는 미명 아래서 사람들이 아무 말도 못하게 된다는 것입니다. 토크빌A. de Tocqueville(1805~1859)은 미국이 '조건의 평등'을 특징으로 하는 새로운 형식의 사회라는 점을 알고 있었습니다. 실제로 잘 짜여진 평등의 사회가 아니라 누구나 평등하다는 정신 상태, 심리 상태를 가진 그런 느낌의 평등이 전제조건으로 작동하고 있다는 것입니다. "미국에서는 누구나 성공할 수 있다."는 신념이 바로 그것입니다.

하지만 이런 류의 심리적 평등은 사회 속에서 은밀하게 작동하고 있는 불평등을 자각하고 그것에 저항하는 일을 애초부터 마비시키는 역할을 합니다. 그리고 심리적 평등은 자유에 대한 생각마저 바꿔놓습니다. 평등까지 생각하는 사회에서 자유는 기본이라는 것입니다. 그래서 미국 사회에서 자유롭지 못하다는 말은 평등하지 못하다는 말보다 훨씬 사용 빈도가 적으며, 더 나아가서 부자유는 가장 반아메리카적인 것으로 공적으로는 거의 사용할 수도 없는 그런 용어입니다. 자유의 여신상은 말 그대로 여신입니다. 프랑스가 미국에 평등의 여신상과 형제애의 여신상도 함께 선물했어야 하는데, 달랑 자유만을 인정한 꼴입니다.

그런데 자유와 평등은 같이 가는 것입니다. 발리바르E. Balibar는 "사회적 불평등이 없다면 자유에 대한 그 어떤 제약이나 억압의 실례도 존재하지 않으며, 동시에 자유에 대한 제약이나 억압이 없다면 그 어떤 불평등의 실례도 존재하지 않는다."고 말합니다. 무슨 말인지 곧바로 이해되죠? 혹시 그렇지 못한 사람을 위해서 덧붙이자면 다음과 같습니다. 누군가가 몫이나 노동을 평등하지 않게 배분한다면, 나는 저 사람들에 비해 자유롭지 않다는 것을 알게 된다는 것입니다. 남은 두 시간 일하고 쉬는데 나는 세 시간 일해야 한다면, 한 시간이라는 자유시간에 나는 노동해야 하는 부자유를 경험하게 된다는 것입니다. 마찬가지로 자유시간에 좀 쉬려고 하는데, 쉬지 말고 일해라고 한다면, 이건 뭔가 평등하지 않다는 느낌을 가질 것입니다. 불평등은 부자유로, 부자유는 불평등으로 언제나 연결됩니다.

　자본주의에서는 더 노골적으로 이런 현상이 일어납니다. 돈에서의 불평등은 행동에서의 부자유를 가져옵니다. 가진 돈만큼 자유로운 게 자본주의 사회입니다. 뭔가 자유롭지 못하다는 느낌이 들 때면, 십중팔구는 불평등 때문입니다. 어쩌다 모인 친구들의 자리에서 뭔가 왕따당하는 느낌이 들면, 그건 경제력이나 사회적 지위에서의 불평등, 즉 차이 때문입니다. 한껏 차리고 나갔는데, 다른 친구들은 다 명품입니다. 주차장에서 헤어지는데, 경차를 타는 사람은 자기밖에 없습니다. 경제적 불평등은 사회적 부자유로 이어지고 결국 계급 차이로 굳어집니다. 대치동이니 강남이니 하는 말은 그저 돈에서의, 경제력에서의 불평등을 뜻하는 게 아니라, 사회적 계급의 차이를 가리키는 것입니다. 그런데도 그 사람들은 정작 불평등이라는 말보다는 자유 경쟁과 개인의 능력을 강조합니다. 그들에게는 사회적 불평등과 생물학적 불평등을 보상할 수 있는 돈이 있기에 불평등보다는 자신들의 자유를 억압하는 걸 견딜 수 없습니다. 과외니 미용 성형이니 조기 유학이니 기여 입학이니 하는 문제에 대한 사람들의 견해는 이런 사정을 적나라하게 보여줍니다.

　흔히들 평등이라고 하면 '소득의 재분배' 정도로 생각하는 경향이 있습니다. 그 결과 많이 번 사람의 돈에 중한 세금을 매겨서, 그 돈으로 가난한 사람을 돕는 걸 평등이라고 받아들입니다. 그런데 이런 건 평등이 아닙니다. 소득을 어떻게 분배할 것인가가 아니라, 왜 소득에서 차이가 나는가를 먼저 문제 삼아야 비로소 제대로 된 평등에 다가갈 수 있습니다. 빌 게이츠가 도시 빈민이나 일용 노동자를 착취해서 돈을 벌지는 않습니다. 그 빈민이나 일용 노동자는 빌 게이츠가 하는 사업과 무관합니다. 그런데도 그는 가난한 사람을 위해 천문학적인 돈을 내놓습니다. 자기 돈으로 스스로 재분배하고 있는 것입니다. 이 때문에 빌 게이츠를 평등주의자라고 해야 할까요? 나아가서 그가 좌파일까요? 그는 도덕적 인간일 뿐입니다. 그리고 이때의 도덕적 인간도 귀족의 기부 문화를 계승하는 지극히 미국적이고 기독교적인 부류의 전형일 뿐입니다.

그리고 이 경건한 도덕주의자 빌 게이츠도 사실은 빈곤한 사람들을 착취합니다. 물론 간접적이긴 하지만. 말하자면 그가 만든 정보 체계는 노동시장을 완전히 바꾸어놓았습니다. 그리고 그 새로운 노동 환경에 적응하지 못하는 기존의 능력 없는 노동자들은 자의와 무관하게 회사를 그만두어야 했습니다. 산업혁명의 기계가 노동자의 노동력을 대신하면서 소외된 노동자들이 기계파괴 운동을 하던 역사를 생각해보면 됩니다. 그렇다고 빌 게이츠를 착취자라고 하기는 어렵습니다. 문제는 이런 경건한 도덕주의자인 자본가가 우리나라에는 없다는 사실입니다. 경주 최 부자의 도덕이니 하는 건 부자의 자기 재생산을 위한 최소한의 조건을 마련하는 것입니다. 불행하게도 우리에게는 기부 문화는 없고 "억울하면 출세하라."는 지배욕과 한턱 내는 시위성 문화만이 넘쳐납니다. 내 새끼 챙기기와 부패의 사슬, 사회적 무책임이 우리의 천민 자본주의賤民 資本主義, Pariakapitalismus 입니다.

소득 재분배라는 복지의 평등이나 분배의 평등이 아니라 자원의 평등이 중요합니다. 이 자원의 평등은 기회의 평등보다 전진한 것입니다. 자원을 평등하게 가진 사람은 주어진 기회를 활용할 수도 있고 하지 않을 수도 있습니다. 그러나 기회만 평등하다면, 자원이 없는 사람은 그 기회를 활용할 수 없습니다. 판교 신도시에 집을 사고 싶은 사람은 많습니다. 그리고 기회는 평등하게 주어져 있습니다. 그런데 왜 못 사죠? 자원이 없기 때문입니다. 청약저축이니 부금이니 하는 것도 말짱 도루묵입니다. 30평 아파트를 구입하려면 4억 5천만 원이 있어야 하는데, 그 정도 돈을 가진 사람이라면 이미 괜찮은 아파트에 살고 있을 겁니다. 강북의 30평 아파트가 3억 정도인데, 강남은 10억이 넘습니다. 도대체 30평 아파트가 10억이 넘는다는 게 말이 됩니까? 그래서 결국 가진 사람, 강남 사람은 아파트를 팔거나 담보로 잡혀 다시 자식이나 자신을 위해 아파트를 구입하게 되고, 그 아파트는 또 값이 오르게 됩니다. 그런데도 어차피 누구나 청약할 수 있도록 "기회는 평등했잖아!"를 외칠 수 있을까요?

여러분 가운데 기회의 평등을 마치 금과옥조인 양 읊조리는 사람도 있는데, 이건 한참 잘못된 생각입니다. 기회의 평등은 소득의 분배가 개인의 능력과 노력에 따라 달라질 수 있다는 능력 위주의 사회를 뜻하는 것입니다. 기회만 동일하다면 그 결과에서의 불평등을 인정해야 한다는 것입니다. 문제는 동일한 기회라는 것에서부터 어디까지가 개인의 능력이고 노력인지를 따지는 것에서 생겨납니다. 학력이나 출신과 무관하게 누구나 사법시험에 응시하고 합격해서

판검사, 변호사가 될 수 있습니다. 그런데 왜 되는 사람보다 그렇지 않은 사람이 많을까요? 의대를 나와서 의사 되는 것도 마찬가지입니다. 결국 기회의 평등을 주장하는 사람은 변호사나 의사가 돈을 지나치게 많이 벌더라도 할 말이 없어집니다. 능력이 안 되니 당연히 돈을 지불해야 하는 것이지요.

그런데 이런 게 아닙니다. 평등은 야만적인 운수 brute luck까지 문제 삼아야 합니다. 가난한 집안에서 태어난 '야만적인 운수'를 네 운이니까 네가 알아서 하라는 식으로 방치할 수 없습니다. 재능이 떨어지거나 질병을 안고 태어난 사람도 마찬가지입니다. 이런 사람들의 운 없음, 더럽게도 운 없는 그런 야만적인 운수도 우리의 관심사여야 하고 평등의 조항이어야 합니다. 평등은 인간이 인간으로 살아가고, 그게 무엇이든 자신을 완성해내는 과정에서 장애가 없음을 뜻하는 것입니다. 운수조차 평등하도록 하는 운수 평등주의 luck egalitarianism 가 필요합니다. 천부적인 재능의 차이에서 기인하는 불평등까지 고려해서 사람을 사람으로서 살아가게 하는 것이 바로 마르크스의 좌파적 평등입니다.

따라서 이런 평등을 위해서는 마르크스의 말처럼 권리의 불평등이 요구되고, 그 권리에서의 불평등을 통해 평등이 실현됩니다. 무슨 말인고 하니, 비록 여러분이 뛰어난 재능을 발휘하여 수백 배의 이윤을 올렸다 할지라도 그걸 혼자서 다 가질 수는 없다는 것입니다. 여러분의 권리는 제한되고, 그 제한된 권리의 결과로 여러분보다 재능이 떨어지는 사람도 최소한 인간으로서 자신을 실현할 수 있게 해야 한다는 것입니다. 마르크스는 이것을 『고타 강령 비판』에서 '필요의 원칙'이라고 설명합니다. "각자는 자신의 능력에 따라 일하고, 각자에게 자신의 필요에 따른 분배를!"이라는 필요의 원칙은, 성과를 내는 데 얼마나 기여했는가 하는, 즉 "각자는 능력에 따라 일하고, 각자에게 일한 만큼 분배를!"이라는 '기여의 원칙'에 따른 분배가 아니라, 네가 인간으로서 살아가는 데 필요한 만큼 가져가야 한다는 것입니다. 만약 재능 있는 여러분일지라도 결혼하지 않았기에 자식이 없다면, 여러분은 결혼해서 자식이 있는 사람이나 부모를 모시는 사람보다 많이 나눠 가질 수는 없다는 것입니다. 그리고 이윤 창출의 과정에서 얼마만큼 기여했는가 하는 것도 문젯거리입니다.

입에 발린 말로 자본가들은 "내가 자본을 투자하는 리스크에 대한 당연한 분배가 바로 더 큰 몫이다."라고 주장합니다. 누가 그런 위험을 감수하면서 투자하라고 했습니까? 무엇보다 노동자는 그럼 아무것도 기여하지 않았을까요? 또 위험을 감수하지 않았을까요? 돈만 내놓으면 이윤이 생기지 않습니다. 그건 이윤이 아니라 이자이고, 투자에서 나오는 이윤보다 적습니다. 그래서 자본가는 투자합니다. 돈놀이 이자가 투자 이윤보다 크면 자본가는 투자하지 않습니다. 결국 이윤은 노동자의 노동에서 발생하고, 더 나아가 노동자들은 직장을 언제 잃을지도 모른다는 생존의 리스크를 안고 살아갑니다. 위험 면에서는 자본이나 노동이나 다를 바가 없습니다. 투기꾼 소로스는 환차익만으로도 수억 달러를 법니다. 남의 나라 돈의 가치가 떨어져서 경제가 망하든 말든 그는 돈을 벌면 그만입니다. 이게 바로 자본의 속성입니다.

물론 마르크스적인 분배 원칙에서도 예기치 못한 함정이 있습니다. 필요한 만큼 가져가는데, 사람마다 취향이 다르고 하고 싶은 게 다를 것입니다. 특별할 것 없는 능력으로 일하고 필요한 만큼 가져가는데, 유독 그 사람은 고급스런 무엇을 요구합니다. 왜냐하면 자기에게 그것이 필요하기 때문입니다. 어떤 사람은 사실 감자나 옥수수를 쇠고기보다 맛있어 합니다. 채식주의자는 열심히 일하고서 아마도 유기농 채소를 가져가겠지요. 그럼 일도 별로 하지 않은 사람이 쇠고기 안심이니 민물장어니 하는 걸 요구하면 어떻게 됩니까? 이런 이야기에서 여러분이 얼마나 지독하게 자본주의에, 기회의 평등에, 능력에 따른 분배에 찌들어 있는지를 가늠해볼 수 있습니다.

자본주의 사회에서 유기농 채소, 정말 비쌉니다. 제대로 된 건 거의 쇠고기 값입니다. 그리고 농경 사회에서 소를 잡아먹는 것도 아닌데, 쇠고기 값은 왜 그리 비쌉니까? 이 모든 게 바로 자본주의적 생산의 결과일 뿐입니다. 또 비싸니까 한번 먹어봐야지 하든가, 비싸다는 이유만으로 입맛에 맞지도 않으면서 배 아파하는 것입니다. 결국 사치스러울 정도의 입맛도 평등한 사회에서는 사치스럽지 않습니다. 사실 캐비아(철갑상어알, caviar), 그거 우리 입맛에 안 맞습니다. 우리네 명란이 더 낫습니다. 송로버섯(松露, truffe)이나 살찐 거위간(푸아그라, foie gras)도 비슷합니다. 그래도 그게 먹고 싶고 그게 좋다면 먹어야지요. 하지만 평등한 사회에서는 그게 자랑거리일 수도 없고, 자랑거리가 아니라면 맛도 없어질 것입니다. 정말 평등을 주장한다면 이처럼 개인의 취향까지 고려해야 합니다.

내가 일한 만큼, 내 능력만큼 받겠다는 게 우리의 현실입니다. 그러나 이건 아직 평등이 아닙니다. 그저 자유의 옷을 입은 가짜 평등입니다. 사실 내가 일한 만큼, 내 능력만큼이라는 말에는 지극한 개인주의가 깔려 있습니다. 내 것 내가 가진다는 것인데, 정말 혼자서 자신의 능력만으로 한 일이 있을까요? 결론적으로 문자 그대로의 평등 실현은 자본주의 사회에서는 불가능합니다. 기껏해야 분배에서의 배려나 부자의 도덕성에 기대는 것이거나, 한껏 나아지더라도 법률 조항에서의 평등이거나 기회의 평등일 뿐입니다. 캘리니코스는 "평등은 혁명이다."고 말합니다. 진정 평등한 사회를 바란다면, 자본주의 자체를 거부해야 합니다. 그럴 가능성이 있냐고요? 역사는 가능성에 대한 시험이었고, 불가능한 것을 가능하게 한 경험입니다. 조선의 노비가 묻습니다. "정말 노비도 사람대접 받는 평등한 세상이 올까요?" 일제시대 가난한 독립 운동가의 아이가 묻습니다. "조선이 독립할 수 있을까요?" 이런 불가능했던 물음들은 어쩌면 오늘날 달동네 아이가 부모에게 "아빠, 우리도 대치동에 살 수 있을까요?" 하고 묻는 것보다는 가능한 것입니다. 도대체 이게 뭡니까? 자유와 평등의 시대에 불가능한 물음을 던져야 하는 우리의 처지가! 또 그것을 꿈꾸는 누군가의 서러움이!

주류는 말이 없다

마르크스는 『독일 이데올로기』에서 "어떤 시대나 지배계급의 사상이 지배적인 사상이다."고 말합니다. 이어서 그는 "일상생활에서 사람들이 그렇다고 스스로 생각하는 것과 그가 현실적으로 있는 것을 구분하는 것은 소매 상인까지 익히 알고 있는 것이다."고 합니다. 이게 무슨 말인가 하면, 한 사회를 지배하는 계급은 이미 자신이 이렇다 저렇다 하는 것을 말할 필요가 없고, 사람들이 자기를 어떻게 생각하든 간에 그것은 그 자신의 현실 처지와는 얼마든지 다를 수 있다는 것입니다. 더 간단히 말하면, 사회적 주류는 조용한데, 비주류들이 자신은 이렇다는 둥 하면서 떠들지만 실제로는 그들이 말하는 것만 못하다는 것입니다.

한때 삼순이 이야기가 많이 나왔습니다. 뚱뚱하고 버림받고 보잘 것없지만 열심히 자기 일을 하는 사람이 아름답다고 매체에서 난리였지요. 이런 유행에 기대어 빅마마가 노래 실력으로 가요계를 평정하느니, 안티 미스코리아가 이제는 자리를 잡았느니 하면서 말들이 많습니다. 또 학력이나 학벌이 파괴되고 능력을 가진 사람이 성공한다든지, 대학을 나온 사람들이 다시 전문대로 진학한다든지 하면서 마치 세상이 개벽이나 하듯 시끄럽기 짝이 없습니다. 하지만 이 모든 소란은 한 방에 끝장납니다. 그것도 바로 우리가 살고 있는 현실 그 자체에서 끝장납니다. 말이 많다는 것, 이야깃거리가 된다는 것, 언론에 보도거리가 된다는 사실은 이미 그것이 주류의 궤도 밖에 있음을 보여줍니다.

지방 대학의 취업률이 90퍼센트니 할 때, 서울대는 겨우 65퍼센트를 넘기지만 아무 말이 없습니다. 사법고시 합격자 수에서 어느 대학은 이제 빅5 안에 들었다고 자랑할 때, 서울대는 아무 말이 없습니다. 전문대로 다시 진학하는 대졸자 가운데 몇 명이나 이른바 명문대 명문과 출신이 있을까요? 공부 잘하는 학생들은 조용합니다. 하지만 그렇지 못한 학생은 몇 등이 올랐느니 떨어졌느니 하면서 감정을 드러냅니다. 노조는 빨간색 머리띠를 두르고 고함을 쳐대지만, 경영주는 대리인을 통해서 조용히 다가갑니다. 노사모니 하면서 말이 많은 것도 마찬가지입니다. 아직은 주류가 아니라는 말입니다. 한때 한나라당이 수준 미달의 대변인 전여옥을 통해서 말이 많았습니다. 이것 또한 한나라당이 주류에서 밀리고 있다는 반증이었습니다.

제 글은 사람들의 상처를 건드립니다. 그래서 상처받는 사람도 있고, 자신을 깨닫는 사람도 있습니다. 상처를 받든 깨닫든 간에 현실은 현실입니다. 잠시 손을 놓고 나는 왜 말이 많았는가 또는 나는 왜 말이 많은가 하고 생각해보십시오. 말은 의사소통의 도구입니다. 그런데 말 없이도 의사소통이 된다면 그건 그 사람이 세다는 겁니다. 총은 살인이나 방어의 도구입니다. 그런데 총 없이도 자신을 방어하고 남을 죽일 수 있다면 그 또한 세다는 겁니다. 우리의 신체는 자신을 표현하는 것입니다. 그래서 뚱뚱하건 말랐건 잘났건 못났건 간에 자신의 신체로 자신을 표현하면 그만입니다. 그런데 왜 이런저런 조건과 푸념을 달면서 말이 많습니까? 주류는 말하지 않아도 말합니다.

시쳇말로 '오버'하지 마십시오. 너네들이 뭐 잘난 게 있느냐는 식으로 비아냥거리지 말고, 우리가 뭐 못난 게 있느냐는 식으로 위로하지 마십시오. 물론 주류가 아니면 말하지 말라는 것이 아닙니다.

말로써 한 번 더 비참해지지 말라는 것입니다. 받아들일 것, 인정해
야 할 것은 그냥 받아들이고 인정하십시오. 마르크스의 말처럼 자신
이 어떻다고 생각한다고 해서 현실의 처지가 바뀌는 건 아닙니다.
그리고 이 사실은 누구나 다 알고 있습니다. 정말 억한 심정이라면
땀 흘리고 피 흘려서 자신의 삶의 모습을 주류로 만들어야 합니다.
강하게 말하자면 현실을 변혁하라는 것입니다. 행복은 성적순이 아
니라고 말하지 말고, 성적순으로 앞에 서보십시오.

  고급 음식점이나 고급 백화점에서는 고객이 말이 없고 움직임도
조용합니다. 다만 종업원들이 바쁠 뿐입니다. 그곳에서는 목소리를
높여서 주문을 하지도 않고, 값을 두고 흥정하는 일도 거의 없습니
다. 그냥 흘러갑니다. 사람들로 북적이는 서민 음식점이나 할인매장
에서는 말이 넘쳐납니다. 종업원보다 손님이 더 바쁩니다. 왜 주문
한 음식이 빨리 나오지 않느니, 어제까지 할인했는데 오늘은 하지
않는 이유가 무엇인지 따지는 목소리가 넘쳐납니다. 이런 걸 두고
사람 사는 맛이라고들 합니다. 맞습니다. 사람 사는 맛입니다. 하지
만 이것만이 사람 사는 맛은 아니며 사람 사는 다른 맛도 많고 또
많습니다.

  지금은 이전의 주류와 새로이 주류가 되려는 사람들 사이의 혼돈
으로 가득 찬 세상입니다. 평창동과 성북동, 한남동의 전통적인 부
자와 강남의 타워팰리스, 대형 아파트, 일산과 분당의 고급 빌라의
부자가 각을 세우고 있습니다. 그러나 여기서도 말이 없는 쪽은 평
창동과 성북동, 한남동입니다. 연세대는 서울대를 넘어서겠다고 하
고, 고려대는 이제 민족 고대가 아니라 세계 고대라고 말합니다. 성
균관대는 옛 영광을 찾아 고려대를 추월하겠다고 합니다. 서울대는

상대적으로 조용합니다. 그런데 이 모든 대학들도 이제 더는 주류가 아닙니다. 하버드와 예일, 프린스턴 대학이 이웃집에 와 있습니다. 주류가 교체되고 있습니다. 이미 상위 계층에서는 이런 흐름을 읽고 있지만, 불행히도 하위 계층은 여전히 눈앞의 주류를 따라잡기에도 벅찹니다.

저는 이런 말을 하고 싶습니다. 끊임없이 남의 잣대에 맞추어서 주류가 되려고 하기보다는 자신 속의 주류와 비주류를 찾아내어서 그 주류로 살아가는 것입니다. 공부보다 운동을 잘한다면, 성적을 붙잡고 시끄러이 말하지 말고 운동으로 조용히 두각을 드러내는 것입니다. 돈 벌 재주는 없고 인간성은 자신이 있다면, 돈이 인생의 전부가 아니라는 말은 하지 말고, 차근차근 인간성으로 승부를 거는 겁니다. 외모에서 사랑받을 일이 적다면 외모로 사랑받는 사람을 욕하지 말고 다른 무엇으로 사랑받을 수 있도록 노력해야 합니다. 결단력이 없다면 성실성으로, 성실성이 없다면 창의성으로, 창의성이 없다면 다시 성실성으로 살아가야 합니다. 그렇게 살아가면서 누가 무엇을 물어오면 짐짓 말 없이 웃는 겁니다. 아니면 조용한 목소리로 짧게 "저는 이렇게 살지요." 하고 대답하는 겁니다.

비가 온 후 산은 깨끗합니다. 그래서 비가 그치자 바로 산으로 달려갔습니다. 계곡에 물이 흐르고 숲의 냄새가 비릿합니다. 계곡은 물소리로 말하지만, 산은 냄새로 자신을 표현합니다. 계곡은 물소리로 살아 있음을 표현하지만, 산은 물 없이도 살아 있습니다. 계곡은 산에 갇혀 있고, 산은 계곡을 자신의 모양새로 삼습니다. 내려오는 길에 계곡 곳곳에 어지러이 펼쳐진 술판에서 사람들이 뭐가 그리 좋은지 흥을 주체하지 못합니다. 순간 주류酒類와 안주류按酒流가 떠올랐습니다. 안주류는 우스개로 비주류非酒類라고도 합니다. 주류는 조용히 병에 담겨 있는데, 안주류는 지지고 볶고 난리가 아닙니다. 술꾼은 술로 승부합니다. 그리고 진짜 술꾼은 술을 따지지 안주를 따지지는 않습니다. 또 진짜 술꾼은 술 마실 때 술을 마십니다.

자신이 주류가 아님을, 주류가 못 됨을 억울해하거나 아쉬워하지 말고, 자기 속의 주류를 발견하십시오. 더 나아가서는 사회적인 주류에 편입하려는 고된 땀이 과연 자신의 삶에서 어떤 의미를 갖는지 물어보십시오. 이런 발견과 물음 속에서 스스로 말이 적어지고 실속은 튼튼해진다면, 그게 바로 주류입니다. 말이 적어진다는 건 문자 그대로의 말이 적어진다는 게 아닙니다. 억울한 자신을 변명하고 위로하는 말. 남을 헐뜯고 비하하고 시샘하는 말. 자신을 과대포장하고 겉꾸미는 말이 줄어든다는 것입니다. "내가 돈이 없어서 그런 게 아니고 이 집 음식값이 사실 비싸서 말야."라는 식의 말. "내가 마음만 먹으면 그 정도는 할 수 있지만 하고 싶은 마음이 없어."라는 말. "기름값보다는 도로 사정 때문에 차를 가지고 다니지 않는 거야."라는 말. 이런 말들을 "생각보다 비싸군요.", "별로 하고 싶지 않습니다.", "전철이 편하지요."라고 간단히 말할 수 있어야 합니다.

글을 마무리해야 하는데, 저도 마음이 비참합니다. 그 까닭은 아마도 누군가에게 힘이 되기보다 상처를 주는 글을 쓰지 않았나 하는 두려움 때문일 것입니다. 하지만 저는 두려움이야말로 사람을 사람답게 해준다고 생각합니다. 대담하게 아무 말이나 하면서 상처 주는 것보다는 그래도 두려워하면서 상처 주는 게 낫다고 생각합니다. 며칠 전 중학교 동창을 거의 30년 만에 만나 한잔 하면서 많은 걸 배웠습니다. 그 친구는 공부에는 담을 쌓다시피 했지만, 착한 마음씨를 가졌고 열심히 운동하고 사업해서 지금은 부러운 것 없이 살고 있습니다. 굳이 우리 집에 가보고 싶다고 해서 우리 집에 왔습니다. 그 친구는 술에 취해 세상에, 사람에 분노하는 저를 보고, 다 가슴에 묻고 살아라고 했습니다. 아침밥을 먹고 그 친구는 저를 언제나 자랑스럽게 생각한다는 말을 남기고 제 책 한 권을 들고서 총총히 갔습니다.

저는 아내에게 이렇게 말했습니다. "공부를 잘했거나 못했던 과거가 아니라, 내가 억울해하는 것은 못된 인간이 잘산다는 거지. 마음이 넓고 착한 사람이 잘되는 것은 나의 행복이기도 해." 그 친구가 남긴 말이 쟁쟁합니다. "범춘아! 나는 애들 키우고 나면 재산 다 사회에 환원할 거다." 그 친구가 약속을 지킬지, 그렇지 않을지는 모릅니다. 하지만 그 친구는 이미 저에게는 주류입니다. 그리고 저도 그런 주류로 살고 싶습니다. 내 마음속에 음흉하게 똬리를 틀고 있는 비겁한 욕망을 밟고서, 그 친구 같은 주류로 살고 싶습니다. 아! 이 심각한 분위기에 산행 후에는 막걸리가 제격인데 하고 주류酒類가 생각납니다. 주류主流가 못 되면 주류酒類라도 마셔야겠지요? 천박하기는, 쯧쯧.

눈은 말한다

임철규의 『눈의 역사 눈의 미학』이라는 책은 우리나라 학자가 쓴 제대로 된 눈에 관한 포괄적인 전문 서적입니다. 이 책은 미학적이고 철학적이고 문학적이며 문화사적인 관점에서 눈을 분석하고 설명하고 있습니다. 그 가운데 두 가지를 끌어와서 눈을 다뤄보고자 합니다. 그리스 어 '안다'는 oida인데 이 oida는 '본다'는 동사 eidon의 과거형입니다. 그래서 '나는 보았다'는 말이 곧 '나는 안다'는 말로 사용되고 있는 것입니다. "보는 것이 아는 것이다."라는 말은 영어 속담 "Seeing is believing."에서도 그대로 드러납니다. 실제로 우리의 앎의 대부분은 눈을 통해서, 보는 행위를 통해서 만들어집니다. 그런데 눈은 특정한 사물만을 볼 수밖에 없고, 그것도 눈의 생리적 구조가 허락하는 한계 내에서만 볼 수 있습니다. 보는 것이 아는 것이고, 보는 것은 눈에 의해서 결정되고, 눈은 한계를 지닌 것이라면, 결국 우리의 앎은 그다지 신뢰할 만한 것이 아니라는 주장을 받아들여야만 합니다. '쳐다본다'는 그리스 어 skepteon의 명사형 skepsis에서 유래하는 skepticism은 그래서 회의론인지도 모릅니다.

눈이 언제나 앎의 길은 아니었습니다. 『성경』은 대부분 말씀을 강조합니다. 말씀이 육화한 것이 세상이기에, 세상은 모양보다는 이름이 중요하고, 증거보다는 믿음이 중요합니다. 「창세기」에서 말씀으로 세상을 창조한 것이나, 「출애굽기」에서 여호와가 모세에게 어떤 우상도 만들지 말라고 한 것과, 내 얼굴을 보지 못할 것이라고 한 것이 바로 그런 예들입니다. 불교에서도 말씀을 뜻하는 법신法身이 물질을 뜻하는 육신肉身과 서로 다르지 않다不二門고 하지만, 실제로는 법신이 중요합니다. 왜냐하면 깨달음의 기준이 되는 것이, 눈에 보이는 것들이 눈에 보이는 것이 아니라는 것諸相非相을 아는 것이기 때문입니다. 흔히 이것을 색즉시공 공즉시색色卽是空 空卽是色이라고 합니다. 그 뜻은 알다시피 있는 것이 없는 것이고 없는 것이 있는 것이다 또는 존재는 존재하면서 동시에 존재하지 않는다는 것입니다. 이런 건 눈으로 알 수 있는 게 아니라 마음으로, 깨달음으로 알게 되는 것입니다. 불상은 눈을 지그시 감고 있고, 참선할 때도 눈을 반쯤 감거나 아예 감는 것도 아마 이런 가르침 때문일 것입니다. 뿐만 아니라 산스크리트 어로 우르나urna로 불려지는 부처의 눈 사이에 난 털인 백호白毫는 세상을 비추는 빛이자 세상을 보는 진짜 눈입니다. 대개 진주나 비취, 금 같은 보석으로 치장되어 표시되는데, 이것을 제3의 눈 또는 지혜의 눈, 마음의 눈이라고 합니다. 멀쩡한 두 눈을 놓아두고 다른 눈으로 세상을 보는 것 자체는 이미 우리의 시각을 부정하는 것입니다.

사실 눈은 우리의 감각기관 가운데서 가장 강력한 것입니다. 거의 모든 정보를 눈을 통해서 얻기 때문입니다. 그다음이 귀이고, 그다음은 코, 손끝, 혀입니다. 이 순서는 감각할 수 있는 거리를 중심으로 평가한 것인데, 실제 사용되는 감각으로 하자면, 눈, 귀, 손끝, 코, 혀가 됩니다. 혀가 맨 뒷자리에 오는 까닭은 입속에 뭔가를 넣지 않고서는 알 수 없고, 또 입의 크기로 볼 때 넣을 만한 게 그리 많지도 않기 때문입니다. 상상해보십시오. 손발이 없는 사람도 눈과 귀가 있으면 생활해나갈 수 있습니다. 지독한 감기에 걸려 코가 막혀 냄새를 맡지 못하고 맛도 느끼지 못하더라도 살아갈 수 있습니다.

좀 위험한 상상이지만, 만약 감각 중에서 하나만 남기고 다른 걸 잃어야 한다면 무엇을 선택하겠습니까? 아마 대부분의 사람은 눈(시각)을 선택할 것입니다. 그래서 우리 속담에 "몸이 천 냥이면 눈이 구백 냥이다."는 말이 있는가 봅니다.

그런데 이런 약간은 뻔한 이야기를 넘어 눈이 권력이라는 점을 들춰내야 합니다. 감시한다는 말은 문자 그대로 보고 또 보는 감시(볼 감監, 볼 시視)인데, 여기서 본다는 감 자는 감옥監獄에도 그대로 사용됩니다. 감옥은 가두어 두고서 끊임없이 본다는 것입니다. 감독監督 역시 보면서 제재하거나 통솔하는 것이고, 감사監査는 보면서 조사하는 것이고, 감찰監察은 보면서 살피는 것입니다. 시각을 가진 자가, 시각으로 뭔가를 하는 자가 센 놈이라는 뜻입니다. 또한 일상에서도 시각이나 시선은 권력 관계를 그대로 보여줍니다. 약한 자는 눈을 내리깔아야 하고, 눈을 부릅뜨는 일도 안 됩니다. 센 놈의 눈은 언제나 높은 곳에 있습니다. 군대의 사열대가 그렇고 교실의 교단이 그렇고 교회의 설교단이 그렇고 법당의 법석이 그렇습니다. 아이의 눈은 어른의 눈 밑에서 언제나 공포와 억압을 경험하고 가부장적 문화권에서는 여성이 남성의 눈을 빤히 쳐다보아도 안 됩니다. 제레미 벤담J. Bentham(1748~1832)이 설계한 감옥 파놉티콘panopticon은 이런 시각의 감시 권력을 노골적으로 보여주는 것입니다. 조지 오웰G. Owell(1903~1950)의 『1984년』은 이러한 권력에 의한 감시를 고발하고 있습니다.

그럼 우리의 하루하루 생활 속에서 이런 시각의 문제는 어떻게 드러날까요? 이런 이야기에는 피터 콜릿P. Collett의 『몸은 나보다 먼저 말한다』는 책이 도움이 됩니다. 우리는 눈의 차단 또는 외면을 통해서 자신을 방어하고자 합니다. 눈을 감아버린다거나 눈길을 돌린다는 것은 우선 "나는 그냥 지나가거나 도망갑니다."는 뜻을, 다음으로 "나는 공격할 의사가 전혀 없습니다."라는 뜻을, 그리고 "저는 공격해봤자 아무 소용도 없는 약자입니다."는 점을 전달하고자 합니다. 그리고 그러한 의사를 표현하기 위해서 눈길을 돌리는 행동에 덧붙여서 스스로 눈을 내리깔거나 이리저리 눈알을 굴리거나 놀란 듯, 겁먹은 듯 눈을 크게 뜨고 바라보기도 합니다. 내리까는 것은 복종과 항복의 표시이고, 굴리는 것은 불안의 표현이며, 놀란 듯 크게 뜨는 것은 잘 봐달라는 것입니다. 눈을 크게 뜨는 것을 대신하는 것이 커다란 안경을 걸치는 취향인데, 커다란 안경은 순진한 인상을 주면서 애교를 부리거나 호감을 주려는 마음을 나타냅니다. 그냥 하는 말로 "나는 어리버리한 사람인데, 귀엽게 봐주세요."라는 것입니다.

안경은 사실 시각을 대신하는 게 아니라 시각을 부각시키는 것입니다. 특히 안경의 색깔과 크기, 모양은 안경을 착용한 사람의 심리 상태나 취향, 성격을 보여줍니다. 하지만 그대로 보여주는 게 아니라 거꾸로 보여주는 경우가 많습니다. 말하자면 어리버리한 사람이 어리버리한 안경을 쓰는 일은 드뭅니다. 눈이 이른바 범죄형인 사람이 더 강렬한 모양의 안경을 쓰는 일도 적습니다. 쉽게 하는 말로 우리는 자신의 약점을 안경을 통해 가리고자 합니다. 그렇기 때문에 안경은 일종의 반대 표현입니다. 전혀 보이지 않는 색안경은 권력자의 것이 아니라 약자의 것입니다. 권력자는 눈이 보일 듯 말 듯한 정도의 색안경을 쓰는 경우가 대부분입니다. 또한 색깔의 짙음과 옅음은 그 사람의 관심을 들키지 않으려는 불안감이나 도덕성과도 연관됩니다. 간단히 말해서 눈알을 굴릴 일이 많은 사람일수록 짙은 안경을 쓴다는 말입니다. 그 짙은 안경 뒤에서 눈알은 맨눈으로 차마 볼 용기가 없었던 것들, 예를 들면 센 놈의 얼굴을 빤히 쳐다본다거나 여자의 가슴이나 엉덩이를 본다거나 하는 것입니다.

"눈은 마음의 창窓이다."는 말은 반은 맞고 반은 틀립니다. 맞다는 말은 자기도 모르게 눈으로 속내가 드러난다는 것이고, 틀리다는 것은 심리 상태를 역으로 가장해서 보일 수도 있다는 얘깁니다. 그래서 눈은 마음의 창이지만, 언제나 진실을 말하는 창은 아닙니다. 달리 남을 이해하거나 살필 분명한 수단이 없는 우리로서는 그저 상대방의 눈에서 정보를 얻을 수밖에 없다는 말입니다. 잔뜩 힘을 준 눈, 반쯤 풀어진 눈, 불쌍한 눈, 호감을 보이는 눈, 어처구니없다는 눈. 이런 눈은 눈의 친구인 눈썹과 함께 무엇인가를 상대방에게 전하고자 합니다. 그렇기에 눈은 벽으로 가로막힌 타인들의 세계를 서로 이어주고 소통하게 하는 작은 창입니다. 눈썹은 그 창에 달린 장식물이고 눈꺼풀은 창문입니다. 창이 있어도 창문을 닫아놓으면 아무 소용이 없습니다. 장식물로서 눈썹은 있어도 좋고 없어도 좋습니다. 다만 없으면 뭔가 허전하고, 그래서 결국 눈이라는 창이 전달하고자 하는 것들이 제대로 전해지지 않습니다. 여러분의 창, 창문, 장식물은 잘 있습니까? 제대로 열리고 닫히고 합니까?

흔히 여름을 노출의 계절이라고 합니다. 여성에 대한 남성적 시각, 끈적거리는 시각이 묻어 있는 말입니다. 그런데 이 노출의 계절에 유독 눈은 감춰집니다. 그래서 저는 여름을 노출과 은폐의 모순으로 가득 찬 계절이라고 부르고 싶습니다. 보여주려는 누군가와, 안 보듯 보려는 누군가의 팽팽한 긴장감은 색안경 뒤에서 활시위처럼 당겨져 있습니다. 그리고 노출하는 누군가의 눈에도 색안경이 걸

쳐져 있습니다. 무슨 심사일까요? "노출한 내가 누군지 모르겠지?"라는 방어심리일까요, 아니면 "나도 나를 보며 즐기는 네놈들을 보면서 즐긴다."는 쾌락심리일까요? 보는 놈도 마찬가지입니다. "들킬 염려 없이 마음껏 한번 보자."는 마음과, "보는 내가 누군지 모르겠지?" 하는 마음이 같이 있습니다. 이런 사정을 뻔히 아는 우리라 그런지, 서로 아는 사람이 색안경을 쓰고 우연히 만나게 되면 무척 이상한 느낌이 들고 때론 당황스럽습니다. 특히 만난 장소가 그렇고 그런 노출의 장소나 유흥 장소라면 그런 감정은 더욱 강해집니다.

저도 몇 년 전에 산 색안경이 하나 있습니다. 간혹 햇빛이 강한 여름날에는 강의를 갈 때 쓰기도 합니다. 그리고 이때 저를 만나는 사람들의 반응은 다양합니다. 몇몇은 멋있다고 하고, 몇몇은 나잇값 못한다고 하고, 몇몇은 말 없이 알 듯 모를 듯한 미소를 보냅니다. 나는 아무 사심이 없다고 번번이 다짐하지만, 결국에는 색안경을 벗고 맙니다. 아, 불쌍한 이 소심함이여! 어쩌면 식자우환識字憂患이라는 말이 맞는가 봅니다. 남들 다 쓰는 색안경을 나도 그냥 쓴다고 하면 되는데, 무슨 눈의 권력이니 안경의 이중성이니 하면서 아는 체하는 대가를 지불하고 있습니다. 요즘에는 색안경이 계절도 없이 사용하는 일상품이 되어버린 듯합니다. 색안경이 주는 안정감이든, 색안경이 숨기고 있는 음흉함이든 간에 자신에게 잘 어울리는—아! 이 말을 하면서도 어울린다는 건 아마도 약점을 감추는 것이겠지 하는 마음을 지우지 못합니다—색안경 하나쯤 장만해서 한껏 멋도 부리고 볼 것 못 볼 것 많이 보시기 바랍니다. 그리고 어색한 장소에서 서로 만나면 그냥 한번 씩 웃고 지나갑시다. 아는 체해서 서로 불편해하지 말고.

용서하지 않으리!

　용서容恕라! 잘못하거나 죄를 지은 것에 대해 꾸짖거나 벌하지 않고 넘어가거나 끝내는 일을 뜻하는 말입니다. 한자어를 그대로 의역해보면, 마음(心)을 같이하여(如) 받아들인다(恕)는 것인데, 지난 잘못이나 죄에 대해 피해자와 가해자가 마음을 같이해서 피해자가 가해자를 수용한다는 말로 해석할 수 있습니다. 영어에서는 '용서하다'가 forgive와 함께 excuse, overlook, pardon, condone이 쓰입니다. 그런데 설명에 따르면 forgive는 해를 끼친 사람을 용서하고 그 일에 원한을 품지 않고 잊어버리는 것, excuse는 사소한 실수를 너그럽게 봐주는 것, overlook은 못 본 체하고 넘어가는 것, pardon은 중대한 잘못에 대해 상급자가 관용을 베풀고 벌을 감면해주는 것, condone은 사정에 따라 비도덕적이거나 불법적인 행위를 너그럽게 봐주는 것이라고 구분하고 있습니다. 영어의 이러한 구분을 우리말로 끌어와 보면 forgive가 용서에 가장 가깝고, excuse는 실수를 실수로 보고 그냥 넘어가는 것, overlook은 이해관계를 개입시켜 지나치는 것, pardon은 법률적 사면, condone은 정상참작 정도가 아닐까 합니다.

　그래서 용서는 가해자의 잘못이나 죄를 피해자가 이해하고 분노나 원한을 버리고서 죄를 묻지 않는다는 것으로 요약할 수 있습니다. 여기서 중요한 것은 용서의 주체가 피해자라는 점과, 그 피해자의 이해와 죄를 묻지 않음, 그리고 피해자가 더는 마음에서 분노나 원한을 갖지 않는다는 것입니다. 그런데 이런 용서가 우리 사회에서는 전혀 이해할 수 없는 방식으로 이루어지거나 강요되고 있습니다.

말하자면 용서의 주체가 피해자가 아니라 제삼자이거나, 피해자는 처벌을 원하는데 제삼자가 분수도 모르고 용서하거나, 더 나아가 분노나 원한이 가라앉지도 않았는데 그걸 강제로 가라앉혀야 한다고 하면서 남들이 용서해버리는 것입니다. 물론 더 어처구니없는 일은 피해자가 가해자를 이해할 수 없는데도, 다시 말해 가해자의 제대로 된 설명이나 후회, 반성이나 사과도 없는데 남이 나서서 그걸 이제 다 해결했다고 하는 것입니다. 남은 문자 그대로 남이고, 제삼자도 문자 그대로 당사자가 아닌 제삼자입니다.

이런 일은 우리의 일상에서 흔히 일어납니다. 아이들이 싸우면 선생이 나서서 해결합니다. 전혀 사과할 마음도 없는 아이에게 도덕적 명령으로 "너는 잘못했으니 사과해라."고 강요하고, 피해 학생에게는 "사과하는 사람을 용서하는 것이 올바른 행동이다."고 또 강요합니다. 그래서 둘은 정작 나아진 것도 풀어진 것도 없는데, 선생이 혼자서 북 치고 장구 쳐서 문제를 봉합합니다. 남편과 아내의 일도 마찬가지입니다. 친구며 시가며 처가 사람들이 나서서, 심지어 이웃 사람까지 가세해서 화해를 종용합니다. 이런 화해에는 진실한 반성도 없고, 이해도 없이 그저 사람들의 등쌀에 떠밀려 어쩔 수 없이 "사람 사는 게 다 그렇지 뭐." 하면서 대충 넘어가게 됩니다. 이렇게 수습을 위한 용서 때문에 가해자는 반성 없이 또 잘못을 저지르게 되고, 피해자는 몸과 마음의 병을 앓게 됩니다.

미셸 옹프레M. Onfray는 비록 나치 전범이나 반인륜 범죄를 다루면서 하는 말이기는 하지만, 용서의 원칙을 제시하고 있습니다. 그에 따르면 용서는 반드시 두 가지 조건을 충족시켜야 합니다. 하나는 죄를 지은 사람이 자신의 잘못을 '진심으로 후회하고' '공개적으로 사과하고' '용서를 구해야' 한다는 것입니다. 다른 하나는 피해자가 그 사과를 받아들여야 하고, 그 사람이 자녀든 가족이든 친구든 아내이든 다른 사람은 안 된다는 것입니다. 즉 어느 누구도 아닌 '반드시 피해자 자신이 용서해야 한다'는 것입니다. 남들이 뭐라고 해도 피해자가 용서하고 싶지 않다면, 가해자가 아무리 사과하고 용서를 빌어도 그건 소용없는 일입니다. 그렇기에 가해자가 반성하고 공개적으로 용서를 빌지 않거나 피해자가 이미 사망한 경우에는 용서는 물 건너간 일입니다. 그래서 용서는 가해자의 결단이 우선입니다. 공개적으로 사과하고 피해자가 살아 있는 동안에 용서를 구하겠다는 결심이 없다면, 피해자가 사망한 다음에 아무리 진심으로, 공개적으로 용서를 구해도 용서는 이루어지지 않습니다. 그저 가해자 자신의 위로만이 있을 뿐이고, 이 위로는 바로 가해자 자신을 위한 것이기에 결코 용납할 수 없습니다.

일본이 아시아 국가에서 저지른 전쟁과 학살과 억압은 이런 측면에서 도저히 용서할 수 없는 일입니다. 사실 우리는 일본 총리의 사과를 사과로 받아들일 수 없습니다. 왜냐하면 그는 당사자가 아니기 때문입니다. 흔히 자식의 잘못을 부모가 용서해달라고 사과하는 경우가 있습니다만, 이것도 말이 안 됩니다. 뿐만 아니라 부모의 잘못을 자식이 용서해달라고 하는 것도 말이 안 됩니다. 아직 일본에는 전쟁에 참가해서 또는 징용되어 학살에 가담한 가해자들이 살아 있습니다. 그리고 아직 아시아 국가에는 지난 전쟁 때 직접 고통을 당한 피해자들이 살아 있습니다. 이 가해자와 피해자가 용서의 두 축입니다. 얼마 전 명성황후를 시해한 범죄자의 후손들이 우리나라에 와서 전주 이씨 종친회에 무릎을 꿇고 사과한 일이 있었습니다. 이건 명백한 쇼입니다. 사과하겠다는 일본 후손이나, 그 사과를 받는다는 둥 만다는 둥 한 이씨 종친회나 모두 제정신이 아닙니다. 이럴 경우에는 '기억' 외에는 아무것도 합당하지 않습니다. '기억하는 것' 뿐입니다.

그런데 우리나라 자체의 상황은 더 나쁩니다. 4·19에서, 부산과 마산에서, 광주에서 분명히 가해자는 있었고 피해자도 있었습니다. 가해자는 반성하거나 사과하거나 용서를 구하지도 않고, 피해자는 아직도 묘비를 끌어안고 분노의 눈물을 흘립니다. 그런데도 개 같은 정치꾼들이 자기 이름으로 용서해버립니다. 국가의 미래를 위해서, 지역 감정의 극복을 위해서, 국민 화합을 위해서 당사자가 아닌 정치꾼이 용서해버립니다. 김대중은 스스로 전두환을 용서할 수 있습니다. 김근태는 이근안을 용서할 수 있습니다. 그게 전부입니다. 자신의 용서를 남에게 강요하거나, 마치 그런 용서가 대의를 위한 것인 양 침을 발라서도 안 됩니다. 그건 그냥 개인적인 일일 뿐입니다. 전두환이 무릎 꿇고 눈물 흘리며 용서를 구하지 않는 한, 그리고 직접 피해자가 그 전두환을 용서하지 않는 한 용서는 있을 수 없습니다. 이근안도 마찬가지입니다. 그렇고 그런 놈들이 다 마찬가지입니다. 일본의 반성을 요구하는 우리가 우리 내부의 반성을 이끌어내지도 못한다는 건 참으로 부끄러운 일입니다.

용서하지 않으리! 현충일입니다. 스무 살, 말로 할 수 없이 꽃다운 나이에 전쟁으로 목숨을 잃은 사람의 무덤 앞에서 우리가 할 수 있는 일은 무엇일까요? 얼마 전 지나간 광주의 그 아픈 기억은 또 어떻게 해야 합니까? 딸아이를 성폭행하고 죽이고 구타한 사람을, 아이를 구박하고 때리고 왕따시킨 사람을, 자신을 파멸로 몰고 간 사법부를, 내 정신과 몸을 송두리째 짓밟은 고문 경찰을, 수백 명의 시민을 죽인 쿠데타 군인을, 나를 버리고 가정을 망친 아버지를, 아무 이유 없이 나에게 뭇매를 때린 폭력 청소년을 용서할 수 있습니까? 용서하지 않을 것입니다. 그들이 가해자임을 인정하고 피눈물을 흘리면서 용서를 구하기 전에는, 그리고 피해자들이 피눈물과 분노를 거두고 그들을 용서하기 전까지는. 우리는 '기억해야' 합니다. 용서하기 전까지는 어떤 일이 있어도 '기억해야' 합니다. 용서한 다음에도 '기억해야' 합니다. 그래야 다시는 그런 반인간적인, 반인륜적인 범죄가, 그리고 비록 그런 일에 비해서는 사소하지만 한 개인에게는 목숨이 걸린 잘못들이 줄어들 것이기 때문입니다. 용서가 기억까지 없앨 수는 없습니다. 그리고 우리는 그 '기억함의 두려움' 앞에서 법보다도 엄격하고 도덕보다도 인간적인 그런 반성과 용서를 경험할 수 있을 것입니다. 더는 용서하지 않으리!

종교와 미신 그리고 인간

　　　　　　　　　　미국의 문학 평론가인 산타야나G. Santayana(1863~1952)는 청교도적 믿음을 강조하면서 "인간이 미신을 믿는 이유는 상상력이 지나쳐서가 아니라 자신에게 상상력이 있다는 것을 모르기 때문이다."고 말합니다. 멋있어 보이지만 종교적 믿음이 저지르는 폭력적 언사이자 차별입니다. 이 말의 속뜻은 만약 제대로 된 상상력으로, 백인 중심적 기독교적 상상력으로 생각한다면 미신이 아니라 기독교를 믿을 것이라는 억측과, 미신은 모자라는 인간들이 믿는 거짓된 생각이라는 것입니다. 정말 그럴까요? 아마 글을 읽는 사람 가운데 신앙심이 깊은, 특히 기독교를 믿는 사람은 벌써 눈이며 입이 잔뜩 긴장할지도 모릅니다. "그래, 이 놈이 무슨 소리 하는지 보자꾸나!" 글을 보시려거든 잘 보시고, 경험으로 짐작건대 보고 나서 마음이 개운치 않을 것 같다면 읽지 말고 덮든지 건너뛰기 바랍니다. 어떤 선택을 하든 이런 생각이 철학의 눈으로 펼쳐지는 것이라는 점을 기억하셔야 합니다.

　　미신迷信, superstition은 두 가지 의미를 갖는데, 하나는 종교와 무관한 것이고, 하나는 종교적 편견에서 나오는 것입니다. 흔히 미신을 비과학적이고 합리적인 근거가 없는 믿음이라고 합니다. 이 기준에 따르면 점을 치는 행위나 무당의 굿에 기대는 태도는 기독교 신의 말씀 창조, 동정녀 마리아의 기적을 믿거나, 믿는 자만의 구원을 기대하는 것과 아무런 차이가 없습니다. 둘 다 과학적인 근거나 합리적인 근거가 없기 때문입니다. 두 번째 종교적 편견의 문제는 말할 필요도 없습니다. 종교 내부에서도 파벌이나 권력에 따라 이단이니 사이비니 미신이니 하면서 서로 비방하는 일은 흔해 빠진 일이기 때문입니다. 미신을 뜻하는 영어 superstition은 지나치다거나 넘어서 있음을 가리키는 super(over, excessive)에 자리 또는 믿음을 가리키는 stitio, sistere가 붙은 것입니다. 간단히 설명하면 네 자리를 넘어서, 네가 믿을 수 있는 정도를 넘어서 믿는 것입니다. 여기서 문제의 근원은 어디일까요? 아셨겠지만 네 자리, 믿을 수 있는 정도라는 말을 무엇으로 보는가 하는 것입니다.

우리 자신이 서 있는 자리나 살아가는 자리는 이미 개인적인 가치관을 전제하고 있습니다. 따라서 상대방이 자신의 자리를 넘어서는가 아닌가는 보는 사람에 따라 다르고 당사자의 생각에 따라 다르게 마련입니다. 일주일에 닷새를, 오전 오후 내내 교회나 법당 등에 나가는 직장인이나 주부는 그저 외부의 시선으로 보자면 지나칠 뿐만 아니라 거의 미쳤다고 해야 합니다. 하지만 당사자나 당사자가 관계하는 종교 단체 사람들은 그를 신앙이 깊은 사람이라고 할 것입니다. 믿을 수 있는 정도를 넘어서는 것도 마찬가지입니다. 하나님을 믿는 사람과 부처의 말씀을 믿는 사람, 조자룡과 같은 죽은 사람의 혼령을 믿는 사람은 자기 믿음의 대상은 믿음의 한계 내에서 이해 가능하다고 모두 생각합니다. 그러면서도 상대방의 믿음은 믿을 수 없는 믿음, 곧 미신이 됩니다. 산타야나의 말처럼 신앙 깊은 기독교인의 눈으로 보면 무당의 굿은 이교도의 미친 짓, 우상숭배에 불과할 것입니다. 그러나 교회에서 기도하는 기독교인과 무당의 굿판에 조아리는 사람이 모두 구원이나 씻김을 받고 있는 건 부정할 수 없는 사실입니다.

종교宗敎, religion는 으뜸으로 삼는 가르침을 숭배하는 것입니다.

religion의 라틴 어 한 어원인 religionem은 신을 숭배하다reverence for gods는 뜻입니다. 동시에 또 다른 어원인 religare는 자신의 믿음에 강하게 묶여 있음bind strongly to one's faith을 뜻합니다. 누가 무엇을 숭배하든 강하게 믿든 그것은 개인의 선택일 뿐입니다. 그런가 하면 legere를 소홀히 하거나 잊어버린다는 neglegere(neglect, disregard)의 반대인 배려와 관심으로 해석하기도 합니다. 그 해석이야 어찌됐던 그게 주관적인 해석이라는 점은 틀림없습니다. 결국 종교는 어떤 개인이나 집단이 특정한 가르침을 으뜸으로 삼고 그것을 믿고 숭배하면서 배려하고 관심을 갖는 행위를 가리키는 것입니다. 그러므로 누가 무엇을 올바른 가르침이라고 생각하는지, 그것이 올바르다고 믿는지 하는 문제는 전적으로 개인의 선택이고, 바로 그런 까닭에 우리는 종교의 자유를 보편적 인권으로 받아들이는 것입니다.

여기서 "아, 종교가 그렇구나!" 하고 고개를 끄덕이는 데 그친다면 아직 공부 많이 하셔야 합니다. 더 나아가 근본적인 물음으로 진입해야 합니다. 말하자면 "그런데 이러한 믿음과 숭배, 관심과 배려의 근원은 무엇일까?", "왜 사람들은 믿고 숭배하고 또 그 대상을 배려하고 관심을 가지는 것일까?" 하고 물어야 한다는 말입니다. 바로 삶의 고통을, 생활의 고뇌를 해결하거나 자기 삶의 의미를 찾고자 하기 때문입니다. 프랑스 구조주의 언어학자 방브니스트E. Benveniste(1902~1976)의 말처럼 동물은 감정을 갖고 표현하지만, 자신의 감정에 이름을 붙이지는 못합니다. 개나 소도 고뇌하고 아파할 것입니다. 그런데 그 짐승들은 그렇게 고뇌하거나 아파하는 행위에 어떤 이름을 붙이지 않습니다. 인간은 그런 행위에 '종교', '철학'이라는 이름을 붙였습니다. 또 그러한 고뇌와 고통을 넘어서게 해주는 무엇에다 '초월', '구원', '신'과 같은 이름을 붙였습니다. 짐승들도 짝을 찾고 새끼를 낳고 무리생활을 합니다. 그런데 우리는 우리의 이런 행동에다 거창하게 사랑, 모성, 가족애라는 인간적 가치를 덧씌우고 그것을 통해 짐승과 인간을 구분하고 차별합니다. 종교와 미신도 마찬가지입니다.

자신의 신에게 비를 구하고 폭풍이 그치기를 기도하고 자식의 시험 합격을 기원하고 암에서 나을 것을 갈구하는 '정상적'이고 '신앙적'인 종교인과, 똑같은 일을 달이나 당나무, 조상에게 비는 행위의 차이는 무엇일까요? 종교와 미신, 신앙과 주술의 차이는 경계 짓는 사람의 마음속에 있는 것입니다. 또 그러한 경계 짓기를 통해 먹고사는 나쁜 사람들의 목구멍에 있습니다. 종교 단체에 딸린 식솔이 한둘이 아닙니다. 그곳에서 행사되는 권력이 어마어마합니다. 또 모든 인간은 가족이라는 사슬, 이해관계에 묶여 있습니다. 무엇보다도 인간은 인간이라는 생물학적 한계를 넘어설 수 없습니다. 먹고살기 위해서 종교든 미신이든 믿는 것입니다. 누구는 하나님을 믿음으로써 잘 살 수 있다고 보고, 누구는 그런 것 믿지 않아도 잘 살 수 있다고 봅니다. 어떤 사람은 교회에 잘 나가니까 장사가 잘된다고 믿고, 어떤 사람은 부처님 은혜로 자식이 명문대에 합격했다고 믿습니다. 어떤 축구 선수는 입장할 때 라인을 밟지 않아야 경기가 잘된다는 징크스를 갖고 있고, 어떤 축구 선수는 잔디를 만진 손으로 성호를 긋습니다. 목에 걸린 십자가는 신앙의 상징이고 지갑에 든 부적은 잘못된 미신의 징표입니다. 서로는 서로를 구분하고 그 구분 때문에 잘 먹고 잘 산다고 생각합니다.

구분함으로써 자신의 자리를 지키고 생존을 유지하고 명예를 높일 수 있는 한 언제나 경계 짓기, 구분하기는 일어나게 마련입니다. 학벌, 인종, 지역, 돈, 외모에 의한 구분과 차별이 어찌 종교의 영역이라고 해서 없겠습니까? 그리고 종교와 미신의 구분 문제는 단지 역사나 전통으로 따질 게 못 됩니다. 전통이나 역사로 따지면 주술적 미신이라고 불리는 믿음 형태가 가장 깊고 오래되었습니다. 마치 가톨릭이 개신교보다 오래되었다는 이유로 정통을 따진다면, 또 개신교 내에서 무엇 무엇이 오래되었다는 식으로 따진다면, 결국 창시자 외에는 모두 이단이거나 미신이 될 것입니다. 뿐만 아니라 이름을 달리 하고서 나타나는 사람 사이의 많은 갈등도 종교의 문제인 것처럼 위장하고 있을 뿐, 실제로는 권력 싸움이고 돈의 싸움입니다. 이스라엘이 종교의 차이 때문에 팔레스타인과 싸운다고 믿습니까? 일부 과격 이슬람인이 종교 때문에 테러를 저지른다고 믿습니까? 종교 재단의 사학이 개정 사학법을 선교를 방해하고 종교의 자유를 침해하기 때문에 반대한다고 믿습니까? 시부모가 종교 차이로 당신을 구박한다고 믿습니까? 아내가 종교에 미쳐서 집을 버렸다고 믿습니까? 부모가 종교 문제로 자식과 돌아섰다고 믿습니까? 이 모든 것이 다 당신의 믿음입니다. 믿고 싶은 대로 믿는 당신의 믿음입니다.

종교 충돌의 뒷면에는 석유가 있고 땅이 있고 패권이 있습니다. 그리고 너무도 부끄럽지만, 우리 주변의 모든 갈등은 사회적 성공과 관련되고, 그 성공의 핵심은 지위와 돈입니다. 사위가 대통령인데, 장관인데 종교가 다르다고 구박하시겠습니까? 며느리가 수억대 연봉의 의사이고 돈을 팍팍 내놓는데 종교를 이유로 갈라 세우시겠습니까? 돈 잘 버는 남편이 자상하고 애정이 깊은데, 종교에 미쳐 가족을 버리시겠습니까? 아들이 장관이 되려고 청문회를 하는데 종교문제로 집안이 시끄러운 꼴을 보이시겠습니까? 결혼하면서 시부모와 남편 또는 처가와 아내에게 대궐 같은 집이며 돈이며 금붙이를 잔뜩 해주었는데 종교가 다르다는 이유로 헤어지게 하시겠습니까? 부적 사고 나서 하는 일마다 잘 풀리는데, 부적의 힘을 부정하시겠습니까? 교회 나가고부터 돈이 미친 듯이 들어오기 시작하는데, 교회 그만두시겠습니까? 온몸과 마음으로 나를 사랑해주는 사람과 종교 차이로 갈라서시겠습니까? 돈도 못 버는 주제에 술 먹고 큰소리치는 남편, 도와줄 것 없는 친정을 둔 못생긴 아내, 못 배우고 가난한 며느리, 만년 말단 사원인 무능력한 사위, 내 학교 재정 운영에 간섭할 사외이사, 물려주는 돈도 없는 부모, 키운 보람 없이 겉도는 자식. 이런 사람들에게 '종교 갈등'이라는 이름을 가진 억압이 시작됩니다. 사실은 '돈 갈등', '계층 갈등', '욕망 갈등', '사랑 갈등'입니다.

종교는 인간적인 이름이자 행위입니다. 과거에 대한 미련, 현실에 대한 불만, 미래에 대한 불안을 경험하는 인간은 그 모든 걸 한 번에 해결할 수 있는 강력한 수단을 요구합니다. 지난날의 죄를 씻고 오늘의 고단함을 잊고, 내일에 대한 확신을 구하고자 하는 마음이 종교를 만들어내고, 그 종교가 사람을 갈라놓습니다. 그리고 우리는 종교의 '효과'를 즐기고 있습니다. 또한 우리는 미신의 '효과'도 즐기고 있습니다. 그 효과는 마음이 편안해짐, 고통을 견딜 수 있음, 불안이 없어짐과 같은 것입니다. 더 불편해지고, 더 고통스럽고, 더 불안해진다면 누구도 종교를 믿지 않을 것입니다. 이건 아픈 사람이 병원을 찾는 마음과 같습니다. 병원에서 치유되지 못한 사람들이 공기 좋은 산이며 물 좋은 계곡이며 몸에 좋은 먹을거리를 찾습니다.

그런데 왜 사람들은 미련을 갖고 불만을 가지고 불안해할까요? 이걸 풀어낸다면 종교든 미신이든 믿음이든 근본적으로 다시 접근할 수 있을 겁니다. 저는 미련과 불만과 불안의 근원이 인간으로 태어났다는 사실 자체라고 생각합니다. 그리고 그 인간이 다름 아닌 이기적 욕망으로 똘똘 뭉친 짐승보다 못한 짐승이라는 데 있다고 생각합니다. 더 나아가 가장 근본적인 원인은 그런 인간이 자신은 고상하고 도덕적이고 공동체적이고 천사 같고 아름답다고 거짓말하고 급기야 그 거짓말을 참으로 믿고 사는 어리석음에 있다고 생각합니다. 짐승만도 못한 인간의 그럴듯한 이름붙이기 놀음이 종교이고 미신이고 믿음인 것입니다. 그리고 그게 곧 맨살을 드러낸 인간의 모습이기도 합니다.

누굴 존경하세요?

흔하면서도 답하기 곤란한 물음이 바로 "누굴 존경하세요?", "존경하는 인물이 있으세요?"라는 것입니다. 취직과 입시를 위한 면접뿐만 아니라 친구나 연인 사이에서도, 심지어 죄를 짓고 있는 범죄자들 사이에서도 이런 물음은 낯선 게 아닙니다. 누구 존경할 만한 사람이 있습니까? 무엇보다 존경하는 사람이 없다 하면 무슨 큰 흠결이나 장애가 있는 사람으로 간주하는 우리의 그릇된 관습도 문제입니다. 간혹 이런 충고글을 접할 수 있습니다. 면접할 때 존경하는 사람을 물으면 절대 아버지나 어머니, 삼촌처럼 가족의 일원을 말하지 말라는 겁니다. 그 이유가 걸작이고 추잡한데, 그렇게 하면 면접관이 "자네는 그렇게 좁은 세상에서 살았는가?"라는 식으로 공박당한다는 겁니다. 만약 저라면 그 면접관에 대고 "그래 당신은 얼마나 넓은 세상에서 살아서 누굴 존경하는지 한번 들어봅시다." 하고 쏘아붙일 것입니다. 하지만 뭔가 해결되지 않은 채로 남아 있습니다. 왜 가족을 존경하면 그런 대접을 받을까요? 비밀은 존경 뒤에 감춰놓은 의도를 밝히면 풀려집니다.

존경尊敬, respect은 '높은 가치를 가진 것으로 인정한 것'이라는 뜻을 갖고 있습니다. 여기서 높은 가치는 개인적인 것이 아닙니다. 개인이 자기 부모를 아무리 존경할지라도 그 부모가 사회적으로 미미한 사람이라면, 부모는 존경스런 존재가 되지 못합니다. 존경은 타인까지 겨냥하고 있습니다. 존경을 가리키는 영어 respect를 뜯어보면 재미난 내용이 나옵니다. re(back)+spectare(look), 돌아본다 또는 다시 생각한다는 말입니다. 생각하거나 돌아볼 가치도 없는 하찮은 게 아니라, 다시 돌아볼 만큼 생각거리가 된다는 것인데, 이때 다시 돌아보는 이유는 거의 대부분—사실 전부라고 말하고 싶습니다만—자신의 결핍이나 부족과 관련되어 있기 때문입니다. 의지가 약한 사람은 굳은 의지를 보여준 사람을 존경하고, 열심히 일해도 가난한 사람은 그렇게 일해서 부자가 된 사람을 존경합니다. 10년 동안 1억도 벌지 못한 사람은 10억 번 사람을 존경합니다. 학문이 얕은 사람은 깊은 사람을, 힘이 없는 사람이 강한 사람을 존경합니다.

또한 존경은 의사소통의 한 방식입니다. 자기와는 상대가 되지 않을 만큼 대단한 사람과 의사소통하는 유일한 길은 그 사람을 존경하고 똘마니가 되는 것입니다. 물론 이황과 기대승처럼 존경은 하되 서로 똘마니는 되지 않을 수도 있지만, 그건 둘 다 센 놈일 경우에 성립하는 드문 경우입니다. 보통 사람은 잘난 사람을 존경함으로써 가까이 다가가고 소통하려고 합니다. 존경할 만한 사람에게 접근하면서 "저는 오래 전부터 선생님을 존경해왔습니다."는 식으로 사탕발림을 한 적은 없습니까? 이건 사탕발림이 아니라 사실은 백기 투항이고 간절한 소망을 이루려는 기도문입니다. 노골적으로 하자면 "저도 선생님과 어울릴 수 있도록 윤허해주시옵소서!"라는 것입니다. 왜 어울리려고 할까요? 뭔가 묻고 답하고 대화하기도 하겠지만, 그 모든 행동들은 의사소통을 가장한 자기 인정의 몸부림입니다.

말하자면 존경이 자기 인정 認定, recognition 의 한 방식이라는 것인데, 그 가운데서도 좀 수준 낮은 방식이라는 겁니다. 센 놈의 자기 인정은 대부분 자기 자신에게서 비롯되고, 비록 타인에게서 시작되었을지라도 자기 자신에게서 이루어집니다. 반면에 약자나 삼류의 자기 인정은 철저히 타인의 시각에서 시작되어서 타인의 시각에서 끝납니다. 이런 사정에 비추어보면 존경은 나보다 나은 사람을 존경하는 사람이 됨으로써, "나는 적어도 저 정도의 사람을 존경하고 살아가는 괜찮은 놈이다."는 걸 인정받고 싶어하는 것입니다. 거기에다 존경하는 사람의 너그러운 마음, 안타까운 마음 때문에 함께 밥이나 술이라도 먹게 되면 약자는 더욱 인정받았다는 기쁨에 날아갈 듯합니다. "오늘은 내가 가장 존경하는 고수 선생님과 술자리를 했다. 아마 다른 사람들은 이런 술자리가 어떤 느낌을 주는지, 얼마나 의미 있는 자리인지를 알지 못할 것이다. 이건 나의 행운이자 나의 발전의 징표이다. 고수 선생님, 고맙습니다." 그날 밤, 아마 이런 일기를 썼을지도 모릅니다.

『두 글자의 철학』이라는 가벼운 책의 저자 김용석은 존경의 표시에는 "공공의 이익을 위해서 뭔가 해달라는 기대가 개입되어 있다."고 말합니다. 이익과 기대라는 말에서 볼 수 있듯이 좋은 통찰입니다. 하지만 '공공'의 이익이라는 말은 사실과 다르고 기대도 딱히 들어맞지 않습니다. 겉으로는 공공의 이익이지만, 그 공공의 사람이 곧 나이므로 '나'의 이익이라고 해야 더 맞습니다. 그리고 기대가 아니라 '속셈'이라고 해야 정확합니다. 간단히 하면 '나의 속셈'이 개입되는 것입니다. 다만 '나의 속셈'이라는 말이 갖는 이기적 성격 때문에 우리는 공공의 이익에 대한 기대라는 말을 쓰고 있을 따름입니다. 이번에 부임한 유능한 사장에게 존경심을 표한다는 건, 이익을 많이 내서 성과급을 많이 받았으면 좋겠다는 것입니다. 강의를 들으면서 교수를 존경한다는 건, 내가 이 강의에서 기대했던 것, 때로는 그 이상을 충족시켜주기 때문입니다. 나를 불편하게 하면서 어떤 도움이나 이익도 주지 않는 사람을 존경해본 적이 있습니까?

일상의 삶에서 직장이든 학교든 동료 의식의 핵심은 동료라는 '사람'이 아니라 같은 일을 한다는 그 '일'입니다. 그래서 직장이나 학교에서 일을 같이 하면서 성취감과 불만을 공유하는 건 언제나 가능하지만, 그 동료가 나의 사생활 속으로 개입하는 건 꺼려집니다. 동료는 일을 하는 동료이지 인간적인 사람이 아닙니다. 어쩌다 동료가 인간적인 관계로까지 발전하는 경우도 있는데, 그 경우에서조차 그 까닭은 그 사람의 도움과 배려로 내가 일에서 살아남거나 성공할 수 있었던 것에 대한 고마움의 표현일 뿐입니다. 이때에도 깊은 인간적 관계는 언제나 부담이고, 꾸밈없는 속내를 말하자면 빨리 그 빚을 갚고 그저 동료로 지내기를 바라고 있을 것입니다. 이 경우 빚을 갚는 일이 끝나면 으레 "이제 빚을 갚았습니다. 지금부터 우리 새로 시작하는 겁니다."는 식의 뻔한 말을 늘어놓게 됩니다. 나쁜 놈의 자식! 천만의 말씀입니다. 동료는 동료일 뿐이라는 사실을 잊어버린 그 사람의 잘못입니다.

존경도 그 핵심에서는 존경 대상인 사람이 아니라 누군가를 존경한다는 자기 행동에서 나오는 효과를 노리는 것입니다. 누군가를 존경하는 자신을 남들이 바라보는 그 시선을 즐기는 재미가 쏠쏠하다는 말입니다. "저는 김구 선생님을 존경합니다.", "저는 마더 테레사 수녀님을 존경합니다.", "저는 이순신을 존경합니다." 이런 말이 끝나면, "왜 그 사람을 존경하세요?"라는 물음이 뒤따르고, 여기서부터 왕구라가 시작됩니다. 단골손님은 희생, 봉사, 조국, 민족, 뭐 이런 거창한 것들입니다. 아주 소박한 속셈을 가진 사람들이 간간이 "밥 퍼주는 목사님을 존경합니다."라거나 "아름다운 가게에서 일하는 분들을 존경합니다."는 식으로 문자 그대로 소박한 듯 말하지만, 이것도 구라이기는 마찬가지입니다. 이런 모든 일은 그냥 자기가 하면 되는 일이기 때문입니다. 제 생활의 영역에서, 제 능력에 맞게 봉사하고 희생하고 사는 사람이라면 적어도 이런 부류의 사람을 존경하지는 않을 것이라는 게 제 생각입니다. 만약 누가 그런 일을 하는 자신을 칭찬한다면, 아무 일도 아니라는 식으로 말하고는 달아날 것입니다.

그래서 존경은 감정이입이라는 낮은 수준의 동일시가 아니라 타인의 환상과 나약함을 파고 들어가 기생하는 사기술의 일종입니다. 멍청하고 나약하고 삼류인 사람들을 노리는 것입니다. 그럴듯한 사람을 존경하는 자신을 존경하고자 하는 어중이떠중이의 얇은 귀는 어디에나 널려 있습니다. 그래서 이왕이면 센 놈을 존경하는 척해야 합니다. 세상에 예수를 존경한다는 사람이 많은 건 두 가지 이유 때문입니다. 하나는 예수가 아주 센 놈이기 때문이고, 다른 하나는 예수를 존경하는 사람을 존경할 준비가 되어 있는 그런 사람이 많기 때문입니다. 준비된 마음을 노리는 건 명백한 사기술입니다. 뿐만 아니라 존경할 준비가 되어 있는 마음은 노예의 마음입니다. 더 나아가 존경은 약한 타인에게 강요하는 폭력이기도 합니다. 보잘것없는 부모를 존경함으로써 자식은 보상받고 싶어합니다. 그러나 보상받을 수 없다는 걸 스스로 너무도 잘 알고 있습니다. 그저 부모에게만큼은, 그 힘없는 부모를 아는 사람들에게만큼은 좋은 자식이라는 걸 알리고 싶은 것입니다. 존경할 사람이 없다는 사람을 존경할 수도 없는 게 세상살이입니다. 왜냐하면 그것도 이미 속셈이기 때문입니다.

노자老子의 『도덕경道德經』에서 우회적인 답을 찾아봅니다. "가장 훌륭한 지도자는 사람들에게 그 존재조차 잘 알려지지 않은 사람이다. 그다음은 사람들이 가까이하면서 기리는 사람, 그다음은 사람들이 삼가는 사람, 그다음이 사람들이 업신여기는 사람이다太上 不知有之 其次 親而譽之 其次 畏之 其次 侮之." 최고수, 즉 정말 존경할 만한 사람은 자신을 드러내지 않으려고 하고, 남들이 가까이하고 싶고 높이 기리는 사람은 보통 존경할 만한 사람인 상수上手이고, 중수中手는 뭔가 두려워 존경받는 사람이고, 최하수는 아무것도 없으면서 대장노릇하려는 사람입니다. 우리의 존경은 여기서 상수나 중수를 향한 것입니다. 존경받지 않으려는 사람을 존경하는 건 예의가 아닐 것입니다. 삼류의 속셈과 잣대로 함부로 누굴 존경하지 맙시다. 그건 최고수에게는 무례이자 폭력입니다. "누굴 존경하세요?" 적어도 오늘 이후 우리는 이 물음을 남에게 하지 않아야 합니다. 그리고 남의 물음에 답하려고 고민하지도 않아야 합니다. 그런 물음을 던지는 사람, 그 물음에 충실히 답하려는 사람이라면 이미 넘칠 만큼 삼류일 것이기 때문입니다. 그럼 회사나 입시 면접 때는 어떡하지요? 그때는 왕구라를 치면 됩니다. 은근히 즐기면서!

동창회, 앨범, 그리고 옛사랑

동창회에 가고 싶습니까? 어릴 적 동무를 만나 거리낌없이 웃고 울고 싶습니까? 혹시 짬이 나는 시간에 앨범 보기를 즐기지는 않습니까? 도대체 왜 그러죠? 과거로 돌아갈 수 없다는 뻔한 사실 앞에서도 왜 사람들은 과거로 가고 싶어하는 것일까요? 과거를 현재처럼 살고 싶어하는 게 자연스러운 현상일까요? 누가 말하듯이, 나이가 들면 지난 시간이 그리워지는 것일까요?

프로이트S. Freud(1856~1939)는 이러한 과거로의 욕망을 퇴행退行, regression 심리라고 하고, 이걸 병적인 증상이라고 규정합니다. 병적이라! 좀 심한 말임에 틀림없지만, 그저 허튼소리로 넘길 건 아닙니다. 프로이트에 따르면 퇴행은 과거로의 자연스런 추락이 아니라 현재 밖으로의 의도적인 도피입니다. 푸코M. Foucault(1926~1984)는 이걸 회귀가 아니라 의지라고 달리 표현합니다. 영화 〈박하사탕〉에서 주인공이 "나 돌아갈래." 하면서 자살하는 모습을 떠올려보십시오. 이건 분명 그냥 과거 시간으로의 회귀가 아니라 강한 의지입니다.

문제는 의지는 굳은데, 그 의지를 실현할 길이 없다는 것입니다. 우리가 현실을 벗어날 수 있는 길은 현실을 다른 것으로 대체하는 것뿐입니다. 그리고 그 대체물은 아직 오지 않은 미래일 수도 있지만, 미래는 대체물로서 별 영양가가 없습니다. 그래서 병적 증상을 보이는 사람들 가운데는 미래에 무엇이 이루어질 것이라는 식의 헛된 기대를 갖는 사람보다는 과거의 분명했던 사실로 돌아가고자 하는 사람이 많습니다. 미래가 상상의 불안을 갖고 있다면, 과거는 기억의 안정감을 가지고 있기 때문입니다.

　이루어졌든 그렇지 않든 간에 사람들은 첫사랑 또는 과거의 사랑을 마음에 담고 살아갑니다. 현실적 사랑에 대한 불만이나 미래의 사랑에 대한 불안감보다는 과거의 사랑은 따뜻함이 큽니다. 물론 쓰린 상처로 남은 사랑이 있기도 하지만, 그 사랑을 떠올리는 사람이라면 이미 변명하거나 용서할 준비가 다 되어 있습니다. "다시 내게 그 사랑이 온다면, 더 잘하리라!"는 다짐이나, "그때 내가 어리석었지."라는 식의 후회를 하는 중에 기대감은 더욱 증폭됩니다.

　프로이트의 『정신 분석 입문』에 나오는 중년 여성의 예시는 우리를 돌아보게 하기에 충분합니다. 남편의 외도를 의심하는 여성은 남편이 가정생활에 충실할수록 의심을 키워갑니다. 그러면서도 남편을 의심하는 자신을 인정할 수 없습니다. 그런데 사실 이 여성은 딸의 남편, 곧 사위를 좋아하고 있습니다. 그렇지만 그녀는 이런 사위에 대한 사랑을 남편의 외도에 대한 복수라고 정당화합니다. 또 딸을 사랑하는 어머니의 죄의식을, 나도 남편과 같은 일을 하고 있을 뿐이라는 식으로 벗어나려고 합니다.

　이 경우 그녀는 사위에 대한 부적절한 사랑을 남편의 확인되지 않은 외도로 대체하고 있는 것입니다. 여러분은 언젠가 자신의 학업 부진을 가정형편이나 아버지의 외도, 어머니의 술주정으로 대체한 적은 없습니까? 군에 간 친구의 여자를 사랑하면서, 그놈도 이 여자를 만나면서 동시에 다른 여자를 만나고 있었다는 식으로 정당화해본 적은 없습니까? 아버지 구실을 제대로 못하는 걸 아이의 탈선 때문이라고, 외도를 아내의 무관심 때문이라고 합리화해본 적은 없습니까? 대체는 자연스런 감정이 아니라 의도적인 도피입니다.

동창회에는 대체로 두 가지 종류의 이유 때문에 인간이 모입니다. 하나는 출세한 사람이 자기를 확인하려는 것이고, 다른 하나는 실패한 사람이 위로받기 위한 것입니다. 동창회에서는 센 놈이나 약한 놈이나 '야', '너' 하면서 대합니다. 센 놈은 약한 놈과도 어울려준다는 너그러움에 취하고, 약한 놈은 센 놈과 어울릴 수 있다는 자기만족에 취합니다. 돌아서면 자기 확인의 자랑과 자기 학대의 피해 의식 외에 남는 게 별로 없습니다. 과거로의 퇴행으로는 현실을 바꿀 수 없습니다.

과거 앨범에도 같은 사연이 숨어 있습니다. 센 놈은 앨범을 잘 보지 않습니다. 앨범 속에는 자신의 경쟁 대상이 없기 때문입니다. 약한 놈은 앨범 보기를 즐깁니다. 그 속에는 반드시 저보다 약했던 놈이 있기 때문입니다. 만나서 이야기를 듣다보면, '한때' 놀아보지 않고, 잘 나가지 않은 사람이 없습니다. 종로의 탑골공원에 가면 노인들 대부분이 한때 한 주먹 했고, 한 부자 했고, 한 얼굴 했고, 한 지식 한 사람들입니다. 그 노인들이 하릴없이 탑골공원에서 시간을 보낸다는 걸 다 알지만, 서로 갉아먹지 못합니다.

퇴행은 과거를 긍정함으로써 나의 현재를 방어하려는 것일 수도 있고, 과거를 부정함으로써 현재를 더 뽐내려는 것일 수도 있습니다. 공부 못한 동창생의 당당한 등장은 과거를 부정하여 현재의 자신을 인정받으려는 퇴행입니다. 공부 잘한 동창생의 쓸쓸한 등장은 과거를 긍정함으로써 현재를 방어하려는 것입니다. 성형수술에 성공한 사람이 사진을 없애고 싶은 것도, 볼품없이 늙어버린 사람이 과거 사진을 소중히 간직하고 보여주는 것도 다 마찬가지입니다.

길은 없는 것일까요? 성공의 퇴행이든 실패의 퇴행이든 병적 증상이라는 점에서는 차이가 없습니다. 성인의 유아적 퇴행은 깊은 병이기는 하지만, 사실 퇴행의 시간길이가 문제일 뿐 우리는 누구나 퇴행적 심리 위안을 밥 먹듯이 하고 있습니다. "내가 얼마나 귀하게 자랐는데, 시집와서 이런 고생을 하고 산단 말야?" 이것도 퇴행입니다. "내가 얼마나 고생해서 번 돈인데, 너희들이 물 쓰듯 할 수 있어?" 이것도 퇴행입니다. "내가 한때 좌파 핵심 운동권이었는데, 너희들이 뭘 안다고 그래!" 이것도 퇴행입니다.

몇 년 전 동창회에서 나눈 이야기입니다. 잘되어 나타난 친구에게 누가 한마디 했습니다. "야, 세상 좋아졌다. 쟤가 앞에 나서 말도 하고 계산도 하고. 참!" 듣고 있던 다른 친구가 말했습니다. "지금은 지금인데, 과거로 재단하지 말자." 맞는 말입니다. 저도 한마디 거들었습니다. "계산하면 고맙지, 뭐." 뭘 먹고 난 다음에는 계산하는 사람이 센 놈입니다. 과거가 밥 먹여주지 않습니다. 사실 적당한 돈 내고 밥 먹고 술 얻어먹기에는 동창회만한 게 없습니다. 귀만 닫으면 됩니다. 입만 열지 않으면 됩니다. 참을 수 없이 심사가 꼬일 때면, "야, 너 참 대단하다, 대단해!" 하고 들리게 말하면 그만입니다. 그 소리에 고마워하는 친구를 보면서 속으로 무슨 말을 하든 상관없습니다.

돌아갈 수 없는 시간이라는 시간의 속성 때문에 우리는 퇴행합니다. 만족하기 어려운 지금이라는 욕망의 무게에 눌려 우리는 퇴행합니다. 그러나 퇴행으로 이루어지는 일은 없습니다. 지난 아름다운 사랑을 만나고 싶지만, 그건 너무 이기적인 바람입니다. 그 사람도 당신을 만나고 싶어할까요? 어릴 적으로 돌아가고 싶은 것도 너무 이기적입니다. 당신의 어릴 적이 그렇게 아름다웠던 것도 아니고,

그 친구들이 당신과 다시 어릴 적을 보내고 싶어하지 않을 가능성도 크기 때문입니다. 언젠가 제가 글에서 말했습니다. "지금 아는 걸 그 때도 알았더라면."이라는 말처럼 어리석은 것은 없다고. 아마 그때 지금과 같은 앎이 있었다면, 그때도 지금처럼 끔찍했을 것입니다. 그래서 이렇게 말했습니다. "그때 몰랐던 걸, 지금도 모를 수 있다면." 그럼 동창회도, 앨범도, 옛사랑도 아무것도 아닐 수 있을 텐데.

성공과 구멍 난 양말 혹은 낡은 구두

전 세계은행 총재 폴 월포이츠P. Wolfowitz의 구멍 난 양말이 화제가 된 일이 있습니다. 이전에는 정주영 현대회장의 낡은 구두가 그랬습니다. 또 판사나 검사들은 중저가 구두를 꽤 많이 신는다는 구두 닦는 사람의 이야기도 신문에 실렸습니다. 사람에 따라 다르겠지만 우리는 흔히 이런 기사를 보면서 센 놈들은 역시 뭐가 달라도 다르다는 식으로 받아들이면서 자신의 소비행태를 반성합니다. 에둘러 말하지 않고 하자면 이건 모두 센 놈들의 이야기일 뿐입니다. 구두 닦는 사람의 말인지 확인할 길은 없지만, 기사에 따르면 판사나 검사는 남에게 어떻게 보일까 신경을 쓰지 않아도 되지만, 접대를 하거나 뭔가를 팔거나 해야 하는 사람은 더 나은 구두를 신는다는 겁니다. 뭐가 잡힙니까? 보험 영업을 하는 사람, 고급 자동차를 파는 사람은 상대하는 사람에게 이른바 가난한 티를 보여서는 안 됩니다. 그럼 상대방이 얕보고 막 대하기 때문입니다. 내가 보험 영업하고 차를 팔지만 만만치 않게 번다는 걸 옷이며 액세서리며 차며 필기도구에서 보여주어야 합니다. 그래서 계약시 사용하는 필기도구도 대부분 고가의 만년필입니다. 반면에 그걸 구매하는 사람은 구매한다는 것만으로도 능력을 보여주는 것이기에 제 하고픈 대로 입고 쓰면 그만입니다. 티코 타고 와서도 에쿠스를 구매하면 그것으로 끝입니다.

우리 주변에는 성공하는 사람들의 뭐니 뭐니 하는 류의 책들이 넘쳐납니다. 인생 지침서, 자기 계발서라는 거창한 이름을 단 이런 책들은 한 권을 읽는 것도 넘치는 일입니다. 관심이 있으면 그냥 목차나 한번 살펴보고 덮길 바랍니다. 왜냐하면 우선은 그 이야기가 그 이야기이기 때문이고, 다음으로는 그렇게 한다고 성공하는 게 아니기 때문입니다. 대학 부총장도 하고 기업 컨설팅도 하고, 무엇보다 책을 팔아 큰 돈을 번 스티븐 코비S. R. Covey를 봅시다. 대표적인 책 『성공하는 사람들의 7가지 습관』의 내용을 보면, 1. 자신의 삶을 주도하라, 2. 끝을 생각하며 시작하라, 3. 소중한 것을 먼저 하라, 4. 승-승을 생각하라, 5. 먼저 이해하고 다음에 이해시켜라, 6. 시너지를 내라, 7. 끊임없이 쇄신하라는 일곱 가지 이야기를 늘어놓습니다. 여기서 모르는 게 있습니까? 내 삶을 내가 주도하고 싶지 않은 사람이 있을까요? 끝도 생각지 않고 무작정 나아가는 사람은 몇이나 되며, 소중한 것 먼저 하고 싶지 않은 사람은 또 누구며, 우리 모두는 남 외면하고 혼자 먹으면 탈난다는 걸 잘 알고 있습니다. 그런데 왜 그렇게 안 될까요? 하나하나 대답해나가면 눈물만 날 것입니다. 끌려 다닐 수밖에 없고, 지금 당장 먹고사는 게 문제고, 소중한 것 먼저 하기에는 일에 치이고, 내 것을 먼저 챙기지 않으면 빼앗기는 세상살이를 나 몰라라 할 수 없기 때문입니다.

다음에 이해시키려고 해도 남이 기다려주지 않고, 시너지를 내고 싶어도 마땅한 게 없습니다. 끊임없는 쇄신이라! 이름 참 좋습니다. 쇄신에 소용되는 비용이며 시간은 누가 그냥 줍니까? 가장 어처구니없는 일은 성공한 사람들의 습관을 아무리 분석하고 따라 해도 성공할 수 없다는 겁니다. 훌륭한 선생 밑에서 배운다고 모두 뛰어난 학생이 되는 건 아닙니다. 사람은 몇 가지 습관으로 살아가는 게 아니라 무수한 습관을 갖고 살아갑니다. 일곱 개의 좋은 습관이 나머지 한 개의 나쁜 습관 앞에서 맥도 못 추고 깨져버리는 게 사람살이입니다. 성실하고 사람 좋고 능력 있고 멀쩡하게 생기면 뭘 합니까? 외도 한 번으로 끝장나는 게 삶입니다. 다 좋은데 거짓말 한 번으로 돌이킬 수 없는 사람은 또 얼마나 많습니까? 인터넷 서점에서 '성공하는'이라는 단어로 검색을 해보십시오. 성공하는 남자의 옷차림, 성공하는 여자는 당당하고 센스가 있다, 성공하는 사람은 스피치에 강하다, 성공하는 사람은 생각이 다르다, 성공하는 사람들의 두뇌관리 습관이라는 식으로 줄줄이 책이름이 뜹니다. 이게 '성공하는'이든 '성공한'이든 간에 그 센 놈이 옷 때문에, 당당함과 센스 때문에, 이빨 때문에, 다른 생각 때문에, 두뇌를 관리했기 때문에 성공했다고 무슨 근거로 주장할 수 있는지 도대체 이해할 수 없습니다. '성공한' 센 놈들이 '성공하고 싶은' 놈 또는 '성공하지 못한' 약한 놈에게 늘어놓는 헛치레입니다.

저의 책 『철학의 눈』에서 '안나 카레니나의 법칙'을 소개했습니다. 톨스토이의 말처럼 행복한 가정은 모두 엇비슷하고 불행한 가족은 불행한 이유가 제각기 다릅니다. 성공한 사람들의 사정은 다 엇비슷하고 실패한 사람의 이유는 제각각이라고 말할 수 있습니다. 결국 행복이 행복할 요소의 존재가 아니라 불행할 요소의 부재에 있듯이, 성공도 성공적인 요소를 얼마나 가졌는가가 아니라 실패할 요소를 얼마나 적게 가졌는가 하는 데서 결정됩니다. 백인의 사회에서 흑인으로 태어난다는 것만으로도 이미 커다란 실패 요소를 가진 것입니다. 과거 여성으로 태어났다는 사실만으로도 성공은 멀어졌습니다. 돈의 세상인 자본주의에서 가난한 가정에서 태어난 아이는 성공할 요소가 없는 게 아니라 실패할 수 있는 중요한 요소를 가진 것입니다. 성공한 놈들의 습관을 보면 대부분 사람을 기죽이는 것입니다.

결단력도 있어야 하고 머리도 좋아야 하고 인간성에다 자기 자신도 사랑할 줄 알아야 합니다. 냉정한 눈으로 뒤집어보면 성공하는 사람들의 습관은 성공하지 못하는 사람들에 대한 칼날입니다. "너희들 꼴이 그 꼴이니 어떻게 성공하겠니!" 이게 진실의 목소리입니다.

　세계은행 총재의 구멍 난 양말에 정주영의 낡은 구두를 신고 다녀 보십시오. 궁상맞다고 할 것입니다. 무시당할 것입니다. 그래서 성공하는 남자는 옷차림이 달라야 할까요? 판사나 검사의 중저가 구두는 우리에게 무슨 말을 합니까? 빈센트 반 고흐의 낡은 구두는 또 무엇입니까? 다 센 놈들의 센 짓입니다. 비록 가난하게 살다 죽었더라도 세었거나 세어진 놈들의 신화입니다. 그럼 우리는 무엇을 해야 할까요? 먼저 그런 류의 책을 읽지 마십시오. 그리고 지난 시간에서, 바로 어제 있었던 일에서 무엇이 나를 실패로, 궁지로 몰았는지 잘 생각해야 합니다. 그보다 중요한 것은 그렇게 얻은 교훈을 마치 금과옥조 같은 좌우명으로 삼아서는 안 된다는 겁니다. 그건 그저 바로 그 시간 그 사람, 그 일이 비슷하게 반복된다면 사용할 수 있는 작은 도구일 뿐입니다. 사람이나 상황이 달라지면 대처법도 달라져야 합니다. 술 잔뜩 마시고 놀지 않아서 거래에 실패했다고 해서 그걸 고집하면 낭패를 겪게 됩니다. 다음 상대는 대단히 청교도적인 사람일 수도 있기 때문입니다. 그 사람은 잘 노는 사람을 좋아하는 가 하면 책 읽는 사람을 좋아하기도 합니다. 결국 만능열쇠는 없습니다.

　아는 게 좀 있다고 성공의 기준은 상대적이라는 식으로 빠지지는 마십시오. 나도 성공하고 싶다고 말하되, 뭔가를 가르치려는 놈에게 "그건 네가 성공하는 방법이지." 하고 넘기셔야 합니다. 성공이 무엇이냐고 물으신다면, 그건 성공해봐야 아는 것이라고, 어떻게 하면 성공하는지 물으신다면, 그건 답이 없다고 하는 게 답입니다. 성공하고 싶다면 성공해야 한다는 생각부터 버려야 합니다. 부처 되겠다는 생각 버리고 하루하루의 참선에 열중하는 수도승의 자세가 필요합니다. 누구는 그렇게 해서 해탈했다더라는 풍문에서 자유롭게 살아야 합니다. 성공하는 사람들의 몇 가지 습관, 참으로 못된 가르침입니다. 그렇기에 그건 가르침이 아니라 사술邪術입니다. 이렇게 하면 10억 번다는 이야기도 마찬가지입니다. 제 갈 길을 갑시다. 그래서 후회하고 고통받고 힘들어하면서, 적어도 같은 사람에게, 비슷한 상황이 온다면 같은 실수는 하지 않겠다는 다짐을 즐깁시다. 그리고 어느 날 성공하거든 어찌어찌 운이 좋아서 성공했다고 말합시다. 아니 정말 운이 좋았던 것입니다. 그래서 성공한 사람에게서 겸손을 배우는 것이야말로 진정 가치 있는 것입니다. 늘 새로 시작해야 하는 고단한 날들, 행운이 함께하길 기대합니다.

우연의 힘

　　　　　　　　　　논란 많은 학문 가운데 하나가 바로 미래학未來學, futurology입니다. 자신들의 말로는 과거와 현재를 바탕으로 가까운 미래인 십 년(現未來)부터 백 년(近未來), 천 년(中未來), 그리고 아주 먼 미래인 만 년(遠未來)까지를 예측하고 그 모델을 그려보는 '학문'입니다. 하지만 자칭 학문인 미래학은 미래가 와야만 이론의 타당성을 인정받는 것으로서 현재에서는 증명이 불가능한 것입니다. 그리고 설령 미래의 먼 시간에 그 이론의 예측이 비슷하게 맞았다 하더라도, 그 이론을 근거로 현재를 설계하는 일은 없습니다. 뿐만 아니라 틀렸다 할지라도 그걸 붙들고 비난하는 일도 없습니다. 그래서 흔히 이 미래학을 '아니면 말고' 식의 무책임한 예언이라고 비하하기도 합니다.

　그런데 이런 비하하는 평가 말고도 던질 질문은 하나둘이 아닙니다. 우선 미래학의 필요성에 관한 물음입니다. 사실 미래학은 점성술과 마찬가지로 우리의 불안한 현실을 탈출하려는 노력입니다. 하는 일마다 잘되는 사람이 점집을 찾지 않듯이, 만약 현실이 늘 우리의 소망대로 이루어지고 있다면 미래에 대한 궁금증이나 불안감은 없을 것입니다. 그래서 미래학은 불안을 기반으로 희망을 찾고자 하며, 그 희망은 곧 우리의 불안을 표현하는 것입니다. 물론 미래학이 미래를 늘 장밋빛으로 그려내는 것은 아닙니다. 하지만 그 암담한 미래조차도 그것을 예측하는 까닭은 절망과 파국을 피해보려는 우리의 희망 때문입니다. 결국 미래학은 현실에 대한 불안, 미래에 대한 두려움, 그리고 한 가닥 희망이 엮는 소설입니다.

1960~70년대 미국을 중심으로 한 미래학은 촉망받는 학문이었고, 한결같이 미래를 낙관적으로 예측하였습니다. 하지만 미래학의 예측처럼 21세기를 사는 우리는 어떻게 여가시간을 보낼까 하고 고민하지도 않으며, 오히려 예측과는 달리 소련은 무너졌고, 독일은 통일이 되었으며, 환경은 파괴되고, 새로운 질병으로 고통받고 있습니다. 그런데도 그들의 '예언'을 책임지는 사람이 아무도 없습니다. 어차피 '아니면 말고'였으므로 당연한 귀결이기도 하지만, 출발에서부터 에피메니데스의 거짓말 역설에 걸려 있었던 것입니다. "미래학은 미래에 가서야 증명되는 학문이다." 그 미래라는 지점이 어디인지 아무도 모릅니다. 무엇보다 수십 년 전의 예측이 맞았는지 틀렸는지를 두고 논쟁할 만큼 우리가 맞이할 미래의 그날도 우리에게는 그리 한가한 날들은 아닐 것이라는 정도는 누구나 알고 있습니다.

  일상에서든 사회적 차원에서든 간에 계획은 그것이 이루어질 것이라는 걸 전제로 세워지지 않습니다. 만약 여러분이 그런 생각으로 계획을 세워왔고, 지금도 그런 계획을 실천하고 있다면 빨리 바로잡아야 합니다. 계획은 실현을 노리는 것이 아니라 그러한 계획을 위해서 무엇을 할 것인가, 즉 지금 해야 할 일을 챙기는 것입니다. 홍수를 '예방'하기 위해 우리는 둑을 보강하고 물길을 정비합니다. 여기서 '예방'은 곧 '막아보겠다는 계획'입니다. 그래서 막아집니까? 막아질 가능성이 높기는 하지만 반드시 그렇지는 않습니다. 하지만 우리는 비록 홍수를 막지 못했을지라도 "할 일을 다했다."는 위안을 얻습니다. 결혼 계획은 번번이 무산되고 내 집 마련 계획도 앞이 캄캄합니다. 그래도 맞선을 보고 적금을 붓고 청약통장을 마련합니다. 뭔가 준비하고 있다는 안도감과 자신감. 계획은 바로 이걸 노리는 투기입니다.

우연의 힘

미래학자와 마찬가지로 인류학자나 진화생물학자 가운데 많은 사람들이 자연사自然史, natural history를 탐구하면 자연의 비밀뿐만 아니라 우리 자신의 존재에 대한 설명도 얻을 수 있을 것이라고 착각합니다. 이건 미래학자와 마찬가지로 시간만 과거로 간 것일 뿐 내용은 같습니다. 자연은 우리에게 비밀의 열쇠를 건네주지 않습니다. 왜냐하면 미래와 과거는 모두 우연의 산물이지 계획의 산물이 아니기 때문입니다. 이런 비계획적 우연을 학자들은 '작은 원인, 커다란 결과'라는 말로 표현합니다. 다윈의 용어를 빌리면 '돌연변이突然變異, mutation'입니다. 자연뿐만 아니라 우리의 기술과 문화사도 돌연변이, 좀더 일상적인 용어로 표현하면 '우연偶然, contingency'의 결과일 경우가 대부분입니다. 마르코니G. Marconi(1874~1937)는 그저 전화를 대신할 무선 통신기를 만들고자 했는데, 이게 라디오가 되었습니다. 파스퇴르L. Pasteur(1822~1895)의 예방접종법은 닭 콜레라의 병원체를 연구하는 과정의 부산물이었고, 페니실린은 플레밍A. Fleming(1881~1955)의 휴가 때문에 발견된 항생제입니다. 비아그라는 협심증을 치료하기 위한 혈류개선제였는데, 그걸 처방받은 남자 환자들이 협심증에 약효가 없어 중단해야 한다고 해도 계속 먹겠다고 우기는 바람에 발견된 발기부전 치료제입니다.

그런데 이러한 우연은 실제로 발견자나 발명가에게만 일어나는 일은 아닙니다. 마치 뉴턴의 머리 위에 사과가 떨어지기 이전에도 무수한 사과가 누군가의 머리 위에 떨어졌듯이, 누구에게나 일어나는 일입니다. 하지만 대부분의 누군가는 그것을 모르고 지나갑니다. 그래서 파스퇴르는 "우연은 준비가 잘된 사람에게 행운을 선사한다."고 말합니다. 무엇인가를 발견하고 발명하는 창조적인 사고는 우연 속에서 연관을 인식해내고 기존의 것을 이용하여 새로운 것을 만들어내는 것입니다. 그렇지만 우연을 맞이할 준비로서 무엇인가를 하는 일은 아주 어리석은 짓입니다. 수주대토守株待兎가 바로 그것입니다. 『한비자韓非子』에 나오는 이 이야기는 잘 알려져 있습니다. 우연한 사고로 토끼가 그루터기에 부딪혀 죽을 수는 있습니다. 그리고 우연히 바로 그 그루터기 근처에 앉아 있다 수확을 올릴 수도 있습니다. 하지만 그건 우연의 산물이지 지속적으로 일어나는 법칙적 운동이 아닙니다.

우리가 세우는 계획은 '좋은 것'으로 가득합니다. 하지만 좋은 것이라고 해서 다 살아남는 것도 아니고 올바른 것도 아닙니다. "신은 주사위놀이를 하지 않는다."는 아인슈타인A. Einstein(1879~1955)의 말은 잘못된 것이기도 맞는 것이기도 합니다. 만약 주사위놀이가 우연을 뜻하는 것이라면 틀린 말이고, 주사위의 확률은 엄격한 경우의 수 가운데 하나에 불과하다는 얘기라면 맞는 말입니다. 자연으로서의 신은 우연을 통해 자신을 표현합니다. 아인슈타인은 하이젠베르크W. K. Heisenberg(1901~1976)의 불확정성의 원리를 반대하면서 법칙적이고 필연적인 역학을 주장하지만, 그의 뜻과는 달리 자연은 우연이라는 불확정성을 통해 펼쳐집니다. 자연은 주사위놀이를 하고, 무엇이 다음에 나올지는 자연조차도 모릅니다. 스티븐 제이 굴드S. J. Gould(1941~2002)는 "자연사의 필름을 다시 한 번 돌리면 지금과는 다르게 흘러갈 것이다."고 말합니다. 여러분의 인생사도 마찬가지입니다. 더 좋은 것이 이기거나 살아남는 게 아니라 살아남은 게 이기는 것입니다. 그리고 그 이긴 자는 살아남은 무엇을 더 좋은 것이라고 내세웁니다.

1868년 미국의 발명가 크리스토퍼 숄스C. Sholes(1819~1890)가 서로

엉키는 타자기의 철자를 풀기 위해 가장 빈도수가 높은 철자들을 반대 방향으로 배열했습니다. 이게 바로 우리의 현재 타자기 자판인 쿼티QWERTY입니다. 그런데 1932년에 어거스트 드보락A. Dvorak이 훨씬 빠르고 쉬운 자판을 발명했지만, 그의 자판은 거의 사용되지 않고 있습니다. 그런데도 우리의 자판에는 영어 드보락 글자판이 들어 있습니다. 간단한 조작으로 글자판을 바꾸면 되지만, 그러기엔 너무 늦었습니다. 여기서 우리는 더 좋은 것과 살아남은 것, 그리고 결국 더 좋은 것의 우연을 알 수 있습니다. 한번 우연으로 뚫린 길은 좀처럼 다른 길로 바뀌지 않습니다. 그래서 이후 그 길을 가는 사람들은 바로 그 길이 우연의 길이 아니라 필연의 길이라고 생각합니다.

혹시 여러분은 우연히 익숙해진 생활 습관을 지키지 않으면 안 되는 것으로 알고 살아가지는 않습니까? 혹시 여러분은 우연히 만난 인연을 운명적 인연이라고 생각하고 지켜가고 있지는 않습니까? 혹시 여러분은 더 편하고 나은 삶의 자판을 두고도 단지 익숙하다는 이유만으로 다른 것을 고집하고 있지 않습니까? 혹시 여러분은 계획을 세우고 내가 노력한다면 그것은 반드시 이루어질 것이라고 믿으며 땀 흘리지는 않습니까? 혹시 여러분은 우연을 노리고 어디선가 누군가를 기다릴 만큼 충분히 어리석지는 않습니까? 혹시 여러분은 나도 우연히 무엇인가 큰일을 내고 엄청나게 잘될 것이라고 꿈꾸고 있지 않습니까? 우연은 우연이기에 우연히 다가옵니다. 우연히 다가온 우연이 여러분을 장악하고 있다면, 그것도 우연입니다. 『우연의 법칙』을 쓴 슈테판 클라인S. Klein(1965~)의 말처럼 "우연은 세상을 움직이는 열린 가능성의 힘"입니다. 우연을 우연히 즐기는 삶. 우연이 우리에게 주는 가능성의 힘을 즐기면서 변화하는 삶을 살아가는 게 인생입니다.

부정어법의 속내

부정어법否定語法, apophasis의 영어 apophasis에서 접두사 apo는 '저쪽으로' 또는 '떨어져서'라는 뜻을 가지고 있습니다. 또 phasis는 '국면局面'이나 '양상樣相'을 뜻하는 말입니다. 그래서 apophasis는 우리말로 하면 '국면이나 양상, 모양새와 떨어진 저쪽'이라는 뜻을 갖습니다. 쉽게 풀어서 말하면 국면의 반대편을 가리키는 것이므로 부정否定이나 부인否認하는 게 됩니다. 그런데 이 부정어법의 특징은 그런 부정이나 부인을 통해서 사실은 긍정한다는 데 있습니다. "나는 무슨 일이 있더라도 네가 잘못했다는 말을 남에게 하지 않겠다."는 말을 생각해보십시오. 무슨 말입니까?

이 말은 우선 네가 잘못했다는 걸 인정하고 있다(긍정)는 것과, 그 잘못을 남에게 이야기하지 않겠다(부정)는 것을 동시에 말하고 있습니다. 그리고 그 핵심은 한쪽을 긍정하면서도, 다른 한쪽을 대놓고 비난하지도 않는다는 것입니다. 하지만 이 말을 통해서 사실은 드러나게 되고, 말하는 사람과 말의 대상이 된 사람 사이에는 균열이 발생하게 됩니다. 말하는 사람은 자신이 이렇게 말할 수밖에 없는 까닭을 남들에게 넌지시 알려주고, 그와 함께 사실에 대한 추측거리를 제공합니다. 일종의 반어법反語法인데, 우리말로는 취중진담醉中眞談이나 언중유골言中有骨과 비슷합니다.

이런 화법은 친하기는 하지만 명백한 잘못을 저지른 사람을 얘기할 때나 정치적 수사에 곧잘 사용됩니다. 예를 들어 친한 친구가 남들 모르게 꽤 심각한 잘못을 했을 경우, 누군가가 그 사실을 여러분에게 묻는다면, "그 친구가 잘못의 원인이라는 식의 말은 하지 않겠어."라고 해보십시오. 이게 무슨 뜻입니까? 또 대통령이 여론의 문책을 받고 있는 장관에 대해서 "나는 그 장관이 그 일에 책임이 없다는 식으로 발뺌을 하지는 않겠다."고 하는 것도 마찬가지입니다. 직접 그 잘못을 언급하지는 않지만, 누구나 그런 잘못의 원인이 크든 작든 간에 그 사람에게 있다는 걸 알 수 있는 그런 결과가 생겨납니다.

이 부정어법은 말하는 사람의 한계나 세상을 보는 시각을 보여줍니다. 긍정도 부정도 하기 힘든 상황에 처한 자신의 처지를 설명하면서도, 그 사실 자체에 대해서 잘잘못을 그냥 넘길 수는 없는 딜레마적 상황에 대처하는 것입니다. 여러분은 일상생활에서 뭐라고 말하기에 참으로 난감한 상황에 처했던 적이 있을 것입니다. 부정한 행위를 한 가장 친한 사람을 어떻게 해야 할까요? 물론 최선책은 남들이 먼저 그 사람을 비난하고 책임을 묻는 것입니다. 그러나 일이 그리 간단하지는 않습니다. 바로 여러분의 평가나 판단을 사람들이 듣고 싶어할 경우가 있기 때문입니다.

바로 이럴 때 부정어법이 사용됩니다. "나는 그 친구의 부정한 일에 대해서 두둔하지는 않겠습니다." 두둔하지는 않는다는 말을 통해서 나의 견해가 당신들과 비슷하다는 것을 밝히면서도, 직접적으로 언급하지 않음으로써 친구와의 관계도 유지할 수 있습니다. 그런데 이런 부정어법은 위험 부담이 큽니다. 왜냐하면 사람들은 분명한 걸 좋아하기 때문입니다. 그래서 사용되는 것이 '소극적인' 부정어법입니다. 예를 들면 "'대체로' 잘못한 점이 있다는 것을 부정하기는 어렵습니다.", "'부분적으로' 잘못이 있다는 것을 숨길 수는 없습니다.", "'잘은 모르지만' 잘못한 점이 있다는 사실을 거부하지는 못합니다." 말이 좀 지저분해지고, 음흉해지는 개운치 않은 맛은 있지만, 이런 게 '소극적인' 부정어법입니다.

아내에게 부정이 들키거나 애인에게 양다리 걸친 사실이 발각되었을 때, 여러분은 무어라 말합니까? "내가 잘못했어!" 이게 전부입니다. 하지만 그런 사정에 처한 친구에 대해서 남에게 "그 친구가 잘못했지!" 이렇게 말하면 안 됩니다. 이때 부정어법을 쓰는 겁니다. "그 친구의 잘못이 없다고 말하지는 못하지.", "'누구에게나' 잘못이 있듯이 그 친구에게도 잘못이 있다는 걸 부정할 수는 없어." 앞의 것이 정통 부정어법이고 뒤의 것이 소극적인 부정어법입니다.

부정어법은 자신이 처한 상황의 한계를 드러내고자 합니다. 그 한계를 통해서 사람들에게 우회적으로 진실을 전하고자 합니다. "신이 없다고 말하는 일은 없을 겁니다.", "신이 있다고 말하는 사람을 부정하지는 않겠습니다." 신의 존재와 관련해서 참 답답한 상황에 처한 사람의 말입니다. 신이 없다고 말하는 일이 없다고 해서 신이 있다는 걸 주장하는 것은 아닙니다. 또 신이 있다는 사람을 부정하지 않겠다고 해서 그런 사실을 부정하지 않겠다는 것도 아닙니다. 우리의 삶의 처지는 이처럼 갑갑하고 힘듭니다. 저는 오늘 이런 부정어법을 떠올립니다. "내 말을 못 알아듣는 사람을 어리석다고 말하지는 않을 것입니다." 화가 납니까? 그럼 부정어법으로 말해보세요.

습격의 본능

　　　　　　　　　　스승의 날 학생이 준 책 선물은 새롭고 행복한 것이었습니다. 대개 학생이 선생에게 책을 선물한다는 건 뭔가 일상적 흐름을 벗어나는 것이기에 아마도 그런 느낌을 받지 싶습니다. 그리고 그 책이 흔히 말하는 베스트셀러 작가의 책이기에, 베스트셀러에 별 좋은 감정을 갖고 있지 않은 제게는 적잖이 당황스러운 상황이기도 했습니다. 작가는 널리 알려진 무라카미 하루키村上春樹. 한자 표기를 그대로 해석하면 '시골의 봄나무'입니다.

　　무라카미 하루키의 「빵가게 재습격」이라는 단편은 간단히 말하자면 대단히 실존주의實存主義적인 소설입니다. 소설의 첫 문단에서부터 내용이 심상치 않습니다. "세상에는 옳은 결과를 초래하는 옳지 않은 선택도 있으며, 옳지 않은 결과를 초래하는 옳은 선택도 있다." 이 말을 하고서는 곧이어 "이러한 부조리를 회피하려면, '우리는 실제로 아무것도 선택하지 않았다'는 입장을 취할 필요가 있다. 적어도 나는 그런 식으로 생각하며 살고 있다. 일어난 일은 이미 일어난 것이며, 일어나지 않은 일은 아직 일어나지 않은 것이다."고 단언합니다.

　　저는 이 몇 문장을 읽으면서 베스트셀러 작가로서는 뭔가 넘치는 듯한 느낌, 더 정확히 말해서 이런 내용을 일반 독자가 제대로 이해할 수 있을까 하는 의심을 억누르지 못했습니다. 여기서 핵심은 "우리는 아무것도 선택하지 않았다."는 것입니다. 그리고 이 주장을 뒷받침하는 논거가 의도하지 않은 결과를 초래하는 선택이며, 또 일은 지나간 것이거나 오지 않은 것이라는 점입니다. 좀더 자세히 풀어보면 내가 전혀 의도하지 않은 결과가 생겨난다면, 나는 그 결과를 노리고 선택한 것이 아닙니다. 그리고 일어나 버린 일은 어떻게 일어났는지를 따져보기도 전에 이미 일어나 버렸기 때문에 그걸 선택했다고 하기도 어렵다는 것입니다. 하물며 일어나지도 않은 일은 말할 필요도 없습니다.

가난하고 배고픈 학생 둘이 빵가게를 '습격'해서 빵을 강탈하려고 합니다. 그런데 정작 빵가게 주인은 칼로 위협받는 순간에 바그너 곡을 다 듣는다면 마음껏 빵을 가져가도 좋다고 합니다. 그들은 빵을 풍족하게 손에 넣었지만, 이해할 수 없는 혼돈에 빠집니다. 여기서 학생들은 빵을 훔치려고 했지만, 그건 배고픔 때문에 그렇게 한 것이고, 어떤 경우에도 음악을 주인과 함께 듣고자 한 일은 아니었습니다. 그런데 빵은 손에 들어왔고, 강탈도 아니었습니다. 도대체 일이 왜 이렇게 두서없이 꼬이는 것일까요?

결혼한 주인공은 아내와 함께 다시 빵가게를 '재습격'하게 됩니다. 그 이유는 너무도 명백합니다. 한밤에 둘 다 배가 고팠기 때문입니다. 산탄총을 지니고서 빵가게를 찾던 부부는 맥도날드 햄버거 가게를 습격합니다. 총을 들이대고는 햄버거 서른 개를 싸줄 것을 요구합니다. 그런데 종업원은 장부 정리가 힘들다는 이유로 햄버거가 아니라 돈을 털어갈 것을 부탁합니다. 하지만 부부는 햄버거를 요구하고 콜라 두 개는 값을 지불하고 삽니다. 그러고는 빵가게가 열려 있지 않아서 이렇게 된 것이니 미안하다고 말합니다. 한적한 곳으로 옮긴 부부는 햄버거를 열 개 먹고 포만감에 잠에 빠져듭니다. 이런 대화를 남기고서 말입니다. "그렇지만 이런 짓까지 할 필요가 있었을까?" "물론이지."

우리는 알 수 없는 원인에 이끌려 의도하지도 않았던 일을 하게 되고, 그 일은 아무도 생각지 못했던 방식으로 흘러갈 수도 있습니다. 분명한 건 배가 고팠다는 사실뿐입니다. 빵가게를 처음 습격할 때는 돈이 없었다는 나름의 이유가 있었지만, 그 결과는 엉뚱하기 짝이 없습니다. 재습격 때는 더 이해하기 힘듭니다. 돈도 있고 결혼한 남녀가 단지 한밤의 시장기를 달래기 위해 총을 들고 햄버거 가게를 털다! 그것도 그렇게 할 필요가 당연히 있었다는 말까지! 무라카미는 무슨 말을 하고자 합니까? 아마 단서는 "빵가게를 습격한 이야기를 아내에게 들려준 게 과연 옳았는지 아직까지도 확신을 가질 수 없다."는 첫 문장일 것입니다.

배고픔에 이끌려 빵가게를 습격했다는 지난 이야기는 다시 빵가게를 습격하는 데 어떤 역할을 했을까요? 그때그때 떠오르는 대로 행동하는 건 경망스런 일일까요, 아니면 가장 인간적인 행동일까요? 그리고 그 떠오르는 생각의 원인이 가볍기는 할지라도 지독히 실존적인 무엇에서 비롯되는 것이라면, 그 이후의 일이나 결과는 정당화되는 것일까요? 또 만약 그게 '그냥' 해보는 일이라면 어떨까요? 무라카미 하루키는 빵가게 '습격'과 '재습격'을 통해서 우리가 심각하게 생각하는 많은 일들도 어쩌면 너무도 황당한 이유에서 비롯되는 것인지도 모른다는 사실을 말하고자 하는 듯합니다. 결코 우리가 맘먹고 작정하고 해서 일어나는 결과가 아니고, 또 그런 선택도 아니라는 것입니다.

〈주유소 습격사건〉이라는 영화가 있었습니다. 그 영화 속에서 주인공들이 왜 주유소를 습격했는지는 애매합니다. 돈인 듯도 하고, 폼인 듯도 하고, 객기인 듯도 하고, 반항인 듯도 하지만, 대체로 '그냥' 해본 듯합니다. 실제로 우리의 삶은, 생활은 뚜렷한 이유라고 하기에는 너무도 보잘것없는 이유 때문에 움직이고 고민하고 싸우고 헤어집니다. 겉모습 뒤에 감춰진 실존의 초라함이자 덧없음입니다. 그렇지만 바로 그게 우리를 움직이게 합니다. 그냥 울적해서 간 곳이 어떨 때는 내가 전혀 상상도 하지 않았던 곳이고, 또 그곳에서는 상상도 하지 않은 일이 일어나기도 합니다. 쌀쌀한 날씨에 소주 한잔이 먹고 싶었는데, 그 소주 한잔이 2차를 부르고 3차를 불러서 어느새 길거리에서 토하며 추하게 쓰러져 가는 자신을 발견할 때가 있습니다.

이유 없는 행동, 이유 없는 삶. 선택하지 않은 일, 선택하지 않은 삶. 예측할 수 없는 일, 예측할 수 없는 삶. 그래서 우리는 우리가 할 수 있는 게 지금 내 앞의 것뿐임을 알아야 합니다. 물론 문학적 상상력 속의 빵가게 습격이나 영화적 가상의 주유소 습격사건은 하지 않아야 합니다. 그래도 우리는 배고프면 먹어야 하고 졸리면 자야 하고 공부할 때는 공부해야 하고 사랑할 때는 사랑해야 합니다. 목 마른 자에게 물을 주고 배고픈 자에게 먹을 걸 주고 잘 곳 없는 자에게 잠자리를 준다는 건 도를 닦은 특출한 사람들만 하는 일이 아니라는 것입니다. 이유를 따지지 않고 그냥 해주는 것. 하지만 빵가게 습격이나 주유소 습격이 어렵듯이, 우리에게는 그냥 해주는 이것도 너무 벅찬지도 모릅니다. 그래서 우리는 누군가가 내게 먼저 어떤 제의를 해주고 동행하기를 바라는 것입니다. 또 우리는 그냥 정말 뭔가를 해보고 싶을 때 할 수 있다면 하고 욕망합니다. 그래서 우리는 그 욕망이 좌절되는 현실을 벗어나서 문학에서, 영화에서 한 번이라도 막 해보고 싶은 마음을 대리만족하고 있는 것입니다. 습격의 본능! 언제 이런 글을 한번 써보고 싶습니다.

노마디즘

노마디즘이라! 어렵고 재미난 주제입니다. 올 초 삼성의 사장단 회의에서 "21세기 자본주의는 노마디즘이다."는 말이 나왔다고 합니다. 참으로 시의적절한 말이고 내용상 딱 맞아떨어지는 용어이기도 합니다. 다만 이런 걸 노마디즘이라고 이해한 자본가의 머리는 들뢰즈G. Deleuze(1925~1995)나 가타리F. Guattari(1930~1992)의 철학 핵심과는 무관하다는 걸 전제하고서 말입니다. 노마디즘nomadism은 들뢰즈와 가타리가 공저 『천 개의 고원』에서 사용하는 개념입니다. 그런데 이 nomad(불어로는 nomade)를 우리말로는 '유목민'이라고 하는데, 노마디즘은 그럼 유목주의 또는 유목민적 생활양식(방식)이 됩니다. 결국 노마디즘의 쟁점은, 노마디즘이 자본주의의 새로운 발전·착취 방식인가 아니면 인간의 자연스러운 문화적 본능인가 하는 것입니다. 제가 생각하는 답은 이렇습니다. 노마디즘은 자연스러운지는 모르지만 인간의 본능이고, 또 그 본능을 이용하는 자본의 새로운 운동 방식이기도 합니다. 자연스러운지 모른다는 건 이미 우리는 문화와 역사에 의해 오염되어 있기 때문에 자연스럽다는 말 자체가 편견일 수 있다는 것입니다.

사실 좀더 현실적인 문제는 노마디즘을 우리말로 옮기면서, 그리고 우리의 편견이 거기에 개입하면서부터 오해가 생겨나기 시작한다는 것입니다. nomad는 우리말로 유목민 외에 '방랑자'라고도 합니다. 그런데 유목遊牧이라는 단어는 가축을 기르기 위해 이리저리 옮겨다니는 것을 뜻합니다. 그리고 방랑放浪은 그 뉘앙스가 중첩적입니다. 정한 곳 없이(정처없이) 이리저리 떠돌아다닌다는 것과 구걸하며 대충 산다는 의미가 같이 있습니다. 둘 다 별로 좋지 못합니다. 그 까닭은 정착하는 농경적 삶이 우리의 것이고, 그래서 떠돌이가 우리의 삶에 개입하는 걸 반기지도 않았고 거부해왔습니다. 아직 농촌이나 어촌, 산골 같은 곳에 남아 있는 텃세도 알고 보면 정착 농경민이나 원주민의 편견입니다. 변강쇠와 옹녀를 둘러싼 이야기도 유랑민에 대한 이런 편견의 산물이라고 합니다. 이런저런 일로 동네에서 쫓겨난 년놈이라는 식의 소문으로 굴러 온 사람을 내치는 것입니다.

그렇다고 편견이 무작정 나쁜 것은 아닙니다. 편견은 어느 한쪽으로 치우친 견해偏見, prejudice일 뿐, 반드시 잘못된 것은 아닙니다. 하지만 잘못될 가능성이 높은 견해라는 것도 부정할 수 없습니다. 여하튼 옹기종기 잘 지키고 있던 사람들의 마을을 이름 모를 사람들이 다가오는 건 큰 위협이고 긴장입니다. 누군지 모르기에 정착한 사람들은 우선 모르는 사람을 탐색할 시간이 필요하고, 혹시 있을지도 모를 최악의 상황—전쟁 상황을 대비해야 합니다. 여기서 울타리가 생겨나고 장벽이며 성벽이니 하는 게 생겨나게 됩니다. 사실 이런 점에서는 정착민의 경계심이 유목민에 대한 나쁜 인상을 만드는 근원이라고 할 수 있습니다.

그런데 이런 게 왜 새로운 자본주의의 모습일까요? 맞습니다. 짐작처럼 자본은 이제 세계의 모든 곳으로 침투해서 그들의 생활방식을 바꾸어야 합니다. 국경 없는 WTO와 FTA 경제체제에서 누가 먼저 밀고 들어가는가는 아주 중대한 사안입니다. 밀고 들어가서 삶의 방식을 송두리째 자본의 방식으로 바꾸어야 이윤이 남습니다. 그리고 이윤이 다하면 미련 없이 새로운 자본의 초지를 찾아서 떠나는 것입니다. 날고기를 먹는 사람에게 아웃백 스테이크를 팔고, 휴대전화를 보여줌으로써 광활한 대지에다 광전화선을 깔게 하는 것입니다. 별로 효율적이지도 않은데도 이동 수단인 말을 밀어내고 자동차가 자리 잡습니다. 삼성이 21세기 자본주의는 노마디즘이라고 선언한 것이 바로 이런 걸 두고 하는 말입니다.

역사적으로 유목은 환경에 적응하는 '자연스런' 인간의 삶의 방식이었을 것입니다. 농업이 혁명적으로 발전하여 정착지의 농산물만으로도 생존할 수 있게 되기 전까지 유목은 인간의 운명이었습니다. 논이 부족한 강원도에서 1960년대까지 있었던 화전민도 목축이 주된 일은 아니지만 경작할 땅을 찾아다니는 유목민의 일종입니다. 보부상도 유목민이고 비단길의 상인들도 유목민입니다. 떠도는 사람이라면 다 유목민입니다. 그런데 이러다보면 너무 많은 사람이 유목민이 되고, 결국 유목이라는 말의 특색은 사라지게 됩니다. 보험판매원도 외판영업사원도, 막힌 길에서 물건을 파는 사람도 모두 유목민입니다. 간단히 말해 돈 되는 곳을 찾아 돌아다니면 다 유목민이 되는데, 이건 들뢰즈와 가타리가 말하는 노마드가 아닙니다.

노마드의 핵심은 탈영토화脫領土化이고 욕망의 해방이자 탈주 · 질주 본능입니다. 먼저 탈영토화는 어떤 주어진 영역을 벗어나면 뭔가가 새로운 기능을 하게 될 가능성이 높아진다는 것입니다. 예를 들어 손은 일상의 영역에서는 작업 도구입니다. 그런데 이 작업 도구가 갈등의 영역으로 들어가면 주먹이라는 폭력의 도구로 변합니다. 손은 어떤 영역, 영토에서 무엇으로 사용되는가에 따라 완전히 다른 모습일 수 있다는 게 바로 탈영토화 개념입니다. 냉장고가 김치만을 위한 영토로 이전해오면 김치 냉장고가 되고, 술의 영토로 넘어오면 와인 냉장고가 됩니다. 냉장고를 그냥 냉장고라고 하는 한, 새로운 무엇, 우리의 욕망을 충족시키는 새로운 무엇은 나타나기 어렵습니다. 여기서 욕망의 해방이 등장합니다.

정주영이 강원도 골짜기 아산에 정착하고 있는 한, 정주영은 농꾼 정주영일 뿐입니다. 정주영은 탈영토화하고 욕망을 해방시킵니다. 이게 바로 노마디즘입니다. 그리고 그는 자신의 욕망을 위해, 어쩌면 역사 전체가 흘러가는 그런 길에서 질주합니다. 물론 그 질주의 끝이 어떨지는 아무도 모릅니다. 만약 질주의 끝, 해방의 끝, 탈영토화의 끝을 생각한다면, 그건 이미 정착민의 방식이고, 노마드가 아닙니다. 집시는 "내일 또 어디로 가지?" 하고 걱정하지 않습니다. 집시의 가장 큰 걱정은 능력도 없으면서 정착하려는 것입니다. 집시는 떠다니기에 집시라는 게 바로 그들의 정체성입니다. 하지만 이 집시는 노마드가 아닙니다. 왜냐하면 그들은 탈영토화하는 무엇이 없고, 욕망의 해방이나 질주 본능도 없이 그냥 살아가기 위해 옮길 뿐이기 때문입니다.

노마드의 이동과 정착민의 지킴. 탈영토화하는 노마드와 전혀 이질적인 쓰임에 대한 두려움에 떠는 정착민. 탈주하고 질주하려는 본능과 계승하고 지키려는 관습. 아마 이 모든 걸 다른 말로 표현하면 변화와 전통, 이질적인 것과 동질적인 것, 탈주와 봉쇄, 변혁과 보존 같은 것이 됩니다. 무엇이 무엇보다 우선하거나 낫다고 할 수는 없지만, 둘 사이에는 갈등할 요소가 넘쳐납니다. 어쩌면 프랑스적인 것과 영미적인 것. 동남·중앙아시아적인 것과 동북아시아적인 것의 차이일지도 모릅니다. 만리장성은 정착 한족漢族이 노마드 북방 오랑캐를 막아내는 훌륭한 성벽일까요, 아니면 북방 노마드의 탈영토화와 질주를 방해하는 장벽일까요? 과연 우리가 배웠듯이 북방 오랑캐는 한족의 우수한 문화를 망가뜨리는 반달리즘vandalism일까요? 결국 무엇이 문화의 우수성을 보장할까요? 그리스와 인도 문화의 만남인 헬레니즘은 알렉산드로스라는 노마드의 힘입니다. 불교도 달마와 현장이라는 노마드의 힘이고, 기독교도 바울로라는 노마드의 힘입니다. 그런데 이런 해석은 또 믿을 만한가요?

제2부

선택하기

둘이면 족하다

　　　　　　　　　　　책을 샀는데, 다른 한 권이 덤으로 따라왔습니다. 덤이 덤인 까닭은 그게 혼자 다니지 못하고 뭔가에 붙어서 따라다니기 때문입니다. 그래서 덤은 있어도 그만 없어도 그만인데, 우리는 일상에서 덤에 이끌립니다. "두 개를 사면 하나를 더 드립니다." 만약 조금이라도 이런 문구에 마음을 빼앗긴 적이 있고, 결국에는 두 개를 사서 다 먹거나 쓰기도 전에 버린 적은 없습니까? 책을 살 때도 그런 일이 많습니다. 보너스 포인트를 왕창 준다는 말에 꼭 필요하지 않은 책을 사고, 그 포인트가 아까워서 또 책을 사는 악순환이 생겨나는 것입니다. 여하튼 책에 책을 덤으로 준다는 게 미덥지 않았지만, 어차피 한 번은 사봐야 하는 책이라 구입해 읽었습니다. 그리고 덤으로 온 책도 최소한의 예의로 스치듯 읽었습니다. 결국 "덤은 덤이다."는 평범한 가르침을 확인하는 빈 시간이었지만, 한두 개 건진 게 있어 마냥 허망하지는 않습니다.

　　이렇게 말해놓고서 책 이름을 밝히는 건 참 할 짓이 못 되지만, 어차피 출판사가 덤으로 주는 정황으로 볼 때 그리 나쁜 짓은 아닐 듯합니다. 다만 저자와 역자의 인격을 생각해서 제목만 말하겠습니다. 『선택의 심리학』. 원제는 '선택의 패러독스 The Paradox of Choice'인데, 왜 이 좋은 원제를 바꾸었는지는 모르겠습니다. 독자들이 패러독스라는 말을 모를까 그렇게 했을까요? 이 글을 읽으면서 이 말에 조금 찔리는 사람이 있다면, 늘 패러독스라는 단어를 쓰면서도 정작 제 뜻을 모르고 있기 때문일 것입니다. 패러독스는 우리말로 역설逆說이라고 하는데, 그 뜻은 '모순되는 내용이 함께 들어 있으면서 무엇인가를 뜻하려는 것'입니다. 예를 들면 "높아지려거든 낮아져라."든지 "지는 것이 이기는 것이다."는 식입니다. 그렇다면 선택의 패러독스는 '기껏 선택해놓고선 선택을 후회하거나 선택을 물리고자 하는 것'을 가리키는 것입니다.

명민明敏한 사람이라면 벌써 뭔가를 짐작했을 것입니다. 못했다고요? 그래도 세상에 명민한 사람은 많지 않으니 실망하지 않아도 됩니다. 선택을 물리고자 하는 사람의 마음을 분석해서, 우리가 선택한 것을 즐기면서 살아갈 수 있는 방법, 후회하거나 물리지 않을 선택을 하는 방법을 제시하고자 하는 것이지요. 친절하게도 마지막 장에서 '후회 없는 선택을 위한 11가지 원칙'이라는 제목까지 달아서 안내하고 있지만 한두 가지 짧은 내용을 제외하면 별반 합리적이지도 매력적이지도 않습니다. 뻔하게, 세심하게 선택하라/선택에 만족하라/돌이킬 수 없는 선택을 하라/감사하라/후회하지 말라/적응해라/큰 기대를 갖지 말라/비교하지 말라, 뭐 이런 이야기를 하고 있습니다. 반면에 제가 주목하는 내용은 제목부터 냄새가 다릅니다. 선택할지를 선택하라/기회비용의 기회비용을 생각하라/제약을 사랑하라! 하나씩 제 방식으로 풀어보겠습니다.

먼저 '선택할지를 선택하라'는 제안은 '언제'와 '무엇을'이라는 조건을 달고 나타납니다. 책에는 제대로 나타나 있지 않은데, 2순위 결정second-order decision이라는 용어를 참고하면 '언제'라는 조건은 이렇게 됩니다. 한마디로 설명하자면 '선택지가 확 줄어든 다음에' 또는 '남들 다 선택한 다음에' 정도가 됩니다. 그리고 이 모두는 '기회비용의 기회비용을 생각하라'와 '제약을 사랑하라'는 것과 닿아 있습니다. 우리의 생각과는 달리 실제로 선택지가 많으면 선택에 따르는 고민이나 실망의 가능성이 커집니다. 선택지가 많다는 게 그리 좋은 것은 아니라는 말입니다. 뷔페 식당을 다녀온 사람들의 일반적인 결론이 바로 그것인데, 먹고 싶은 맛난 음식 한두 가지를 집중적으로 먹는 게 낫다는 말입니다. 이것저것 찝쩍대다가 입맛은커녕 기분 나쁜 포만감에 시달리기 일쑤입니다. 만약 점심이나 저녁으로, 아니면 가족 외식으로 뭘 먹을 것인가 하고 의논해야 한다면, 가만히 남들 하는 이야기 다 듣고, 선택지가 확 줄어든 다음에 둘 중 하나를 고르는 게 상책이라는 것이지요.

다음으로 '무엇을'이라는 조건은 선택의 기준이나 규칙을 세워두라는 것입니다. 말하자면 "나는 이런 경우에는 이렇게 선택한다."는 걸 평소에 다짐해두라는 것입니다. 만약 술판에서 남들이 2차 가자고 하더라도, "나는 안 간다."고 미리 규칙을 세워두면 선택에 따르는 부담이 줄고, 이게 지속되면 남들도 더는 선택을 요구하지도 않습니다. 아무리 예쁜 여자가 유혹해도, "나는 바람은 안 피운다."는 원칙을 세워두었고 그 원칙에 충실하다면, 유혹은 성공하지 못할 것이고 가정이 풍비박산이 나는 일도 없을 것입니다. 물론 이 경우 사는 재미가 줄어들거나 정말 좋은 기회를 놓치는 안타까운 일이 생길 수도 있습니다. "가족하고 돈 거래는 절대 안 한다."는 원칙을 세워두면 좀 야박하기는 하지만 돈을 떼일 일은 없어집니다. 반면에 돈을 빌려간 가족이 크게 성공했을 경우, 돈을 꾸어주지 않은 가족이 행운을 기대할 가능성도 그만큼 줄어드는 것입니다. 하기야 이 경우에도 "나는 횡재는 바라지 않아."라는 원칙이 떡하니 버티고 있다면 무슨 문제가 있겠습니까?

'기회비용의 기회비용을 생각하라'는 제안 원칙은, 다 알고 있겠지만 기회비용이라는 말부터 풀어보는 걸로 시작합니다. 기회비용 opportunity cost은 어떤 일이나 목적을 이루는 데 필요한 비용을 뜻하는 말입니다. 선택지가 아주 많다고 가정해봅시다. 그러면 그 모든 선택지를 검토하고 분석하고 그 선택의 결과까지 예상하다보면 머리 터져 죽습니다. 사귀는 애인이 많은 사람들이 흔히 겪는 호사이기도 한데, 누구는 어떤 점이 좋고, 누구는 어떤 능력이 뛰어나고 등등 따지다보면 엄청나게 힘들어진다는 것입니다. 이게 만약 사업이나 진로와 관련되는 것이라면 더 심각해집니다. 그래서 기회비용을 생각하고, 그런 걸 따지는 것조차 줄이는 게 현명한 선택이라는 것입니다. 결국 앞서 말했듯이 선택지가 적은 게 오히려 낫다는 것이고, 만약 선택지가 많다면 선택지를 줄여나간 후에 고민해야 한다는 것입니다. 당장 무슨 질문이 떠오릅니까? 강의시간에 제가 늘 하는 일인데, 문제를 문제로 삼아야 합니다. 바로 "선택지는 어떻게 줄이지?", "무슨 기준으로 줄이지?" 하는 것입니다.

그 기준은 소박하게도 '내가 좋아하는 것'입니다. 좋아하는 것은 '하고 싶은 것', '갖고 싶은 것'과 다릅니다. 우리는 좋아하지 않으면서도 하고 싶고 갖고 싶을 때가 대부분입니다. 번지점프를 좋아하지 않지만 한 번은 해보고 싶고, 어떤 타입의 이성異性을 좋아하지는 않지만 만나서 한 번은 놀아보고 싶어합니다. 반짝이 옷을 좋아하지는 않지만 한 벌쯤은 갖고 싶기도 합니다. 그런데 이런 물음도 가능합니다. "뭘 해봐야 내가 좋아하는지, 좋아하지 않는지 알 수 있을 게 아닙니까?" 맞는 말인 듯하지만, 이건 불가능한 일이고, 무엇보다 선택을 위한 지침으로서의 좋아함과 상관없는 것입니다. 우리는 자신이 무엇을 좋아하는지를 확인하기 위해 모든 것을 해보는 일은 원천적으로 불가능합니다. 또한 우리의 선택지는 그렇게 많지 않습니다. 지금 나의 능력과 처지 내에서 내가 좋아하는 게 기준이어야 합니다. 그렇지 않다면 다시 남들의 선택지를 넘봐야 하고, 결국 비참해지고 맙니다. 그래서 '제약을 사랑하라'는 아름다운 조건이 나오는 것입니다.

선택지가 지나치게 많으면 우리가 선택하는 게 아니라 선택지가 우리를 억누르게 됩니다. 선택의 자유가 아니라 선택지의 억압이 생겨나는 것입니다. 밥상 위에 달랑 놓인 김치와 된장, 풋고추를 보면서 우리는 늘 고기와 생선, 온갖 반찬으로 넘쳐나는 밥상을 꿈꾸었습니다. 그래서 사정이 좀 넉넉해지면 한 상 떡하니 차려놓고 질리도록 먹었습니다. 그런데 어느 순간 뭔가 남는 게 많고, 눈으로는 만족한 듯한데 입이며 배는 허전한 그런 요상한 경험을 하게 됩니다. 결국에는 보리밥에 된장국이나 보리밥에 비지국, 칼국수에 김치 같은 조촐한 밥상에서 다시 입맛을 찾아냅니다. 가난이 이제는 부자놀음이 되었고, 이럴 바에 처음부터 제약을 사랑하고 즐겼더라면 하는 울림을 듣게 되는 것입니다. 제 경우에는 한 가지를 집중적으로 먹습니다. 오늘은 고기다 하면 고기고, 술이다 하면 술입니다. 일식집에서 나오는 수많은 안주는 포만감보다는 부담감으로 다가옵니다. 그래서 농담처럼 하는 말이 기본 안주만으로 장사를 하든지 회로 승부하든지 하고 값을 깎아달라는 것입니다.

어디 먹는 것만 그렇겠습니까? 가장 흔한 말로 "팔방미인이 굶어죽는다."고 하는데, 이 말의 뜻은 "한 우물을 파라."는 게 아니라 재주가 많지 않은 우직한 사람들에게 힘을 주기 위한 거짓말입니다. 별 재주 없는 사람들도 한 가지 재주는 있게 마련인데, 그걸로 만족하고 열심히 살면 성공할 수도 있다는 희망을 주는 것입니다. 사기 냄새가 나지만, 선택과 관련해보면 그리 나쁜 말도 아닙니다. 내 능력이 두 개라서 둘 중 하나를 택해야 한다면, 그만큼 고민이 적어진다는 것입니다. 국내에서보다 유럽에서 더 나은 평가를 받는 설기현이 그랬다지요. "나는 그나마 잘하는 게 축구밖에 없었다. 그래서 축구를 할 수밖에 없었다." 선택지가 적었다는 게 설기현의 성공 비결일지도 모릅니다.

여러분은 얼마나 많은 선택지를 갖고 살아가고 있습니까? 여자친구 많습니까? 남자친구 많습니까? 가고 싶은 곳이 많습니까? 먹고 싶은 것도 많습니까? 그래서 행복하십니까? 살림살이 나아졌습니까? 선택지의 정도가 우리의 행복 정도와 일치하지는 않습니다. 가만히 들여다보면 나의 선택지라고 내놓는 것 절반 이상은 내 것이 아니라, 부모 것, 남편 것, 아내 것입니다. 남의 등 위에 타고선, 남의 뼈를 깎아 먹으면서도 그게 나의 선택지라고 착각하고 있습니다. 스무 살 젊은 아이들이 외제 자동차를 자기 선택지에 넣고 삽니다. 그건 그 아이의 아버지의 선택지입니다. 어느 대학에 무슨 과에 진학할까 하고 선택지를 놓고 걱정하는 수험생의 선택지도 사실 부모가 용돈이며 학비를 대는, 그래서 부모의 선택지입니다. 말하자면 자식놈을 대학에 보낼까 말까 하는 부모의 선택지입니다. 대학이며 과를 결정해놓고선 "나는 선택하지 않았다."고 말하는 것도 선택입니다. 왜냐하면 반대를 선택할 선택지가 분명히 있었기 때문입니다.

파스칼B. Pascal(1623~1662)은 "스스로 목을 매기로 선택하는 사람도 행복을 추구한다."고 말합니다. 최악의 선택으로 최선의 행복을 찾는 그런 모순이 들어 있는 선택의 패러독스입니다. "저는 남들 하자는 대로 하겠습니다." 참 어리석고 나약한 사람의 말처럼 들리지만, 선택의 과정에서는 현명할 수 있습니다. 특히 중요하고 어려운 선택이라면 선택의 책임을 줄이면서도 선택에 따른 이득은 누릴 수 있기 때문입니다. 하지만 남 따라 장에 가는 것까지는 괜찮지만, 물건을 살 때는 조건이나 기준을 만들어놓아야 합니다. 그리고 살 물건의 목록은 짧을수록 좋습니다. 유행 따라 남처럼 살려고 하는 것도 그리 볼썽사나운 게 아닙니다. 그렇지만 그 가운데 내 것 한둘은 있어야 하고, 끝내는 그게 선택지일 수 있어야 합니다.

사실 선택지를 줄이면서 행복해지는 삶은 무소유의 행복과 다를 바 없습니다. 무소유는 소유할 선택지가 아예 없는 게 아니라 선택지가 적은 것이기 때문입니다. 의롭지 않은 부귀富貴를 비판하는 말이기는 하지만, "거친 밥을 먹고 물을 마시며 팔을 굽혀 베더라도 즐거움은 그 가운데 있다飯疏食飮水 曲肱而枕之 樂亦在其中矣."는 공자孔子의 말도 이와 크게 다르지 않을 것입니다. 하지만 우리는 기름진 음식을 먹고 술을 마시고 편안한 베개를 베면서도 뭔가 모자라는 듯합니다. 이것이 아마 삶의 패러독스일 것입니다. 이 글의 제목이 왜 '둘이면 족하다'인지 이제 아시겠죠? 어쩌면 둘도 많을 때가 있을 것입니다. 둘도 호사豪奢라는 말이지요!

배워야 하는 까닭

인간을 인간으로 성장시키는 핵심 동력을 흔히 문화 또는 학습이라고 합니다. 물론 이 주장은 오늘날의 진화생물학에 따르면 이렇게 보완되어야 합니다. "인간을 인간으로 성장하게 하는 핵심 바탕은 인간의 유전자이고, 이 유전자를 점화하는 것이 문화이고 학습이다." 인간의 유전자를 갖지 않는다면, 인간은 지금과 같은 문화를 만들 수도 없고 학습도 동물적 수준을 넘어서지 못할 것입니다. 그런데 문화와 학습이 인간으로 성장하게 하는 동력이라고 하더라도 "인간으로 성장하게 한다."는 문구가 풀리지 않은 채 남아 있습니다. 철학적 물음으로 치자면, 과연 무엇이 인간적인 것, 어떤 속성이 인간의 속성이냐는 것입니다. 좀 배웠다는 사람들은 옛날이든 오늘날이든, 서양이든 동양이든 거의 다 배움의 중요성을 인간됨과 연결합니다. 그래서 우리가 일상에서 '배워먹지 못한 놈'이라는 말을 욕으로 받아들이고, 배운 사람의 죄에 대해서는 더 엄중한 비판을 가합니다. 그렇다면 배움은 인간적인 무엇, 인간의 속성일까요?

문화는 자연의 반대말입니다. 자연自然은 '태어나다'라는 뜻의 라틴 어 nascor의 과거분사형인 natus에서 비롯된 것입니다. 그래서 자연을 우리말로 하면 '태어난 꼴 그대로 있는 것'입니다. 이 때문에 우리는 nature를 본성本性이라고 번역하기도 합니다. 그리고 이 본성은 타고난 것, 즉 유전적인 것입니다. 반면에 문화文化는 '경작하다'는 뜻의 라틴 어 cultura에서 나왔습니다. 그대로 내버려두지 않고 뭔가 손을 댔다는 것입니다. 농업의 영어 단어인 agriculture는 땅을 뜻하는 ager(field)와 경작을 뜻하는 cultura(cultivation)가 결합된 것입니다. 땅에 자라나는 그대로가 아니라 땅에 뭔 짓인가를 했다는 말입니다. 이 말을 그대로 받아들이면 성형수술을 한 얼굴은 '문화적 얼굴'인 셈입니다. 이러한 제한된 뜻에서 인간의 육체와 정신도 경작할 수 있다는 의미로 확장된 것이 문화입니다. 여기서 육체와 정신을 경작한다는 말은 훈련, 학습, 배움, 계발을 가리키는 것입니다. 그리고 이러한 작업은 본성에 첨가된 덤입니다. 우리는 이 덤 없이도 살아갈 수 있지만, 덤 때문에 동물적 상태를 벗어날 수 있습니다. 이 모든 내용을 한마디로 하면, "인간은 문화의 염색체를 실현하지만, 염색체 속에는 문화가 각인되어 있지 않다."는 것입니다.

태어날 때부터 우리는 유전자의 능력으로 문화를 일구고 살아갈 수 있는 기초를 지니고 있습니다. 하지만 이 기초는 인간적 환경, 즉 문화에 의해 자극되고 촉발되지 않으면 죽은 채로 드러나지 않습니다. 마치 우리의 언어 능력처럼 인간은 언어 능력을 지배하는 베르니케 영역이라는 유전적 소질을 갖고 태어나지만, 이 영역이 유소년기에 자극받지 않으면 말을 하거나 이해하지 못합니다. 말하자면 인간의 한 조건인 언어 능력은 태어나면서 갖는 본성입니다. 그런데 우리의 관심은 배움, 학습인데, 이게 그냥 말을 배우는 것처럼 간단한 것이 아닙니다. 우선 도대체 무엇을 배워야 하는지, 왜 우리가 하필 그것을 배워야 하는지를 아무도 가르쳐주지 않습니다. 어린 시절 산수를 배우면서 왜 산수를 배워야 하는가 하고 물어본 적이 있습니까? 혹시 그런 경우가 있었다고 하더라도 돌아오는 대답은 "그래야 계산을 하고 살아갈 수 있다."는 엉뚱한 말입니다. 이 지점에서 만약 "계산 안 하고 살면 안 됩니까?" 하고 다시 물었다면, 이미 철학하는 아이였습니다. 그리고 십중팔구 교사에게 혼이 났을 겁니다. 사실 셈하기를 못해도 살 수 있습니다.

초등학교 이전부터 우리는 엄청난 양의 학습에 시달립니다. 어쩌면 배워야 할 게 너무 많아서 배움이 싫어지는 것일지도 모릅니다. 자녀나 학생이나 주변 사람이 "왜 배워야 하나요?" 하고 물어오면 어떻게 답하고 있습니까? 고상하고 교양 있는 순서대로 한번 알아볼까요. 우선 센 놈인 양하는 부류부터 말하자면, "배움을 통해 깨달음으로 갈 수 있다."는 것입니다. 깨달음이라! 참 멋진 말이죠? 그런데 그게 뭐죠? 이럴 때 하는 센 놈의 말은 간단명료합니다. "그러니까 배워야지, 이놈아!" 뭔가 사기 냄새가 납니다. 흔히들 '마음 공부'니 '몸 공부'니 하면서 깨달음을 얻는 수련과정에 대해 떠들기를 좋아하는데, 저는 이걸 그런 일을 하는 사람들의 자기만족이나 자기 존중일 뿐 별다른 내용은 없다고 생각합니다. 누가 진정으로 깨달은 사람인지는 아무도 알 수 없습니다. 없는 것은 언제나 신비화되게 마련이고, 그래서 그걸 둘러싸고 사기가 횡행하는 것입니다.

다음으로 상당한 교양을 가졌다고 자부하는 사람은, 인간이 인간인 까닭은 바로 짐승과 구별되는 배움에 있다는 식으로 말할 것입니다. 인간은 짐승과 달리 배움의 존재, 교양의 존재라는 말인데, 이건 우리 인간의 문화가 만들어낸 것이지 그 자체로 본성은 아닙니다. 만약 그게 본성이라면 가만히 내버려두어도 모든 아이들이 무엇인가를 배우려고 하는 의욕으로 넘쳐나야 합니다. 하지만 현실은 그렇지 못합니다. 그렇기에 이런 사람들은 '사람 차이 내기', '신분 차이 내기'를 즐기려는 얄팍한 속내를 숨기고 있습니다. 짐승만도 못한 놈과 교양 있는 인간을 구분함으로써 자신의 위상을 높이려는 것입니다. 좀 심한 말이라고요? 만약 그들이 진심으로 인간적인 교양을 강조한다면, 스스로 모든 사람이 그런 인간적인 교양을 갖출 수 있도록 자신의 교양과 능력을 사용해야 합니다. 그러나 그들은 자신의 이해관계를 위해서 그런 능력을 자랑하거나 사용하는 일이 대부분입니다. 토머스 헉슬리T. H. Huxley(1825~1895)는 남을 헐뜯거나 남에게 뽐내기 위해서 자신의 능력을 사용하기보다는 차라리 동물로 사는 편이 낫다고 말합니다.

그런가 하면 "배워서 남 주나!" 하는 사람들도 많습니다. 아니 우리 주변은 이런 사람들로 가득합니다. 이런 부류의 사람은 배움을 남보다 잘 사는 수단으로 생각합니다. 대학에 진학하는 이유도 그렇고 새로운 정보를 습득하는 것도, 자신을 계발하는 것도 다 잘 살아보려는 노력일 뿐입니다. 실제로 배우면 배우지 않은 사람보다 잘 살 확률이 높습니다. 사회에는 엄연한 학력의 차이가 있고 또 학벌의 차이도 있습니다. 흔히 이른바 선진국에는 학력이나 학벌 차별이 없다고 착각하는데, 사람 사는 곳에는 다 있습니다. 차이는 대놓고 그렇게 하는가, 은근히 그렇게 하는가 하는 것뿐입니다. 그런데 이 부류가 놓치고 있는 물음이 있습니다. 짐작했겠지만, 바로 뭐가 잘 사는 것인가 하는 물음입니다. 배가 부르고 사는 집이 넓고 좋은 차를 타면서 누리는 경제적인 풍족함은 경제적으로 잘사는 것임에는 틀림없습니다. 하지만 그것이 곧 잘 사는 것은 아닙니다. 그럼 어떤 게 잘 사는 것일까요?

무엇이 잘 사는 삶인가 하는 물음은 우리의 관심사인 배움과 직결됩니다. 만약 그런 게 있다면, 그걸 배우는 게 제대로 된 배움일 것이고, 바로 그것이 배우는 까닭이 될 것이기 때문입니다. 잘 사는 삶은 고정되어 있지 않습니다. 다만 그게 다른 삶에 비해서 어떤 것인지를 아는 그런 삶이 잘 사는 삶입니다. 무슨 말인고 하니 다양한 삶의 모양들 가운데서 왜 내가 이것을 택했고, 그 선택을 통해서 무엇을 하고 있는가 하는 물음에 대해 나름대로 답을 제시할 수 있는 삶이 잘 사는 삶이라는 말입니다. 이걸 간단히 '선택지 속에서 선택하는 삶'이라고 합니다. 그렇다면 선택지를 넓히는 것, 다른 말로 다양한 삶의 가능성을 염두에 두거나 경험하면서 자신의 삶을 선택할 수 있는 그런 능력을 갖추는 것이 중요합니다. 그리고 이 능력을 키우는 일이 바로 배움이고 학습입니다. 컴퓨터를 다루지 못해도 살 수 있습니다. 아직도 연필로 원고지에 글을 쓰는 걸 고집하는 사람이 있고, 그 사람들은 한결같이 워드프로세서는 그런 깊은 맛을 주지 못한다고 합니다. 잘난 척하는 것 같다는 느낌을 지울 수 없지만 개인의 취향처럼 듣고 넘길 수도 있습니다. 하지만 일상의 주변 사람이 그런 말을 하면 사정이 달라집니다. 센 놈들이 하니까 폼이 나는 것이지요. 당장 여러분 친구가 그런 말을 하고 연필을 고집한다면, 뭐라고 말하겠습니까?

 이제 본격적인 내용으로 진입합니다. "배워서 남 주나." 하는 사람은 하수입니다. 배워서 남 주는 게 제 잇속만 챙기는 것보다 낫다는 것까지 배우는 사람이 센 놈입니다. 성공한 사람들의 기부행위가 그것입니다. 하수를 천박한 자본주의자라고 한다면, 이런 센 놈은 '세련된 자본주의자'입니다. 그런데 남에게까지 뭔가를 주려고 한다면, 그리고 제가 잘 쓰는 용어로 센 놈이고자 한다면, 제가 먹고살 수 있는 것 이상을 벌 수 있는 능력이 있어야 합니다. 그리고 그 능력을 남을 위해 쓸 것인가, 나를 위해 쓸 것인가는 전적으로 자신의 선택입니다. 그렇지만 나만 잘 먹고 잘 살겠다는 놈보다 선택지가 하나 많은 것은 틀림없습니다. 바로 이 선택지의 문제가 배움의 까닭입니다. 컴퓨터를 배우는 까닭은 그게 없으면 살지 못하기 때문이 아니라 연필로 쓸 수도 있고 워드로 쓸 수도 있는 선택지 때문입니다. 내일 신문이나 뉴스 시간을 기다리지 않고도 원하는 때 아무 때고 검색할 수 있다는 새로운 선택지 때문입니다. 물론 컴퓨터를 다룰 줄 알면서도 쓰지 않으면 그만입니다. 운전면허증도 마찬가집니다. 면허증 없이 차를 몰지 않고도 살아갑니다. 하지만 차가 꼭 필요한 상황, 운전을 꼭 해야 하는 상황이 오면, 면허증이 없는 사람은 문제를 해결할 선택지 하나를 사용할 수 없습니다. 사모님처럼 기사를 쓰면 된다고요? 그게 바로 제가 말하는 선택지입니다. 기사를 고용할 수 있는 선택지. 그리고 기사가 아파도 차를 탈 수 있는 선택지.

    저는 아이에게 늘 왜 공부를 해야 하고, 하더라도 더 잘해야 하는지를 선택지로 설명해왔습니다. 아이가 잘 알아듣습니다. 깨달음이니 교양이니 혼자 잘 살기를 말하는 것보다 아주 효과적이고, 무엇보다 인간적입니다. 이야기는 대충 이렇습니다. 공부 잘하는 아이가 좀 못된 짓을 해도 대부분의 교사는 우호적으로 넘어갑니다. 법을 집행하는 검찰이나 법원에서도 마찬가집니다. 못된 짓을 하지 않더라도 사람 사는 일은 앞을 내다볼 수 없기에 공부 잘해놓는 게 유리합니다. 대학을 진학할 때 전공 문제도 같은 맥락입니다. 특별히 전공하고 싶은 게 있는 고등학생은 드뭅니다. 이때 공부 능력은 대학이나 학과의 선택에서 폭을 넓혀줍니다. 법대, 의대에서부터 인기 없다는 인문학도 가능합니다. 만약 좋은 점수를 갖고서 인문학을 전공하겠다고 하면 그 즉시 학과 교수들의 눈을 끌게 됩니다. 의대를 나오더라도 유수한 의대를 나오면 서울이든 지방이든 가리지 않고 개업할 수 있습니다. 하지만 지방 의대를 나오면 서울에 진입하기 어렵습니다. 사법연수원에서 10퍼센트 안에 드는 성적이라면 판사든 검사든 변호사든 마음대로 선택할 수 있습니다. 그야말로 자신의 적성을 찾는 것이지요.

제가 적성이라는 말을 썼습니다. 결코 돈벌이라는 말은 쓰지 않았습니다. 그런데 그 적성이 돈벌이라고 하더라도 선택지가 많을수록 돈을 잘 벌 수 있습니다. 빈곤 문제가 왜 사회적 이슈가 되어야 하는가 하면 바로 이 선택지 때문입니다. 부잣집 아이는 가난한 집 아이가 누릴 수 없는 선택지를 갖고 있습니다. 공부를 못해도 조기 유학을 할 수 있고, 그래서 영어를 배워 와서 폼 잡을 수도 있고, 여차하면 부모의 사업을 물려받아도 됩니다. 빈곤에 따른 교육 격차를 해결해야 하는 까닭도 이런 선택지의 격차 때문입니다. 좋은 대학을 좋은 성적으로 졸업하고 취업에 필요한 능력도 잘 갖추었다면, 그런 사람에게는 최고 기업에서부터 최하 기업까지 모두가 자신의 선택지 안에 있습니다. 청년 실업, 대졸 실업은 능력에 따른 선택지의 차이입니다. 이 사람들은 싫겠지만 눈을 낮춘다면—저는 이 말을 인정하지 않습니다. 눈을 낮추는 게 아니라 제 눈대로, 실력대로만 가면 문제는 상당 부분 해결될 것입니다—취직할 수 있습니다. 태어나면서부터 좁아져 있는 선택지도 큰 원인이겠지만, 대부분 스스로 좁힌 선택지 때문에 고통받고 있습니다. 공고 졸업 취업률 85퍼센트, 전문대 취업률 80퍼센트, 4년제 대학 취업률 40퍼센트가 뭘 말하는 것일까요?

다양한 선택지에서 선택하는 것 못지않게 좋은 선택을 버리는 것도 배움의 일부이고, 사실 큰 배움입니다. 정말 센 놈들은 바로 그런 사람들입니다. 누릴 수 있는 많은 선택지 가운데서 하필 고생스런 선택을 하는 그런 인간 말입니다. 하지만 이 역시 선택지를 많이 가질 수 있는 능력이 있어야 하고 노력이 있어야 합니다. 슈바이처A. Schweitzer(1875~1965)는 목사이자 신학과 철학을 가르치는 대학 강사이자 파이프 오르간 연주가였습니다. 오지 사람들의 병 수발을 위해 의학을 청강하여 아프리카에서 병원을 열었습니다. 그리고 재능을 인정받던 파이프 오르간 연주가를 포기하고, 대학도 포기하고 경건한 종교인으로서 의료활동을 하기로 작정합니다. 경주 최 부자는 마을 사람을 위해 누구나 쌀독에서 쌀을 꺼내 갈 수 있게 했습니다. 그리고 사방 백 리에 굶는 사람이 없게 하라는 가훈도 남겼습니다. 이렇게 하고 싶은 사람은 참 많다고 확신합니다. 하지만 이렇게 할 능력을 가진, 선택지를 가진 사람은 적습니다. 부자여야 한다는 조건을 충족할 수 없기 때문입니다. "배워서 남 주나."는 식의 부자는 "배워서 남도 준다."는 부자를 결코 따라갈 수 없습니다. 왜냐하면 그는 한 가지 선택지에서 이미 부자가 아니기 때문입니다.

배움은 깨달음일 수도 있고 교양일 수도 있고, 이기적인 계산일 수도 있고 삶의 폭과 연결된 선택일 수도 있습니다. 이 경우에도 배움은 벌써 네 가지의 선택지를 갖고 있습니다. 영어를 잘하면서도 영어를 사용하지 않을 수 있지만, 영어를 못하면 영어를 못하게 됩니다. 수영을 할 줄 알면 강이나 바다, 수영장이 나의 취미생활 속으로 들어옵니다. 자전거를 탈 줄 알면 한강의 자전거 도로가 그 사람에게 다가옵니다. 여러 사람과 사귈 수 있으면 적어도 만날 사람이 없다거나 하는 걱정은 사라집니다. 남을 도우면 남에게 도움받을 수 있는 선택지가 늘어납니다. 이런 계산도 좋지만, 그걸 넘어서 이상 적이기는 합니다만 저는 이런 삶을 권하고 싶습니다. 내가 선택한 선택지보다는 내가 버린 선택지가 얼마나 가치 있는가를 묻는 그런 삶 말입니다. 잃어버리거나 놓쳐버린 것이 아니라 내 손 안에 있지만 기꺼이 버린 그런 가치 있는 선택 앞에서 그 사람은 빛납니다. 마지막 선택지는 언제나 하나면 족합니다. 그러나 하나밖에 없어서 그 하나를 선택하는 것은 궁핍한 변명입니다. 적어도 둘은 되어야 하고, 그 가운데서도 배워서 남 주는 식의 선택, 내게 더 나은 선택을 버리는 그런 선택이 아름답습니다. 오늘 저녁 무얼 드시려는지요? 능력처럼 늘어선 선택지 가운데서 가난한 남과 더불어, 쪼들리는 벗과 함께 하는 식사는 어떻습니까? 여러분이 바로 그 가난하고 쪼들리는 사람이라고요? 그럼 배우세요. 공부하세요!

* 앞선 글 '둘이면 족하다'가 선택지를 줄이면서 사는 삶을 들여다 본 것이라면, 이 글은 선택지를 넓히면서 사는 삶을 바라본 것입니다. 둘 가운데 선택하는 것은 여러분의 몫입니다. 하지만 이미 선택지가 둘이니 사정이 그리 나쁜 것은 아닙니다.

이성을 거부하라!

이성理性은 사람을 길들이기 위한 수단입니다. 이성의 다른 이름이 질서, 규칙, 윤리, 도덕, 법규인데, 이 모든 것은 우리를 길들이는 것입니다. 어떤 사람은 이런 것들을 우리를 위험으로부터 지켜주고 편안하게 해주는 것이라고 주장하는데, 그 사람은 주어지는 도덕 교육을 너무 깊이 내면화한 것입니다. 말하자면 이미 잘 길들여졌다는 말입니다. 생각해봅시다. 질서가 없으면 불편하다고요? 누가 불편합니까? 바로 우리 같은 힘없고 돈 없는 사람이 불편한 것입니다. 속내를 들여다보면 억한 심정이 숨어 있다는 말입니다. 줄을 길게 늘어서야 하는 곳에는 늘 일반 서민이 있습니다. 고급 음식점이나 고급 백화점에서는 거의 줄을 서지 않습니다. 고급 휴양지도 마찬가지입니다. 줄서지 않는 놈들이 줄 서는 걸 문화라고, 시민의식이라고 이름 짓고 우리에게 강요합니다.

도덕이 없으면 사회가 문란해진다고요? 누가 문란해집니까? 우리 옆집 딸과 아들, 아주머니와 아저씨가 문란해집니다. 왜냐하면 텔레비전 드라마의 영향을 받거나 유행을 좇아가는 건 그런 사람들이지, 세고 기름진 사람들이 아니기 때문입니다. 텔레비전 고발 프로그램이나 뉴스에서는 심심찮게 불륜이나 퇴폐를 다룹니다. 그런데 그 취재 대상은 한결같이 '묻지 마' 관광이나 교외 모텔, 카바레, 나이트클럽, 노래방입니다. 어디에서도 특급 호텔의 고급 술집이나 객실, 해외 고급 휴양지, 멤버십 클럽을 다루지 않습니다. 이성의 감시는 갖지 못한 사람에게 향하고 있습니다. 이게 이성의 횡포이고 실체입니다. 그런데도 매체나 교육이나 종교나 도덕은 우리에게 "욕망을 버리고 이성적으로 살아라."고 합니다. 도대체 버릴 욕망이 뭐가 있습니까? 밥 먹고 술 한잔 하고 힘든 노동에서 벗어나 좀 놀겠다는데, 더 뭘 버리라는 말입니까?

사실 이성은 교육을 통해서 대다수의 사람들이 남과 똑같이 생각하고 행동하도록 하려는 기만적인 의도에서 강조되는 것입니다. 같은 이성을 사용하면 타인의 행동이나 생각이 '예측 가능'해지고, 그러면 지배하기 쉽기 때문입니다. 그리고 이성은 욕망을 제거하고자 합니다. 가장 근원적인 욕망을 잘 다스릴수록 우리는 이성적인 사람 또는 인간적인 인간으로 칭찬받습니다. 하지만 이건 정말 사람을 억압하는 것입니다. "참아야 한다."는 말은 무엇인가를 앞에 두고서도 참는 것을 말하는 것이지, 아무것도 없이 굶주리고 힘들어하는 사람에게는 해당되지 않는 말입니다. 우리는 "더는 참지는 않겠다."고 외쳐야 합니다. 모든 것을 합리화하고 기계화하고 제도화하는 세상살이에서 감성과 욕망은 해방의 탈출구이자 저항의 힘입니다. 상식으로 강요되는 이성이 어떤 근거를 갖고 있고 또 누구를 위해 봉사하는지를 따져 물어야 합니다.

취른트C. Zschirnt는 존 스튜어트 밀J. S. Mill(1806~1873)의 말을 인용하면서 어떤 경우라도 다른 생각을 가진 사람들의 의견을 억압할 수 있는 근거는 없다고 말합니다. 왜냐하면 우선 다른 사람의 의견이 맞을 수도 있기 때문입니다. 이걸 철학에서는 '오류 가능성'이라고 합니다. 그럴 경우 틀린 자신의 의견을 가지고서 올바른 의견을 억압하는 꼴이 됩니다. 다음으로는 다른 사람의 의견이 틀린 것일 수도 있기 때문입니다. 이 경우에는 틀린 의견 때문에 나의 올바른 의견이 억압당하게 됩니다. 끝으로 틀렸는지 맞는지를 떠나 서로가 의견을 조율하면서 잘못된 것을 고쳐나갈 수 있는 기회가 있는데도 생각이 다르다는 이유로 억압해서는 안 된다는 것입니다. 우리는 앞의 두 경우만을 염두에 두고 살아왔는데, 실제로 중요한 건 마지막 조건입니다. 대부분의 사람들은 자기 주장을 남에게 강요하는 게 아니라 그저 생각을 말하고 상대방의 의견을 듣고자 하거나 때로는 남이 의견을 내놓기를 부탁하거나 요구해서 마지못해 한마디 했는데도, 그 주장을 억지로 물고 늘어지는 사람이 있습니다. 억지 주장인지, 의견을 말하는 것인지를 구분해서 조율이 가능한 경우를 가려내야 합니다. 우리는 더불어 살자고 의견을 나누는 것이지, 누구를 지배하고 억압하기 위해서 의견을 나누는 것이 아니라는 점을 기억해야 합니다.

밀은 또한 자신만의 실수를 할 수 있는 개인의 권리를 옹호합니다. 남에게 직접적인 피해를 주지 않는 실수는 무제한 허용해야 하고, 우리는 그 실수 속에서 배워나가야 합니다. 물론 이 경우 실수는 실수여야 합니다. 말하자면 의도하지 않은 결과를 만들어내야지 의도한 행위를 실수로 가장해서는 안 됩니다. 프로이트는 문자 그대로의 실수는 없다고 합니다. 실수는 우리의 무의식이 도덕적인 검열을 피하기 위해서 만들어내는 거짓 행동이라는 것입니다. 말하자면 정신 차리면 실수는 없다는 것입니다. 정신을 차렸는데도 잘못한다면 그건 실수가 아니라 실력입니다. 프로이트의 분석대로라면 우리는 난처해집니다. 그리고 나의 실수를 곰곰이 생각해보면 사실 실력의 문제이지 순수한 실수가 아니라는 것을 알 수 있습니다. 최고의 프로 운동선수들은 실수를 거의 하지 않습니다. 그리고 그들의 실수는 누가 보더라도 명백한 실수입니다. 하지만 아마추어나 일반인은 실수인지 실력인지 구분하기 어렵습니다. 중요한 시험을 칠 때 얄밉게도 공부 잘하는 학생은 그냥 실력대로 점수가 나옵니다. 하지만 그렇지 못한 학생들은 늘 '실수했다'고 합니다. 진실은 하나인데 해석은 자유입니다.

이성이 지배하는 사회에서 실수는 이성이 허락하는 일종의 덤입니다. 이 덤을 통해 우리는 이성의 억압적 힘을 분산시키고 나름의 자유를 누리고 있는 셈입니다. 그래서 누구나 실수를 인정하려고 하고 실수를 용서합니다. 또한 실수는 이성의 억압적 힘에 견디지 못하는 사람이 저항하는 것을 막아내는 기제이기도 합니다. 실수에 관대한 사회일수록 이성적인 사회입니다. 한때 우리 사회에서는 실수가 용납되지 않았습니다. 그만큼 권위적이고 억압적인 사회였다는 말입니다. 그런데 사람들은 이 억압에 직접 저항하기보다는 일상의 실수를 인정하는 방향으로 자리를 잡아갑니다. 직접 저항하지 못하는 소심한 마음은 실수를 통해서 보상받습니다. "우리는 누구나 실수를 할 수 있다."는 말은 알고 보면, "우리는 누구든 실수를 해서는 안 된다."는 이상적인 인간상을 그리고 있는 것입니다. 실수하지 않는 이성을 바라면서도 실수에 관대한 것은 그 자체가 기만이고 실수입니다. 실수했다고 말하는 자신이 싫지만, 우리는 실수를 할 수밖에 없는, 실수하지 않을 능력이나 실력이 없는 사람들입니다.

우리는 이성의 억압을 결단코 거부해야 합니다. 질서는 사람을 위한 것일 뿐, 그 자체로 의미와 가치를 갖는 절대적인 무엇이 아닙니다. 우리는 우리 자신의 욕망과 감성을 사랑해야 하고 실현해야 합니다. 실수한 것이 아니라 실력이 그것밖에 안 된다고 고백해도 이성의 이름으로 무시당하거나 억압당하지 않는 사회를 만들어야 합니다. 우리가 이성에 맞출 것이 아니라 우리가 이성을 선택하거나 버려야 합니다. 합리적인 것은 합리적인 것이 필요한 곳에서만 작동해야 합니다. 일을 할 때는 합리적이어야 합니다. 그리고 그런 일에는 합리적인 이성을 잘 사용할 줄 아는 사람을 배치해서 일이 되도록 만들어야 합니다. 하지만 우리 삶의 대부분은 이성보다는 감성과 욕망으로 꾸려지는 것들입니다. 이런 일상의 삶에서는 감성과 욕망이 원칙이 되어야 합니다. 밥을 먹을 때는 그저 맛있게 먹으면 그만입니다. 영양소가 어떠니 건강에 어떠니 하는 것은 이성의 사치입니다. 우리는 밥을 먹는 것이지 영양소를 분석해서 섭취하는 게 아닙니다. 그런 일은 영양학자들이 책상머리에서 해야 하는 일입니다.

이성에서 해방된다는 건 이성적 질서나 이성의 사용을 거부하는 것이 아닙니다. 이성이 필요한 곳에는 이성을, 감성과 욕망이 필요한 곳에는 그것들이 자리하게 하자는 것입니다. 공부하고 연구하고 일할 때에는 이성을 사용해야 합니다. 하지만 사랑할 때는 사랑하는 겁니다. 졸리면 자는 것이고 목이 마르면 마시면 됩니다. 배가 고프면 먹어야 하고 똥이 마려우면 싸야 합니다. 이게 핵심입니다. 무엇을 어떻게 골라서 먹을지, 어디서 어떻게 쌀 것인지는 우수리이고 부차적인 것입니다. 푸세식 변소에서 싸든 수세식 화장실에서 싸든, 풀잎으로 닦든 비데로 씻든 그건 자신의 선택이고 환경적 조건입니다. 이성의 이름으로, 문화의 이름으로, 질서의 이름으로 감성과 욕망을 억압해서는 안 됩니다. 살갗에서 감성이 뚝뚝 묻어나는 사람들이 여기저기서 감성과 욕망의 얼굴로 서로를 사랑하는 그런 사회를 꿈꿔봅니다.

나이를 먹다

　　　　　　　　　　　　나이는 태어나서 자란 햇수입니다. 그런데 '자라다'는 말이 재미있습니다. 자라다는 커지다, 성숙하다, 나아지다는 뜻을 가지고 있습니다. 나이를 단순히 신체의 크기가 커지는 것으로 말하자면 우리는 20세 이후에는 나이를 먹지 않는 셈입니다. 성숙하다는 말은 좀 다른데, 무엇보다 어떤 목표를 정해놓고 그것에 비춰 판단하는 목적론적 사고처럼 성숙은 성숙한 단계를 전제하고 있습니다. 이게 우리가 흔히 말하는 '나잇값'과 연결됩니다. 자기 나이에 걸맞은 행동거지를 하라는 뜻인데, 도대체 그 나이에 맞는 게 어떤 것인지 정작 가르쳐주지 않습니다. 나아지다는 말은 비교대상만 있으면 되니 복잡하지는 않습니다. 하지만 이 속에도 함정은 있습니다. 예를 들어 서른다섯 살에는 재산이 1억이었는데, 마흔다섯 살에 2억이 되었다면 재산이 늘어난 것이고 형편이 나아진 셈입니다. 그렇지만 그것만으로 곧바로 삶이 나아졌다고 말할 수는 없습니다. 결국 나이 먹는 일을 이렇다 하고 정의하는 것도 만만한 게 아닙니다.

　또 재미난 것은 나이를 '먹는다'는 말입니다. 저를 잘 아는 지인이 제 주량이 예전 같지 않다고 걱정합니다. 그런데 이런 걸 두고 나이를 먹었기 때문이라고 하는데, 먹은 나이가 차곡차곡 배에 쌓여 마실 수 있는 술의 양이 줄어든 듯합니다. 실제로 나이를 많이 먹어 늙으면 늙은이가 되는데, '늙은'이라는 말은 기운이 예전 같지 않고 쇠약해졌다는 말입니다. 그리고 이렇게 쇠약해진 기력 탓에 소화력과 대사력이 떨어져 많이 먹을 수 없게 됩니다. '나이를 먹다'에서 무엇보다 억울한 일은 먹고 싶지 않을지라도 무조건 꼬박꼬박 나이라는 끼니를 챙겨 먹어야 한다는 사실입니다. 그리고 그렇게 먹은 나이 때문에 내가 먹고 싶은 무엇인가를 앞에 두고도 먹을 수 없는 늙은이가 된다는 게 우리를 서럽게 합니다.

더불어 나이가 '들다'는 말도 사용하는데, 여기서 들다는 웬만큼 나이를 먹었다는 뜻입니다. 그런데 '웬만큼'은 어느 만큼입니까? 아마 우리 문화의 상식으로는 서른이 기준점이 아닐까 합니다. 개인차가 조금 있더라도 대체로 서른을 넘으면 사람은 나이를 생각합니다. 조선시대의 평균수명이 35세 정도인데, 그래서 그 시대에는 15세면 결혼하고 어른이었습니다. 지금은 평균수명이 76세 정도라고 하는데, 삼십대 초반에 결혼하는 걸 보면 전체 수명의 반쯤 되는 값이 나이를 웬만큼 먹었다는 기준으로 삼을 수 있을 듯합니다. 전체 수명의 반보다 더 살았으니 그러고 보면 저도 나이가 꽤 많이 든 사람입니다. 그렇지만 더는 '자라지' 않은 지는 오래인데, 자라는 게 있다면 몸무게와 허리둘레입니다. 그리고 성숙했는지는 모르겠고, 나아졌는지는 더더욱 뭐라 말하기 어렵습니다. 그저 나이를 주는 대로 넙죽넙죽 받아 '먹었습니다'.

어떤 사람은 나이듦을 혐오하고 어떤 사람은 나이듦을 즐기고, 가장 멍청한 사람들은 나이듦에 순응하지 않는 이들을 어리석은 사람으로 매도합니다. 마치 나이듦을 받아들이고 어느 순간에 그 나이로 죽는 게 지혜인 양 강요한다는 말입니다. 자기가 나이 드는 게 좋으면 그냥 좋아하면 그만이지, 그렇지 않은 사람에게 "나이듦에 대해서는 이렇게 해야만 한다."는 식으로 가르치려 드는 일이야말로 나잇값을 못하는 게 아닌지 스스로에게 물어야 합니다. 사실 자본주의 사회에서 나이듦은 곧장 돈과 연결됩니다. 곱게 늙는다거나 여유로운 노년이라거나 하루하루를 즐기는 노년은 모두 돈 있는 사람의 것입니다. 한둘 예외가 있다고 하더라도, 그 예외 역시 경제력에서 최소한의 여유를 누리는 사람들의 이야기일 뿐입니다. 늙음과 나이듦에도 자본은 잣대로 작동합니다.

오지의 원주민 대다수는 나이를 모릅니다. 그저 자식, 부모, 부모의 부모라는 식의 혈연 관계가 있을 뿐입니다. 나이는 시간인데, 시간은 자본주의적 산업 경제의 산물입니다. 농경 사회에서 너는 몇 살이니까 농사를 못 짓는다는 따위의 기준은 없었습니다. 초기 산업 사회에서도 8세에서 12세 사이 아동 노동이 전체 노동의 절반을 차지했습니다. 나이가 문제가 아니라 그 일을 할 수 있는가가 중요한 기준이었습니다. 우리의 1960~80년대까지도 농촌의 아이들은 어린 나이 때부터 제 몫의 노동을 해야 했습니다. 중기 산업 사회부터 산업 공정의 기계화가 진행되면서 기계를 다룰 수 있는, 다른 말로 기계에 적응할 수 있는 특정한 사람이 필요했고, 그 기준에 맞춰 나이를 따지게 됩니다. 대체로 16세 이상으로 시대에 따라 상한선은 달랐습니다. 평균수명이 짧을 때에는 30세면 기계를 떠나야 했습니다.

아직도 지구촌의 농경 사회나 살기 힘든 지역에서는 아동 노동이 공공연하게 이루어집니다. 거기서는 나이가 문제가 아니라 일할 최소한의 힘이 있는가가 중요합니다. 여기서 고상하게 늙음이라든가 순응하는 나이듦이라는 새빨간 왕구라는 전혀 통할 수 없습니다. 우리 사회도 이른바 정보화 사회로 이행하면서 45세면 정년을 걱정해야 합니다. 그리고 한편에서는 70세를 넘긴 늙은 사람들이 농촌에서 농사일로, 어촌에서 고기잡이, 조개캐기로 뼈가 빠집니다. 그런 사람에게 나이듦은 내일 밭일을 할 수 있는가 하는 물음 앞에서 아무 역할을 하지 못합니다.

간혹 지하철에서 고상하게 늙은 할머니나 할아버지를 보면 마음이 따뜻해집니다. 그보다 빈도가 훨씬 높게 만나는 되먹지 못한 늙은이를 보면 가슴이 답답해집니다. 나이를 잘 먹은 사람, 나이를 헛먹은 사람. 같이 나이를 먹고서도 사람은 서로 다릅니다. 미디어에 나오는 부잣집 늙은이의 고상한 노년 보내기를 보면 화가 납니다. 풍경 좋은 곳에 잘 지어진 집에서 먹을 것 걱정 없이 지내면서 웬만큼 나이 든 자식—이 경우 자식도 보면 대개 좀 살거나 뭔가 하는 일이 번듯합니다—과 다정하게 담소하는 그런 모습이 싫습니다. 그들이야 즐거울지 모르지만, 그건 우리네 보통 사람들의 노년 보내기가 아닙니다. 어디 누가 그렇게 늙어가고 죽어가고 싶지 않은 사람이 있겠습니까?

나이듦! 저는 이걸 자라고 성숙하고 나아지는 게 아니라 자신에게 다가가는 것, 그 끝에서는 남에게 열리는 자신을 발견하는 것이라고 생각합니다. 나이들면서 문득 자신이 살아온 날들을 챙겨보고, 아이에게 따뜻해지고, 주변 사람들과 무난해지는 그런 게 나이듦입니다. 그게 이념이든 신념이든 가치관이든 아직 남에게 팍팍하게 구는 저 같은 사람은 제대로 나이가 들지 않았다 하겠습니다. 지키면서도 열려 있어야 참된 지킴입니다. 남을 내치고 미리 피할 자리를 마련해놓고서 지킨다면, 그건 지키는 게 아니라 막아내는 것입니다. 나와 다른 남에게, 아무 조건 없이 문을 열고, 언제나 나를 지켜내는 그런 나이듦을 기대해봅니다. "그 늙은이 참 사람 좋네!" 언제 이런 말 들으면서 살 날이 있겠지요.

무두질과 담금질

앞 글 '나이를 먹다'라는 주제에서 나이듦의 아름다움을 따뜻해지고 무난해지는 자신에게서 발견하는 무엇이라고 말했습니다. 이 나이듦의 '나른함'을 젊은 날의 '기운참'과 비교해보면 무두질과 담금질을 떠올리게 됩니다. 나른함이라는 표현에 마음이 상하신 분이 있을지도 모릅니다. 나른함이 무능함과 같은 뜻으로 받아들여지기 쉬워서 그럴 텐데, 나른하다는 기운이 없다는 뜻 외에 부드럽다는 뜻도 가지고 있습니다. 봄날의 나른함을 겨울날의 각성과 견주어보면 금세 그 느낌을 가질 수 있습니다. 온몸이며 정신이 곤두서는 겨울날의 각성 상태를 젊음이라고 한다면, 나이듦은 봄날의 나른함에서 느끼는 여유일 것입니다. 마찬가지로 무두질이 짐승의 가죽을 다듬어 부드럽게 하는 공정이라면, 담금질은 쇠를 강하게 하는 작업입니다. 부드러움과 강함. 무두질과 담금질. 이 모두가 삶의 모습이자 방식입니다.

　무두질tannage은 짐승의 가죽껍질을 다듬는 일인데, 가죽은 그대로 사용할 수 없습니다. 그저 가죽을 벗기고서 내버려두면 썩어서 못쓰게 되고, 물을 먹으면 흐물흐물하게 부풀어 오르고, 말리면 딱딱하게 굳어서 마음대로 모양을 잡을 수 없습니다. 그래서 물로 씻고 붙어 있는 살이나 기름을 제거하는 과정을 반복해야 합니다. 좋은 가죽을 얻는 데는 이런 무두질이 한 달 이상 걸린다고 합니다. 담금질quenching은 반대의 길을 갑니다. 금속을 강하게 하려면 조직이 서로 잘 결합하게 열을 가하거나 갑작스레 식혀야 합니다. 보통 식히는 게 더 쉬운 공정이라 대부분의 담금질은 달군 쇠를 물에 식히는 방식입니다. 담금질의 영어 단어 'quench'에는 욕망을 억누르거나 제어하고 감정을 누그러뜨린다는 뜻이 있습니다. 제 생각에는 사람의 이런 모습을 쇠를 다루는 일에 적용하면서 quench를 사용했기에 사전의 설명 순서를 보면 담금질은 한참 뒤에야 아주 작게 나옵니다. 사람의 욱하는 성질을 누그러뜨리듯이 쇠가 톡하고 부러지는 성질을 누그러뜨리는 게 담금질인 셈입니다. 그게 무두질이든 담금질이든 뭔가 변화를 바라는 인위적인 행위라는 점에서는 차이가 없습니다. 하지만 저는 여기서 바람직한 나이듦을 보고자 합니다.

좀 부끄러운 고백입니다만, 제가 고등학생일 때 폼 나는 좌우명을 생각하다가 "부러지더라도 꺾이지는 않는다.", "꺾일 바에야 부러지자." 뭐 그런 것으로 정했습니다. 당시에는 참으로 멋지고 당당한 좌우명이었고, 주변 사람들도 나의 이미지와 맞아떨어진다고 해서 더 우쭐했습니다. 돌이켜보면 피가 '핑핑'하고 소리를 내면서 도는 그런 시절이었습니다. 이런 생각은 거의 삼십대 후반까지 지속되었고, 자랑과는 달리 오히려 아픔이 많이 남았습니다. 제가 꺾이고 부러지고는 저의 일입니다만, 세상일은 남과 얽혀 있게 마련이라 굽히거나 꺾이는 사람에게 엄청난 도덕적 부담을 주었습니다. 남의 땅 주나라에 난 곡식은 먹지 않는다면서 산에 숨어들어가 결국에는 굶어 죽은 은나라 백이숙제伯夷叔齊와 견줄 만한 기개이자 정절을 보통 사람에게 요구하는 그놈이 어디 제정신이겠습니까? 결국 굶어 죽은 백이숙제처럼 부러져 죽기라도 했으면 몰라도 그렇지 않은 바에야 할 말이 없어야 합니다. 하지만 저는 그래도 말합니다. 그러니 상놈 중의 상 상놈인 것입니다.

지금 돌아보면 그건 담금질이었습니다. 열과 냉으로 쇠를 강하게 하듯이 피할 수 있는 시련까지 자처해가면서 오로지 강함을 좇았습니다. "강한 것이 아름답다." 이게 바로 남자다움이었고 자식다움이었고 남편다움이었던 그런 시대를 고스란히 살았습니다. 아니 덤까지 얹어서 더 강하게 살고자 했습니다. 우리가 담금질을 하여 만드는 쟁기며 호미며 곡괭이는 무엇인가를 만들어내는 생산적인 도구입니다. 그런데 강한 인간은 별로 생산적인 걸 만들지 못했습니다. 변화는 새로운 창조를 꿈꾸고 만들어내는 것입니다. 하지만 인간에 대한 담금질로 변화된 저 자신이 한 일은 생산적인 것보다는 낭비적인 것이 많았습니다. 뭘 펑펑 소비했다는 뜻이 아니라 꼭 필요하지 않은 일이었다는 말입니다. 강하기 위해서는 남과 논쟁해야 합니다. 그리고 논쟁에서 이겨야 하고, 이기기 위해서는 매몰차야 합니다. 때로는 논쟁적 수단 이외의 인격적인 공격까지 가해야 하고, 그 결과 논쟁은 결실을 맺지 못하고 결별을 초래하는 경우가 반은 넘지 않았나 합니다.

 담금질에서 무두질로 가는 건 아무래도 세월과 무관하지 않습니다. 또 그 세월은 체력과도 무관하지 않고, 무엇보다 흔히 말하는 딸린 식구도 그렇고, 그보다 더 큰 까닭을 찾는다면 이제 세상살이를 좀은 알았다는 것입니다. 체력이 예전 같지 않을 때 사람은 겸손해집니다. 오늘 산행길에서 나이 든 두 분의 대화를 얻어들었습니다. 단풍 보러 설악산에 가자는 제의에 한 분이 이렇게 말했습니다. "난 이제 자신이 없다. 같이 간 사람에게 피해를 끼칠까 부담스러워." 이 말에 다른 한 분이 "피해 좀 주면 어때? 어차피 아는 사람들인데."라고 대꾸합니다. 그분은 손사래를 치면서 늘그막에 남에게 작은 피해도 주고 싶지 않다고 했습니다. 작은 피해를 너그러이 받아들이는 것도 나이듦의 한 모습이라고 생각하기에, 저는 이분의 앞말에 주목합니다. 정력을 자랑하고 알통을 보여주기에 안달하는 천박한 몸의 시대에 스스로 자신 없음을 인정하는 그 자신 있음이 부러운 것입니다. 이걸 저는 무두질의 힘이라고 믿습니다. 그 나이에도 담금질하고 담금질해서 젊은 놈 못지않은 힘과 몸매를 자랑하는 늙은이가 넘치는 세상입니다. 그런 늙은이는 젊은이와 더불어 뽐내고 시샘하고 경쟁합니다. 나이듦의 느긋함이 사라진 늙은이에게서 저는 초조함이나 천박함을 읽어냅니다. 그 나이에는 담금질이 아니라 무두질인데 하면서 말입니다.

무두질이 잘되지 않은 가죽 제품은 곧 갈라지고 끊어집니다. 단단함의 부작용입니다. 싸구려 허리띠나 지갑이 이내 갈라지고 끊어지는 이유가 바로 무두질 때문입니다. 강한 만남, 흔한 말로 강렬한 만남은 지속하기 어렵습니다. 그 강렬한 끌림을 유지할 일상적인 강렬함은 곧 바닥이 나게 마련입니다. 서로를 담금질하는 만남도 모두를 힘들게 합니다. 물론 그렇다고 무두질이 가벼이 이루어지는 것도 아닙니다. 자신의 삶에서, 그리고 인간 관계에서 무두질은 배려하고 공감하고 동행하는 모습으로 나타납니다. 독려하고 계몽하고 앞서가는 담금질과는 영 딴판입니다. 무두질은 자신의 한계를 받아들이고 그 한계 속에서 무엇을 할 것인지를 모색하는 태도입니다. 내게 없는 것을 열을 가해서건 냉기를 가해서건 만들어보겠다는 게 아니라, 적어도 내게 원래부터 있었던 가죽이 썩지 않게 붇지 않게 굳지 않게 하는 것입니다. 우린 모두 참 따뜻한 사람들입니다. 이 따뜻한 사람다움이 굳지 않게 하는 게 중요합니다. 심장이 딱딱한 사람은 자신을 담금질한 사람입니다. 심장이 부드러운 사람. 무두질의 힘은 바로 따뜻함입니다.

　쇠를 담금질하면 단단해집니다. 하지만 쇠는 추운 날씨에 사람을 얼어 죽게 하는 냉기를 품습니다. 가죽을 무두질하면 부드러워집니다. 그래서 추운 날씨에 사람을 따뜻하게 담아냅니다. 담금질한 사람의 얼굴에는 굳건함이 묻어납니다. 무두질한 사람의 얼굴에선 미소가 숨어 있습니다. 탱크는 당당한 위용을 자랑하지만 사람을 죽입니다. 잘 담금질되지 않은 보습은 초라하지만 곡식을 만들어내고 사람을 살립니다. 무두질은 긴 시간을 요구합니다. 담금질은 정해진 짧은 시간에 정해진 온도를 요구하는 까다로운 작업입니다. 그래서 무두질은 누구나 하는 싼 노동이지만 담금질은 고급 기술입니다. 바로 이것이 무두질의 희망입니다. 담금질로 승자가 되기는 어렵습니다. 무두질로도 풀칠은 하면서 살아갈 수는 있습니다. 강한 인간의 꿈은 이미 우리를 살리지 못한다는 게 역사의 가르침입니다. 부드러운 인간들의 나른한 봄날의 대화가 우리를 살립니다. 잘 담금질된 특수부대가 필요하지 않은 세상. 공익 근무 '요원'만으로도 살아갈 수 있는 세상. 이게 탱크가 꿈꾸는 보습의 세상입니다. 겨울이 다가옵니다. 가죽옷을 입겠습니까, 쇠옷을 입겠습니까? 또 그 겨울은 우리네 인생에도 다가옵니다. 괴팍한 늙은이의 말썽보다는 나른한 늙은이의 무심함이 우리를 더 행복하게 할지도 모릅니다. 이번 겨울에 잘 무두질된 부드러운 가죽장갑 하나를 마련하세요. 마치 나의 피부 같은 그런 가죽장갑 말입니다. 그리고 그 손에서 삶을 느끼세요. 무두질한 따뜻한 삶을.

범춘 씨의 하루

게으른 하루

방학 중에는 사는 게 사는 것 같기도 하고, 죽은 것 같기도 하고 그렇습니다. 대체로 제 하루는 밤 12시에 시작됩니다. 자야 할 시간인데, 여기서부터 저는 하루라고 생각합니다. 왜냐하면 온전한 제 시간을 염두에 두기 때문입니다. 몇 개 잡히지 않는 텔레비전 채널을 두고 혼자서 한참 리모콘하고 놀다가, 잠이 오는 순간 기다렸다는 듯이 잡니다. 그래도 잠이 안 오면, 가만히 앉아서 또는 누워서 곁눈으로 배운 호흡을 합니다. 잠자기 위해서 왜 이런 호흡을 해야 하지 하는 씁쓸함이 다가오면 억지로 잠을 청합니다. 이러니 얼치기일 수밖에 없습니다.

오전 6시쯤 아내의 알림벨이 울리고, 저는 거실에서 방으로 옮깁니다. 아내는 방에서 나와 아들의 밥을 준비하고, 7시쯤 아들을 깨웁니다. 저는 잠이 들고 해가 한참일 때, 9시 반에서 10시쯤 일어납니다. 아내가 다시 방으로 들어가고, 저는 움직이기 시작합니다. 우선 컴퓨터에서 오고간 메일을 확인하고, 조간신문을 훑어보고, 11시쯤 밥을 먹습니다. 오후 2시에서 3시까지 이것저것 일을 하다, 산에 갑니다. 전날 술을 많이 마셨으면 산에 오르는 시간과 강도를 조절합니다. 만남 약속이 없는 한 오후 5시에서 6시 정도까지는 산에 있다 내려옵니다. 내려오는 것이라기보다는 산에서 쫓겨나는 것입니다.

그다음은 산에 다니는 사람은 짐작하겠지만, 한잔 사들고 집에 옵니다. 때때로 먹고 싶은 안주를 마트에 들러 사옵니다. 하루쯤 술 안 마시고 쉬어야지 하다가도 유혹을 이기지 못하는 경우가 많습니다.

나름대로 정성껏 안주를 준비하고 냉동실에 잠시 넣어둔 참 좋아하는 맥주를 꺼내 마십니다. 맥주 뒤에는 소주 한 병이 님을 기다리듯이 꽁꽁 언 몸으로 나를 기다리고 있습니다. 한 모금 맥주에 세상이 밝아집니다. 두 번째 소주에 세상이 좀 어두워집니다. 마시다 남은 소주는 요리술을 위해 양념 수납장에 들어갑니다.

갈등이 시작됩니다. 한잔 더 해야지 하는 마음과, 그냥 자면 내일이 개운하다는 가르침이 부딪힙니다. 부딪힘은 뚫고 나가야죠! 담배를 핑계로 밖으로 나옵니다. 요즘 아파트에서 담배 피우기가 쉽지 않습니다. 입김 강한 부녀회에서 베란다(발코니)에서 피우는 담배 연기가 윗집으로 간다는 걸 문제 삼습니다. 미필적 고의에 의한 간접 살인이라고 하는데, 그래서 남의 말 듣기 싫어하는 제게 담배는 그리 환영받는 편은 아닙니다. 그래도 한 개비 피우는 즐거움은 돈으로도 살 수 없습니다. 하지만 피우고 난 다음에 입에 남는 냄새는 다시 담배가 싫어지게 합니다.

참, 술 이야기를 계속해야죠. 밖으로 슬쩍 나와서 세 번 중 한 번은 아파트 상가의 호프에 들러 안주 없이 생맥주를 마십니다. 마시다가 좀 미안하다 싶으면 닭을 시켜 들고서 집에 들어갑니다. 사실 별로 닭을 먹고 싶지 않은 날일지라도 그냥 사들고 들어갑니다. 왜냐하면 그게 내일의 내 안주일 수 있다는 인연의 끈을 존중하기 때문입니다. 그리고 또 세 번에 한 번은 술을 더 사들고 갑니다. 그리고 한밤중에 혼자서 술을 비웁니다. 그런데 대부분 술이 남습니다. 남은 술을 개수대에 버리면서 이걸 희석시키는 데 수돗물이 얼마나 든다는 그런 생각을 합니다. 요즘 말로 혈액형 A형의 비애입니다. 속으로 한강 물고기 중에도 술 좋아하는 놈이 있겠지 하고 위로합니다.

공부는 언제 하느냐고요? 원래 공부 잘하는 사람은 알아서 공부합니다. 바로 이런 말 때문에 강의 평가 가운데 자기 자랑이라는 말이 나왔겠지요. 사실 방학 내내 제 걱정은 다음 학기 강의를 위해 어떤 교재를 쓰고 어떤 강의를 할까 고민하는 것입니다. 마침 괜찮은 교재가 눈에 띄면 좋지만 그렇지 않을 때는 결국 제 생각을 정리한 새로운 강의 노트를 만들어야 합니다. 아시다시피 저는 같은 강의를 하지 않기 위해 무척 노력하고, 한 번 정도의 예외를 빼고는 그렇게 하고 있습니다. 물론 이게 제 결정이기도 하지만, 강의를 들었던 학생이 다시 청강하겠다고 해서 어쩔 수 없이 하는 일이기도 합니다. 선생은 학생이 만들기도 하는 것이지요.

연구비라도 받아보려고 연구 계획서를 써 제출하고, 여기저기 부탁받은 뭔가를 어떻게 해야 할지 머리 굴리며, 강의 계획서를 쓴다고 고민하고, 뱃살을 빼보겠다고 거의 매일 산에 가면서도 남는 건 술이고 하는 일은 끝내 술입니다. 아내는 술이 곧 뱃살이라고 합니다. 맞는 말입니다. 개학을 기다리는 마음이 간절합니다. 어떤 얼굴을 한, 어떤 생각을 가진 학생이 기다리고 있을지 기대가 큽니다. 그리고 그 기대는 이루어지기도 하고 다음을 기약하기도 합니다. 여하튼 그 기다림이 좋습니다. 바로 이런 기다림의 맛이 있어 이런 생활 방식을 유지하게 됩니다.

지난 토요일에는 군에 간 학생이 저와 전화 통화를 하고 외박 날짜를 아예 정해서 나왔습니다. 강의 끝난 후에 제게 술이며 안주며 평생 사겠다는 큰 약속을 한 학생인데, 평생 선생으로 모시겠다고 합니다. 제 말 한마디 한마디를 수첩에 적어 갑니다. 그리고 2차에서 부모에게 강탈한 돈으로 3만 원을 계산했습니다. 저는 이런 도움

말을 했습니다. 군생활은 새로운 '게임의 세계'로 들어가는 것이다. 이런저런 이상한 아바타들이 있을 것이고, 그 아바타를 즐겨라. 가능하다면 좋은 아바타가 되거라. 나쁜 아바타에게는, 당신이 그런 사람이 아니라는 걸 나도 알고 있다, 이건 게임이기 때문이다라는 식으로 아부하라고 했습니다. 재미난 말을 그 학생이 했습니다. 선생님, 오늘 좋은 아바타 하나 구입하는 값으로 술값을 대신합니다. 나는 과연 삶에서 어떤 아바타일까 하는 생각이 잠시 들었습니다.

범춘 씨의 하루는 단순하고 복잡합니다. 단순한 까닭은 우리의 삶이 결국에는 단순하기 때문이고, 복잡한 까닭은 우리의 삶이 단순하다는 걸 모르기 때문입니다. 그래서 범춘 씨의 하루에는 이래저래 술이 끊이지 않고, 그 술을 마시기 위해 산에 오르는 땀나는 운동도 있습니다. 술과 땀, 땀과 술, 단순함과 복잡함, 지루함과 새로움, 만남과 허전함. 이 모든 끝에 줄을 타고 흔들리는 범춘 씨의 하루가 있습니다. 흔들리는 범춘 씨, 범춘 씨의 흔들림. 아, 정말 이름만큼 촌스럽다! 범춘 씨! 정신 차리세요!

괜히 힘든 하루

한때 〈인간 극장〉 같은 눈물 짙은 다큐멘터리를 가슴으로 보기도 했습니다. 구구절절 아픈 사연들이 세상에는 참 많습니다. 그런데 허점이 보입니다. 그 이야기들은 버림과 고통과 비참함에서 출발하지만 언제나 성공의 신화나 행복의 나날로 끝마칩니다. 그래서 더는 이런 부류의 이야기에 별다른 감흥을 얻지 못합니다. 그 까닭은 이랬든 저랬든 간에 인생은 그렇게 성공적이거나 행복한 것만은 아니기 때문입니다. 그건 사기극입니다. 왜냐하면 그런 이야기는 여전히 고통과 비참함과 슬픔에 싸여 살아가는 사람들에게는 인간 시대가 아니라 성공 시대이기 때문입니다.

어디 삶에서 누구 하나 고통 없고 눈물 없는 그런 축복받은 삶이 있겠습니까? 이 원초적인 불행이 종교의 근원이겠지요. 누군가는 얼굴생김 때문에 고민하고, 누군가는 키 때문에 고민하고, 누군가는 여드름 때문에 고민합니다. 또 누군가는 돈 때문에 고민하고, 누군가는 사랑이 모자라다고 푸념하고, 누군가는 자기 같은 인간이 싫다고 합니다. 사실 자기가 싫어하는 인간을 잘 들여다보면 그 이유가 자기를 닮아 있다는 사실에 놀라게 됩니다. 결국 자기가 자기를 싫어하는 것이지요.

어제 강의를 듣는 몇몇 학생들과 한잔 했습니다. 한 학생의 말이 귀에 남아 있습니다. "선생님은 왜 싸가지 없는 애들하고도 술을 마십니까?" 저도 그런 아이들을 싫어합니다. 더 싫은 건 잔머리를 굴려 뭔가 얻어먹을 게 있으면 자리하고 그렇지 않으면 제각기 따로 놀거나 자리조차 하지 않는 아이들입니다. 아직 세상이 뭐가 뭔지 모를 만큼 어리기도 하지만, 적어도 그 아이들에게도 자기만의 세상에서 통하는 나름의 원칙이 있고 그 원칙은 저와 별반 다르지 않습니다. 문제는 그 원칙이 자기 동아리를 떠나서 다른 사람과의 만남에서 관철되고 있지 않다는 것입니다.

모두는 자신의 삶의 어제, 오늘, 내일만큼의 무게로 고통스러워합니다. 요즘 아이들에게 애정을 잃어가는 제 모습을 봅니다. 아이들은 일회용품처럼 교수를 소모하고, 교수는 그들이 쓰고 버린 일회용품에 남겨진 흔적을 지우고자 힘들어합니다. 아이들은 떠나고 상처가 남습니다. 아마 그 아이들이 아이를 챙겨야 하는 날이 오면 똑같은 쓰라림을 경험해야 할 것입니다. 걱정은 그 반응입니다. 일회용품이 되어버리고 마는 자신을 어떻게 수습할지 모르겠습니다. 그 모두가 자신은 천년만년 지속하는 귀중품이라고 생각하고 있기 때문입니다.

늘 새로운 학기는 힘이 듭니다. 적응을 거부하는 아이들에게 저는 적응해야 합니다. 때론 가뭄에 콩 나듯 아끼고 싶은 아이가 있지만, 그 아이도 끝내 일회용품의 소비자일 뿐입니다. "생활은 孤絕이며 悲哀이었다." 김수영金洙暎(1921~1968)의 말입니다. 그래도 김수영은 믿을 구석이 있었나 봅니다. 고절이라! 자신을 지켜내는 고고한 절개라도 있었으니까요. 저는 뭘 지키죠? 그렇지만 그도 어쩔 수 없는 인간이었나 봅니다. 그게 비애라는 걸 실토하고 말았으니. 사는 게 정말 뭘까요? 골목 끝에서 발견한 다른 골목을 새로운 길이라고 생각하는 어리석은 우리들. 김수영의 이야기나 한번 들어봅시다.

生活

市場거리의 먼지 나는 길 옆의
좌판 위에 쌓인 호콩 마마콩 멍석의
호콩 마마콩이 어쩌면 저렇게 많은지
나는 절로 웃음이 터져 나왔다

모든 것을 制壓하는 生活 속의
愛情처럼

솟아오른 놈

(幼年의 奇績을 잃어버리고
얼마나 많은 歲月이 흘러갔나)
여편네와 아들놈을 데리고
落伍者처럼 걸어가면서
나는 자꾸 허허 …… 웃는다

無爲와 生活의 極點을 돌아서
나는 또 하나의 生活의 좁은 골목 속으로
들어서면서
이 골목이라고 생각하고 무릎을 친다

생활은 孤絕이며
悲哀이었다
그처럼 나는 조용히 미쳐간다
조용히 조용히……

(1959. 4. 30)

좋은 인상 남기기 혹은 남 속이기

로버트 라이트Robert Wright 는 『도덕적 동물』이라는 책에서 양심의 3분의 1은 유전이고, 3분의 2는 문화라고 설명합니다. 그뿐만 아니라 3분의 2의 문화는 3분의 1의 유전에 의해서 크게 영향을 받거나 결정된다고 합니다. 이런 주장은 어제 오늘의 것이 아니라 1960년대 사회생물학과 진화생물학에서 비롯된 아주 탄탄한 주장입니다. 예를 들어 남에게 친절하게 대하는 것이 양심이나 도덕에서 존중받는 까닭은 진화의 과정에서 그러한 행위가 생존, 더 정확히 말해서 유전자의 생존과 전파에 도움을 주기 때문이라는 것입니다. 라이트는 더 나아가 우리가 문화적으로나 도덕적으로 가치 있는 것이라고 부르는 것은 사회적 성공을 위한 편리한 수단이 되기 때문에 그렇게 평가한다고 합니다. 좀 냉정해 보이기는 하지만, 부정하기 어려운 사실입니다. 우리는 예의 바른 사람이 그렇지 못한 사람보다, 동정심 있는 사람이 깍쟁이보다 궁극적으로 성공할 가능성과 존중받을 가능성이 높다는 것을 알고 있습니다. 그래서 인간은 존경받기 위해서라면, 속내로 말하자면 성공하기 위해서라면, 된사람처럼 행동할 수도 있고 개 같은 짐승처럼 행동할 수도 있습니다.

　진실은 우리가 진실이라고 말하는 것에 따라서 결정되는데, 이 말은 진실이 무슨 실체나 사물처럼 하나로 고정되어 있는 것이 아니라, 우리가 진실이 무엇이라고 이야기하느냐에 따라 진실이 될 수도 있고, 그렇지 않을 수도 있다는 것입니다. 말하자면 "진실이란 있는 그대로 말하는 것이다."라고 말한다면, 진실은 말 그대로 '있는 그대로'를 말하는 사람의 편에 서 있습니다. 하지만 "진실은 좋은 결과를 가져오는 것이어야 한다."고 말한다면, 이제 비록 그것이 사악한 의도에서 비롯된 잘못된 행위일지라도 결과가 좋으면 진실로 인정됩니다. 진실을 둘러싼 이런 사정을 알아보는 것이 왜 중요한가 하면, 바로 양심적이거나 도덕적으로 보여서 남에게 좋은 인상을 남기고 성공하는 데 이런 진실 개념이 아주 중요하기 때문입니다. 어빙 고프먼Erving Goffman(1922~1983)은 사람들이 자신이 꾸며낸 인상을 실제인 것처럼 굳게 믿는 경향이 종종 있음에 주목합니다. 마음속에서, 또는 어떤 욕망에서 거짓으로 만들어낸 무엇이 어느새 진실로 스스로에게 받아들여진다는 것입니다. 이런 걸 자기기만 또는 자기최면이라고 하는데, 실제로 우리는 과거를 회상할 때 대부분이 자신이 원하는 과거를 만들어내고, 그것을 정말 과거에 있었던 일이라고 생각합니다. 그리고 그 조작된 과거를 통해 스스로를 속일 뿐만 아니라 남에게도 그것을 과거의 진실로 말합니다.

아마 우리가 다른 사람을 속이는 가장 효과적이고 충실한 방법이 있다면, 먼저 스스로를 속여야 한다는 것입니다. 낚시꾼들의 이야기에는 '거의 다 잡았다가 놓친' 엄청나게 큰 물고기 이야기가 빠지지 않습니다. 젊은 남자들의 이야기에는 '진심으로 사랑할 뻔한' 엄청난 미모의 지적인 여자가 꼭 등장합니다. 나이 든 사람들의 추억담에는 언제나 '가난했지만 행복했던' 지난날이 반드시 등장합니다. 또 별로 넉넉하지 않은 사람들의 음식 이야기에는 '어머니가 옛날에 해주시던' 그 맛이라는 말도 빠지지 않습니다. 저는 정말 그런 일이 있었다고 믿고 싶기는 하지만, 대부분이 좋은 말로 하면 과거를 미화한 것이고, 나쁜 말로 하면 거짓말하고 있는 것이라고 생각합니다. 물론 거의 다 잡았다가 놓친 물고기가 있을 수 있겠지만 그렇게 크지는 않았을 것이고, 사랑할 뻔한 여자가 있었겠지만 뛰어난 미모나 지적 능력의 소유자는 아니라고 생각합니다. 또 가난했을 때 행복보다는 가난한 사실 자체가 더 아팠을 것이고, 그 당시에 어머니의 솜씨에 탄복한 게 아니라 그저 배가 고팠을 뿐이라고 생각합니다.

왜 사람들은 이런 거짓말을 하는 것일까요? 그리고 이런 거짓말이 나쁜 것일까요? 답부터 하자면 잘 보이기 위해서, 그리고 나쁘지 않다는 것입니다. 이런 거짓말은 대부분 남에게 아무런 해를 끼치지 않으면서도 자신을 돋보이게 하는 아주 그럴듯한 수단이 됩니다. 앞선 예들을 생각해봅시다. 거의 다 잡은 큰 물고기를 놓친 사람들의 반응은 대체로 다음과 같습니다. "내가 운이 없는 거지, 뭐. 하기야 내가 낚시한 지 얼마나 되었다고 그런 큰 물고기를 바라겠냐? 하지만 열심히 하다보면 큰 물고기가 한 마리쯤 잡히겠지, 뭐." 이 말에는 엄청나게 꾸며진 겸손과 자기 반성이 들어 있습니다. 만약 진짜 큰 물고기였고, 보통 성격의 사람이라면 이런 반응은 불가능합니다. 하지만 알다시피 대부분의 낚시꾼들은 이렇게 반응합니다. 이게 바로 성공으로 가는 작은 첫 걸음이자 하얀 거짓말입니다. 영어에서는 무해한 거짓말을 하얀 거짓말 white lie 또는 흰 거짓말이라고 하고, 의도적인 나쁜 거짓말을 시커먼 거짓말 black lie이라고 합니다. 우리는 눈에 띄는 거짓말을 새빨간 거짓말이라고 합니다. 빨강색이 눈에 잘 띄기 때문이겠죠.

각설하고 이와는 달리 실패하는 하수들은 성공은 자기 기술 때문이고, 실패는 환경 탓으로 돌립니다. 그러면서도 경쟁자가 성공하면 운이 좋았다고 하고, 실패하면 능력이 그것밖에 안 된다고 합니다.

이러니 성공할 리가 없습니다. 이처럼 겸손이란 미묘한 방법으로 스스로 하는 자랑을 다른 사람이 믿게 하는 데 큰 도움이 됩니다. 생각해보십시오. 평소에 늘 겸손한 사람이 "얼마 전에 대단히 우연하게 참 아름다운 여자를 만나서 하루를 같이 보내게 되었습니다."라고 한다든지, "큰 자랑은 아니지만 사실 제 할아버지께서 상해 임시정부에서 독립운동을 하셨습니다."라고 한다면, 우리는 그 진위를 알아보기도 전에 믿고자 할 것입니다. 반면에 평소에 겸손하지 못하고 뻥이 센 사람이라면, 비록 그것이 사실일지라도, 그리고 그 사실을 확인한다고 할지라도 크게 놀라거나 존중하지는 않을 것입니다. 이런 뜻에서 사무엘 스마일스Samuel Smiles(1812~1904)는 "인격은 힘이다."라고 말합니다. 그리고 이 인격은 겸손이나 양심을 가리키는 것입니다.

리처드 도킨스Richard Dawkins(1941~)는 『이기적 유전자』에서 "자연선택은 진실과 정직을 선호하지 않고 속임수를 선호한다."고 말합니다. 여기서 진실과 정직은 앞에서 말하는 양심과 겸손이 아닙니다. 양심과 겸손은 속임수입니다. 자연상태에서 진실과 정직은 죽음을 재촉하는 것입니다. 작은 도마뱀이 한껏 몸을 부풀려서 큰 도마뱀인 양하지 않으면 먹힙니다. 독 없는 뱀이 독이 있는 양 경고색을 몸에 지니고 있어야 안전합니다. 말 그대로 진실되고 정직하게 있는 그대로를 보여주면 많은 생물이 그냥 밥이 되고 말 것입니다. 사람도 마찬가지입니다. 음식점에 들어가서 네 사람이 겨우 삼겹살 2인분에 소주 한 병 먹을 돈밖에 없다는 사실을 주인에게 말할 경우, 십중팔구는 별로 반기지 않을 것입니다. 이때에는 비굴하지만 짐짓 있는 양하면서 우선 먹어보고 맛있으면 더 먹겠다는 식으로 나가야 합니다. 그리고 2인분에 소주 한 병 마시고 나가면서 "맛있기는 한데, 우리 입맛에는 안 맞네요." 하면 그만입니다. 특히 주변의 남자들을 보면 나이를 가릴 것 없이 누구나가 한때는 17 대 1로 싸웠다는 식의 영웅담을 늘어놓거나, 이제 한물갔지만 사실은 무술 유단자라는 식의 말을 합니다. 아주 적은 수의 남자를 빼고는 사실이 아닙니다. 사실이라고 우기더라도 아마 17 대 1에서 17의 편에 있었거나 오래되어서 소중한 단증을 잃어버렸을 것입니다. 확인할 길은 없지만.

인류학자 제롬 바코Jerome Barkow는 우리가 자아라고 말하는 그 자아自我는 별것 아니라 다른 사람에게 전해지는 인상을 관리하는 기관이라고 합니다. 환경과 만나는 사람에 따라서 그에 걸맞은 인상을 주거나 표현하는 것이 바로 우리의 자아라는 말입니다. 그리고 이 인상이 잘 먹혀들면 자아를 실현한 듯한 성취감을 느끼게 되고, 노골적으로 말해서 사기가 잘 통하지 않으면 좌절하거나 기분이 나빠진다는 것입니다. 이런 인상을 관리하는 자아를 대신하는 가장 일상적이고 가시적인 것이 옷차림이나 화장, 문신, 걸음걸이 등입니다. 이런 걸 통해서 아예 드러내놓고 자기를 보여주겠다는 것입니다. 깻잎과 쫄바지 남녀 고등학생이나 깍두기 조직 폭력배가 대표적입니다. 게임이론가 토머스 셸링Thomas Schelling은 적을 제압하는 힘은 자신을 구속할 수 있는 힘에 의해 결정된다고 합니다. 아주 제대로 된 말입니다. 자신을 구속하는 힘의 강도는 남을 제압하는 힘으로 그대로 이어집니다. 폭력배들이 싸우기 전에 칼이나 깨진 병으로 자해를 하는 것은 "나는 이 정도 상처는 아무렇지도 않게 참을 수 있는 사람이다."는 걸 보여줌으로써, 즉 자신의 신체적 아픔을 구속함으로써 기세를 올리고자 하는 것입니다.

그런데 셸링은 무서운 말을 합니다. 이기고 싶다면, 남을 제압하고 싶다면, "선택의 자유를 자발적으로, 그러나 돌이킬 수 없도록 포기하라. 그것도 먼저 포기하라." 어차피 어려운 상황이라면, 예를 들어 택시강도가 목에 칼을 대고 있다면, 속도를 높이면서 운전대를 놓아버리라는 것입니다. 만약 운전대를 뽑을 수 있다면, 뽑아서 창밖으로 버리라는 것입니다. 이걸 좋은 쪽으로 돌려서 생각해보면, 일종의 다걸기(all-in) 전략을 사용하라는 것입니다. 그러면 일반적인 경우 사람들은 여러분을 믿고 따를 것입니다. 만약 회사 관리자라면 자기부터 집 팔고 땅 팔아서 회사를 살리고자 한다면 종업원도 믿고 따를 것입니다. 하지만 이게 진실이라거나 정직이라고 생각해서 도덕적으로 높이 평가할 필요는 없습니다. 그저 살아남는 효과적인 방법일 뿐입니다. 또 대담하다거나 용기 있다는 식으로 칭찬할 필요도 없습니다. 그렇게 하지 않을 다른 방도가 없는 한, 사람은 용감해지고 대담해질 수밖에 없습니다.

나무인형 피노키오는 거짓말을 하면 코가 길어집니다. 그래서 코가 길어지면 거짓말을 한다고 사람들은 생각합니다. 더 나아가 나무인형이 아닌 살아 있는 인간 아이들에게 거짓말을 하면 코가 길어진다고 거짓말합니다. 그런데 그 거짓말을 하는 어른들의 코는 길어지지 않습니다. 그렇다면 어른들은 참말을 하고 있는 셈이고, 또 그렇다면 거짓말하는 아이의 코는 길어져야 할 것입니다. 우리는 알고 있습니다. 우리가 도덕이라는 이름으로, 양심이라는 이름으로, 정직이라는 이름으로 거짓말을 하고 있다는 사실을. 피노키오 코의 역설은 남에게 좋은 인상을 남기기 위해서 마른땀을 흘리는 우리에게 "당신은 왜 땀 흘리는가?" 하고 묻습니다. 우리는 그 물음에 다시 거짓말을 해야 합니다. 좋은 인상을 주려는 것이 아니라 진심에서 그렇게 한다고. 그런 말을 하면서 코가 길어지지 않을까 걱정하고 있는 자신을 알아채고는 "자식, 순진하긴!" 하고 혼잣말을 할지도 모릅니다. 그래도 양심은 살아서……. 글을 끝내는 지금 저의 한쪽 손도 어느새 코에 가 있습니다. 양심은 살아서…….

삶의 계

계戒는 살면서 조심하거나 경계하거나 피해야 할 것을 가리키는 불교 용어입니다. 우리가 흔히 불교의 구도자를 행자, 사미, 비구로 나누는데, 행자行者가 몸을 닦아 인내를 배우면서 정신을 추스르는 수행자라면, 사미沙彌와 사미니沙彌尼는 최소한의 계를 지키면서 좀더 깊은 수련을 하는 수행자입니다. 그리고 비구比丘와 비구니比丘尼는 승려로 살아가기 위한 규범과 의례를 배우는 일종의 종신 승려라고 할 수 있습니다. 이 각각의 단계에는 그것에 걸맞은 계가 주어지는데 그 내용을 통해 우리의 본성—원래 주어지는 그런 본성이 없더라도 우리가 어떤 존재인가 하는 의미에서의 본성—을 드러내 보고자 합니다.

먼저 행자는 몸을 고단하게 하여 수행의 자세를 가다듬는 입문 단계인데, 이때 행자의 기본계는 "일할 때나 앉거나 누워 잘 때 말을 삼가고 행동거지를 정숙하게 하는 것行走坐臥 語默動靜."입니다. 간단히 말하면 말은 적게 하고 조용한 가운데 할 일을 하는 것입니다. 그래서 행자 시절 투덜거리거나 말이 앞서는 것은 자격 미달 요소가 되고, 경망한 행동거지도 꾸지람거리가 됩니다. 군대 시절의 이병생활을 생각하면 됩니다. 제가 군생활을 할 때 선임이 이렇게 가르쳤습니다. 가부장제의 며느리생활, 곧 '귀머거리 삼 년, 봉사 삼 년, 벙어리 삼 년'을 흉내내어 "이병은 눈도 없고 귀도 없고 입도 없다. 보려고 하지 말고 들으려고도 하지 말고 특히 말하지 말라. 그리고 이병은 생각하지 않는다. 그저 시키면 할 뿐이다."고 했습니다. 지금 생각해도 군인 정신은 제정신이 아닙니다. 물론 이게 구도의 차원이라면 의미가 달라지겠지요.

사미나 사미니가 되면 이른바 사미오계나 십계가 주어집니다. 먼저 나오는 오계가 기본이고 나머지 오계는 기본 오계의 부차적인 실행이라고 생각하면 됩니다. 우선 오계에는 1. 중생을 죽이지 말라不殺生, 2. 훔치지 말라不盜, 3. 음행하지 말라不淫, 4. 거짓말하지 말라不妄語, 5. 술 마시지 말라不飮酒는 게 있습니다. 그런데 여기서 주목할 것은 기독교의 십계명+誡命과 겹치는 게 많다는 점입니다. 살인과 도둑질, 간음, 거짓 증언이 그것인데, 이는 인간의 역사에서 보기보다 뻔한 이유에서 출발하는 것입니다.

사미오계나 십계명 가운데 네 개는 어떤 형식으로든 가장 기본적인 생물학적 욕구와, 가부장제, 사유재산권을 보여주는 것입니다. 모든 생명 있는 것은 노화로 인한 자연사 외에 포식자에 의한 죽음을 피하고자 하는 본능을 가지고 있습니다. 그리고 그 포식자는 자신의 종種과는 다른 경우가 대부분이고, 같은 종일 경우에는 위계질서에 의해 생명을 유지합니다. 하지만 유독 인간이라는 생명종은 같은 종을 포식합니다. 단지 의례를 위한 식인食人이나 제물로서 인간을 바치는 것 외에 별다른 이유 없이, 또는 자신만의 이유로 같은 인간을 죽일 수 있는 유일한 생명종입니다. 참으로 무시무시한 종이고, 만약 창조주가 있다면 큰 실수를 한 것입니다.

다음으로 도둑질은 내 것, 네 것을 구분하는 데서 출발합니다. 내 것을 가져가는 게 싫다는 말입니다. 그러면서도 남의 것은 가져오고 싶은 게 또 사람인가 봅니다. 그렇지 않다면 왜 도둑질이 생겨나겠습니까? 간음이나 거짓말도 마찬가지입니다. 내 마누라, 내 남편을 넘보지 말라는 말인데, 이게 생명의 세계에서 보면 어처구니없는 일입니다. 왜냐하면 멀쩡하게 잘살고 있는 남녀에게 접근해서 그걸 파멸시키는 일은 좀처럼 생명계에서는 일어나지 않습니다. 다만 뒤꽁무니로 들어오지 않고 당당하게 수컷이나 암컷에게 도전하여 문자 그대로 쟁취爭取합니다. 지금이야 성차별적 발언이라고 손가락질당하겠지만, 한 십 년 전까지만 해도 "용기 있는 남자가 미인을 차지한다."는 말이 마치 교훈처럼 전해졌습니다. 아마 다윗도 그런 류의 용기 있는 남자였는지, 휘하 장수의 아내를 장수를 죽음으로 몰고 가면서도 자기 여자로 만들었고, 다윗이 왕이 아니었다면 이게 당시에는 문제가 안 될 수도 있었을 것입니다.

거짓말도 별로 사정이 좋지 않습니다. 거짓말은 거짓말 자체로 무해합니다. 문제는 거짓말을 믿는 사람이 있고, 그 믿음으로 무엇인가가 일그러진다는 것인데, 그 일그러짐은 사실 나한테 해가 된다는 것입니다. 달리 말하면 나의 믿음을 이용하지 말라는 게 거짓말하지 말라는 것입니다. 아마 이걸 긍정적인 방향으로 표현한다면, "거짓말하지 말라."가 아니라, "남의 말이 참인지 잘 따져보고 믿어라."가 될 것입니다. 이렇게 되면 주체의 전환이 생겨납니다. 거짓말에서는 거짓말하는 사람이 나쁘지만, 참인지 따져보게 되면 제대로 따져보지 못한 사람의 어리석음이 나타납니다. 이처럼 시각의 변경은 교훈을 바꿔놓게 됩니다.

나머지 사미오계는 다음과 같습니다. 6. 꽃다발 쓰거나 향 바르지 말라不着香華 不香塗身, 7. 노래하고 춤추고, 풍류 잡히지 말며, 가서 구경하지도 말라不歌舞倡伎 不往觀聽, 8. 높고 큰 평상에 앉지 말라不坐高廣大牀, 9. 때 아닌 때에 먹지 말라不非時食, 10. 금이나 은이나 다른 보물들을 가지지 말라不捉持生像金銀寶物. 이걸 요즘 버전으로 바꾸면 대략 이렇지 않을까 합니다. 6. 변장 수준의 화장을 하지 말고 쌩얼로 다녀라, 7. 날라리처럼 살지 말라, 8. 잘났다고 괜한 폼 잡지 말라, 9. 간식 먹지 말라, 10. 명품으로 치장하지 말라. 이렇게 하고 보면 한창 얘깃거리였던 '된장녀'와 비슷해집니다. 화장 잘한 얼굴에, 남자친구를 불러내어 잘 놀고, 폼 나는 창가에 앉아서, 스타벅스 커피를 마시며, 명품을 지닌 그런 것이지요. 하기야 만약 '된장녀'가 있다면, 그가 사미나 비구니를 꿈꾸지는 않을 테니 걱정은 접어둡시다.

초보 수행자의 과정을 거치고 나면 비구와 비구니로 살아가게 되는데, 이때에는 구족계具足戒를 받습니다. 구족계는 비구와 비구니가 종신 승려로 살아가면서 지키거나 익혀야 할 규범들인데, 비구는 250가지, 비구니는 348가지나 된다고 합니다. 그 전에 비구가 지켜야 할 오계 또는 오덕이 있는데, 그 내용은 제대로 된 깨달음으로 가기 위한 몸과 마음가짐, 삶의 방식에 관한 것입니다. 1. 사유재산을 모으지 않고 걸식하며 살아간다, 2. 번뇌·망상을 깨뜨려버린다, 3. 탐욕과 분노와 무지無知로 불타고 있는 집에서 뛰쳐나와 해탈解脫의 자리에 머무른다, 4. 계율을 청정淸淨하게 지킨다, 5. 외도外道와 악마를 두렵게 여긴다는 것입니다. 이를 위해 비구는 정해진 수련과정을 거쳐야 하고, 지금은 승가대학이 그 역할을 하고 있습니다. 아마 이걸 비구오계라고 하는 까닭은 비구니인 여자를 걸식하게 할 수는 없고, 출가나 외도도 남자의 영역이라고 우선 생각하는 일종의 편견 때문일 것입니다.

그런데 이 비구오계는 기독교의 십계명의 나머지와 닮았습니다. 1. 야훼 이외의 다른 신을 섬기지 말라, 2. 우상을 섬기지 말라, 3. 하느님의 이름을 망녕되이 부르지 말라, 4. 안식일을 거룩히 지켜라. 이러한 계명은 악마를 두렵게 여기고, 계율을 지키며, 번뇌와 망상을 깨뜨리고 해탈의 자리에 머문다는 것과 다를 바가 없습니다. 그런데 앞서 말한 사미십계며 비구오계는 전체적으로 기독교의 7대 죄seven deadly sins라고 하는 것과도 아주 유사합니다. 때가 아닐 때 먹지 말라는 말은 탐식gluttony에 해당하고, 남의 재물을 넘보는 것은 탐욕greed이며, 놀러 다니는 것은 나태sloth와 맞닿아 있습니다. 화장하거나 향을 바르는 것도 알고 보면 시기envy에 가깝고, 사미오계의 분노는 곧 분노wrath일 테고, 높은 자리에 앉는 게 교만pride, 끝으로 외도가 아마 정욕lust이 아닐까 합니다.

결국 그것이 불교이든 기독교이든 사람의 성정性情이 그만그만하고, 그 때문에 우리가 경계하거나 지켜야 할 것도 비슷할 수밖에 없는 듯합니다. 저는 죽이거나 훔치거나 음행하는 것과는 아주 멀고, 거짓말과는 좀 거리가 있습니다. 사미의 앞선 사계는 그럭저럭 괜찮은데, 다섯 번째에서 좌절합니다. 술은 저의 아주 친한 도반道伴입니다. 길동무를 뜻하는 불교 용어인 도반이라는 말조차 사용하면 안 되겠지만. 그리고 화장과 높은 자리, 보물, 간식과도 친하지 않은데, 풍류는 장담하지 못합니다. 열 개 가운데 여덟 개면 그만이지 하지만, 모든 계는 계라는 그 자체로 하나라도 소홀히 할 수 없는 것이니, 바로 이런 이유로 저는 신앙인은커녕 무신론자로 남아 있는 게 아닌가 합니다. 무신앙과 무신의 뒤에 감추어진 변명이라는 말입니다. 그렇더라도 적어도 저는 이런 계나 계명에 관심을 갖고 나름대로 가진 자신의 계를 지키려고 하기에 그리 부끄럽지는 않습니다. 불현듯 이런 말이 떠오릅니다. "말할 수 없는 것에 대해서는 침묵하라." 그래서 저는 아마 행자 수준의 지침인 어묵語默부터 시작해야 할 것 같습니다. 이렇게 말하고서도 벌써 입이 간질거립니다. 천박하기는, 쯧쯧쯧…….

타인의 힘

소크라테스의 제자들이 사랑한 것은 소크라테스가 아니라, 소크라테스와의 만남을 통해서 소크라테스가 가지고 있던 명철한 지혜를 얻을 수 있다는 바로 그 점이라고 합니다. 우리는 소크라테스를 알 수는 없습니다. 그러나 우리는 소크라테스를 안다고 합니다. 왜냐하면 타자에 대한 우리의 경험은 진화적 과정에서 나온 체험적 사실이며, 집단을 이루고 사는 인간의 원초적인 특성이기 때문입니다. 다시 말해서 진화는, 우리가 타인을 알 수는 없지만 안다고 해도 큰 문제를 야기하지는 않으며, 그렇게 안다고 받아들일 때 집단적 삶이 가능하다는 것을 전제조건으로 삼도록 하고 있다는 말입니다. 우리는 남을 모르지만, 내가 아는 남이 바로 그 남이라고 받아들여야만, 그 남과 거래할 수 있습니다. 이처럼 남과의 의사소통, 남을 인정하는 태도는 말에 앞서 있으며, 말은 오히려 우리의 이러한 인정을 의심하고자 하는 경향을 갖습니다.

말이 진실되지 않을 수 있다는 건, 그 사람이 내가 아는 사람이 아닐 수 있다는 것보다 강력하고 확실한 것입니다. 우리는 남을 믿지만, 남의 말을 믿지는 않을 수 있습니다. 이런 경우 그 사람의 말이 거짓으로 밝혀지면, 우리는 거짓말을 한 남을 탓하는 게 아니라, 왜 내가 믿는 그 사람이 거짓말을 했을까 하고 자기 믿음에 대한 정당한 근거를 찾고자 합니다. 거짓말을 한 건 그 사람인데, 나는 그 사람을 계속 믿을 증거를 찾고자 합니다. 소크라테스의 제자들은 도망칠 수도 있는 소크라테스가 왜 독배를 굳이 마시려고 하는지 알 수 없을 것입니다. 그리고 그 이유는 너무도 천박한 것이어서 구역질이 날 그런 것인지도 모릅니다. 하지만 제자들은 소크라테스에게는 진정으로 고귀한 어떤 이유가 있을 것이라고 믿습니다. 그리고 그 믿음이 바로 그의 죽음을 신화화하는 것입니다.

 우리는 타인과 말을 할 때, 거의 대부분 진실로 다가가지는 않습니다. 아침 출근길에서 만난 이웃에게, 직장 동료에게 우리는 "날씨 참 좋습니다.", "오늘 많이 춥습니다.", "별일 없죠?"라고 말합니다. 이런 말에는 진심으로 남을 알고 싶어하는 관심이 빠져 있습니다. 다만 말없이 지나치는 어색함을 덜어주는 역할로 말을 할 뿐입니다. 만약 여러분이 이런 인사치레에 대해 정중하게 반응하면 어떻게 될까요? "이 정도가 춥다고 하니 건강에 신경 좀 써야 하겠습니다."거나 "이제 보니 약골이네요!", 또는 "예, 별일 있는데 도와주시겠습니까?" 하고 대꾸해본다는 말입니다. 이런 반응이 적절하지 않은 까닭은 남의 믿음을 깨는 일이기 때문입니다. 남은 이런 질문에는 누구나 "네, 그렇군요.", "밤에는 더 추워진다죠?", "덕분에 잘 지냅니다." 하고 반응할 것으로 믿고 있습니다. 그런데 뭐, 건강 관리 좀 하라고요! 별일 있으니 도와달라고요! 이게 무슨 개 풀 뜯는 소립니까?

 말은 말하지 않을 때의 어색함에 대한 배려, 말하지 않을 때의 손해에 대한 경계, 말했을 때의 즐거움에 대한 기대, 말했을 때의 이익에 대한 믿음에서 하게 되는 것입니다. 그리고 그 배려와 경계, 기대, 믿음은 전부 나의 것이지 남의 것이 아닙니다. 말하자면 이런 말을 하면 이렇게 저렇게 반응하겠지라는 자신의 판단에 따라 말하는 것이고, 반응은 언제나 일정치 않습니다. '공감'을 얻어낸다면 말은 성공한 것이고, 그렇지 못하면 말하지 않은만 못하게 됩니다. 어색한 침묵을 깨기 위해서 "자, 잠시 커피나 한잔 하고 이야기할까요?"라고 했다가, "도대체 이런 심각한 시간에 커피 생각이 납니까?"라는 윗사람의 핀잔을 듣는다면 뭐라고 변명해야 합니까? 그저 내가 분위기 파악 잘못 했구나 하고 넘어가는 수밖에 없습니다. 여기다 대고, "제가 꼭 커피 마시자고 한 겁니까? 어색한 분위기 깨보려고 한 것입니다."고 해보십시오. 일은 걷잡을 수 없이 커질 것입니다. 더 재미난 일은 만약 윗사람이 짐작대로 "어색한 분위기 깨보려고 하는 말 같은데, 신경 쓰지 말고 계속 토의합시다." 하고 대꾸한다면, 또 무슨 기분이겠습니까? 이래저래 말은 나의 믿음이나 기대를 둘러싼 줄타기에 다름 아닙니다. 줄에서 떨어지기 싫다면 입을 닫는 게 좋습니다.

앞의 소크라테스로 다시 돌아가 봅시다. 사람들은 서로 자신을 이해해줄 사람을 기다리고, 이해해주는 사람을 사랑합니다. 애정이니 공동체 의식이니 우정이니 하는 갖가지 이름은 이런 이해를 둘러싼 감정상태에 붙인 이름에 지나지 않습니다. 그만큼 이해나 이해에 대한 믿음은 어렵고, 그렇기에 소중한 것으로 받아들여집니다. 하지만 속내는 맑지 않습니다. 사람들은 사람을 노리는 게 아닙니다. 소크라테스가 아니라 소크라테스를 경유해서 내게 오는 지혜를 노리는 것처럼 다른 무엇인가를 노리는 것입니다. 이게 바로 '타인의 힘'입니다. 이 타인의 힘은 타인 자체가 아니라 타인이 내게 주는 효과, 결과, 산물입니다. 좀더 천박하게 꼬집어 말하자면, 타인이 내게 줄 이익을 노린다는 말입니다. 공자조차도 『논어論語』「계씨季氏」편에서 "정직하고 성실하고 아는 게 많은 친구가 도움이 된다友直 友諒 友多聞

益矣."고 합니다.

장 라크르와J. Lacroix는 이런 내용을 잘 정리해줍니다. "동료 관계의 목적은 모두 함께 일하는 '것'이며, 함께 일하는 '사람'이 아니다. 사람들은 지금 그대로여서 서로 사랑하는 것이 아니라, 서로가 타자에 의한 자기가 되기를 희망하기 때문에 서로 사랑한다." 풀어보면 친한 친구니 동료니 하고 입에 발린 말을 하는데, 그 관계는 일을 하거나 놀이를 할 때, 공부를 하거나 술을 마실 때, 그런 일을 같이 한다는 바로 그 이유 때문에 친구이고 동료일 뿐입니다. 일상에서 술친구니 놀이친구니 하는 말은 이런 사정을 잘 보여주는 것입니다. 술친구에게 돈 이야기를 하면 관계는 끝납니다. 다만 관계가 유지된다면, 상대방도 술을 마시면서 돈 이야기를 하고 싶었기 때문일 것입니다. 두 번째 문장은 서로 사랑한다면, 남이 원하는 사람으로 변할 것이라는 기대감에 사람을 사랑한다는 겁니다. 얼마 전 연예인 부부의 폭력이 이야깃거리가 되었습니다. 여자가 "결혼 전에도 맞았지만, 결혼하면 그렇지 않을 것이라고 생각했다."고 말합니다. 여자는 자기가 원하는 남자로 그 남자가 변할 것이라고 믿었기에 결혼했고, 그 믿음이 실현되지 않았기 때문에 갈라서게 됩니다. 하지만 그 남자는 우리가 평소에 그토록 좋아하는 '일관된 남자'였습니다.

네가 하는 말이 마음에 들지 않는다든가, 네 행동이 마음에 들지 않는다거나, 너의 가치관이 나와 다르다는 말은 간단하게 통합됩니다. "넌 나한테 별 도움이 안 돼!", "넌 내게 주는 이익이 별로 없어!" 더 직설적인 표현을 쓰자면, "내가 너를 믿어서 돌아올 수 있는 이익보다는 손해가 크다는 걸 나는 믿고 있고, 그 믿음은 상당히 믿을 만하다고 나는 판단하고 있다."는 것입니다. 저를 만나거나 글을 읽는 여러분은 어떨까요? 뭔가 이익이 되지 않는데도, 흔한 말로 돈 되는 게 없는데도 단지 내가 알았던 사람, 내가 배웠던 사람이라는 명목으로 가까이 하시겠습니까? 우리는 남을 타자로서, 남으로서 알거나 만나는 게 아니라, 내가 원하는 남으로 알고 만나고자 합니다. 결국 내가 남에게 나의 믿음을 투영하는 것인데, 그걸 우리는 진실을 직관한다고 착각합니다. 정말로 우리가 남을 남 그 자체로, 또 남이 나를 나 그 자체로 알게 된다면, 참으로 황당하고 씁쓸한 결과를 맞이해야 할 것입니다. 환상은 현실을 왜곡하는 게 아니라, 현실에서 살아갈 수 있게 해주는 것입니다. 그래서 환상은 현실의 병이 아니라 치료제입니다. 서태지의 '환상 속의 그대'는 우리의 믿음과 기대가 만들어내는 현실의 그대입니다.

시니컬한 앙드레 지드A. P. G. Gide(1869~1951)는 "나는 공감을 통해서 내 아내의 감정을 이해하기는 하지만, 내 아내의 감정을 공유할 수는 없었다."고 고백합니다. 우리는 누구나 나의 감정에, 나의 믿음에 공감하기를 기대합니다. 그리고 공감은 가능합니다. 그러나 그 공감의 결과를 장담할 수는 없습니다. 타인의 힘은 엄청난 무게와 각성으로 나를 깨울 수 있습니다. 하지만 그 깨움이 나의 힘으로 이어질지는 모릅니다. 결국 타인은 타인이고, 나는 나입니다. 타인의 힘을 나의 것으로 하기 위해서는 내가 타인의 힘으로 남에게 영향을 끼치는 그런 구체적인 과정을 통해서 가능합니다. 며칠 전 잘 아는 진보적 교수가 담배를 몇 년 전에 딱 끊은 사연을 술자리에서 소개했습니다. 일본에서 유학 온 박사과정 학생이 교수가 세미나 시간에 줄담배를 피우고, 수강하는 대학원생들도 같이 담배를 피우는 모습을 보고서 이렇게 말했답니다. "소수의 권리를 주장하고 인권을 이야기하는 좌파가 어떻게 담배를 피우지 않는 사람을 배려하지 않습니까?" 그날 이후로 담배를 딱 끊었다는 말을 했고, 저는 공감했습니다. 이게 타인의 힘입니다. 술 마시고 돌아오는 길에 그 공감을 공유하기 위해서 나도 담배를 딱하고 끊을까 하다가 다시 마음을 고쳐 잡았습니다. "사람 있는 데서 안 피우면 되지 뭐!" 공감하십니까? 공유하시겠습니까? 다 당신의 믿음일 뿐입니다. 연기처럼 허망한 믿음 말입니다.

차선과 차악의 미덕

"자신과 타인에게 최선을 요구하는 자는 최악의 인간이다." 제가 만든 말입니다. 우리는 최선을 다하라는 말을 들으면서 자라왔고, 입에 발린 말로 최선을 다했으니까 괜찮다거나 최선을 다했으니까 후회는 없다고 합니다. 다 거짓말입니다. 최선最善은 문자 그대로 가장 좋고 훌륭한 것the best이자 온 정성과 힘을 다 쏟는 것do one's best입니다. 대체로 두 번째 의미, 즉 '할 수 있는 만큼 다한다'는 게 우리가 사용하는 최선의 의미인데, 이게 어디까지인지는 정작 본인도 모르고 남도 모릅니다. 다만 내가 생각하기에 평소보다 열심히 했고, 남이 보기에도 저 정도면 열심히 한 것이라고 인정할 만하다는 정도일 뿐입니다.

그런데도 우리는 과장하고 숨기고 하는 이중의 마음으로 최선을 다했으니까 어쩌고저쩌고하면서 마음을 위로합니다. 삼류의 위안법, 아큐阿Q식 위안법입니다. 제 자신뿐만 아니라 제가 곁에서 지켜보는 친구든 동료든 자식이든 아내든 간에 최선을 다했다고 생각해본 적은 없습니다. 그저 게으르지 않았다거나 평소보다 좀 더했다는 정도입니다. 물론 저도 말은 비슷하게 합니다. 대개 "이미 지나간 일이니 어쩔 수 없다. 남은 일을 어떻게 할지 고민하자."는 식입니다. 그렇다고 마음에 남는 게 없느냐고요? 엄청 많습니다. 그 가운데는 서운함을 넘어 분노며 속으로 하는 욕설까지 수반하는 그런 감정도 있습니다.

그럼 최악最惡은 뭡니까? 가장 나쁜 것the worst은 흔히 예상했던 것 가운데서 가장 나쁜 것이고, 다른 사람이 볼 때는 최악이 아닐 경우가 드물지 않습니다. 계약을 위한 발표가 있는 날, 감기로 몸 상태가 좋지 않은 상황에서 차까지 말썽을 부려 늦고, 하필 상대가 지난날 앙금을 가진 동창생일지라도 일은 최악으로 가는 게 아닙니다. 이런 경우 일이 잘 풀리면 "최악의 상황에서 최선의 결과를 얻었다."는 식으로 호들갑을 떠는데, 다 칭찬받고 싶은 자기 마음이 만들어내는 과장이고 구라입니다. 아마 상상할 수 있는 최악은 이런 것일 겁니다. 몸도 아주 개운하고 약속시간보다 한 시간 일찍 도착해서 준비도 다 해놓고, 와서 보니 계약 당사자가 가장 친한 친구의 지인인데도 계약이 성사되지 못하는 것입니다. 그런데 이게 정말 최악일까요? 이건 예상 가능한 시나리오 가운데 하나일 뿐입니다. 그래서 너무도 쪽팔리기에 최악의 상황이라고 말하는 것뿐입니다.

  그래서 사실 최선이나 최악은 우리의 현실에서는 일어나지도 않고 일어날 수도 없는 가상의 상황입니다. 다만 우리는 그러한 상황을 전제함으로써 위로를 얻거나 다른 선택을 하거나 어떤 선택을 포기할 수 있는 여지, 핑계를 갖고자 하는 것입니다. 이런 눈치보기가 만들어내는 것이 이른바 차선次善의 최선입니다. 최선의 다음인 차선 the second(next) best이 최선이라고 함으로써 최선을 이루었다는 기쁨을 누리는 동시에, 그게 최선은 아니라는 비난을 피할 수 있는 것입니다. 우리가 하는 말, "최선은 아니지만 이 정도면 만족할 만한 결과다." 또는 "더 이상 기대한다는 건 욕심이지!" 하는 게 다 이 차선을 가리키는 말입니다. 그런데 이 차선은 그보다 나은 차선 앞에서는 늘 박살납니다. 그리고 그렇게 박살이 나면 그게 차선은커녕 '비겁한 변명'에 불과하다는 걸 괴로이 인정해야 합니다. 결국 나의 차선은 세상 통틀어 두 번째 최선이 아니라 '나의 최선'일 뿐이고, 그 '나의 최선'은 또 다른 위선적 차선인 '남의 최선' 앞에서 무릎을 꿇는 것입니다. 하지만 이런 차선이 차곡차곡 쌓이면 어느새 누군가의 차선은 최선이라는 칭찬을 받게 됩니다.

우리말에는 나오지 않는 단어이고, 한자어에서도 잘 사용되지 않는 말이 바로 차악次惡입니다. 차次는 다음을 뜻하는 접두어인데, 잘하거나 좋은 건 일이등을 가릴 만하지만, 못하거나 악한 걸로 일이등 가리는 게 말이 안 된다는 겁니다. 두 번째로 못하는 놈은 대단히 못하는 놈이고, 두 번째로 악한 놈은 아주 악한 놈이기 때문입니다. 이걸 두고 내가 너보다 낫다거나 착하다고 하는 게 실제로 말이 됩니까? 하지만 실제로는 엄청난 차이를 가지고 있고, 말도 됩니다. 홈런을 가장 많이 맞은 투수는 기억되지만 두 번째로 많이 맞은 투수는 잘 모릅니다. 월드컵에서 가장 많은 점수 차이로 진 게임은 우리가 9 : 0으로 진 1954년 헝가리와의 경기입니다. 두 번째는 잘 모릅니다. 어떤 감독이 이 기록을 깨면 난리 나는 겁니다. 또 이 경우 기록을 깼다는 말이 무색해집니다. 학교에서 두 번째로 학우들의 돈을 많이 빼앗은 놈은 차악이 아니라 악 그 자체입니다. 그래도 그 아이는 아마 "저보다 더한 놈도 있어요!" 하고 목소리를 높일지 모릅니다. 마치 연쇄살인범 유영철이 몸을 사고판 여성 피해자의 성의식을 욕하듯이. 유영철에게 연쇄살인은 여성의 성매매에 비하면 차악인 것이지요.

최선이나 최악을 모두 부정하면서 차선과 차악을 전면에 내세우는 사람이 있다면, 이런 모든 정황을 볼 때 대단히 현실적이거나 똑똑하거나 뺀질이거나 무서운 놈이거나 센 놈일 가능성이 높습니다. 하물며 공공연히 차선이며 차악이 엄청나게 센 놈의 미덕이라고 주장한다면, 우리의 일상적 시각에서는 거부감을 가질 것입니다. 물론 이 거부감도 거짓말입니다. 내심으로는 "맞아, 그게 바로 우리가 할 수 있는 일이지!" 하고 쾌재를 부를지 모릅니다. 이게 바로 마키아벨리N. Machiavelli(1469~1527)의 『군주론』입니다. 그의 『군주론』은 기독교적 정신으로 본다면 사악한 술수겠지만, 정치의 실상에서, 특히 오늘날 우리의 삶에서 본다면 지혜일 것입니다. 그리고 무엇보다 저처럼 꼬인 철학의 눈을 가진 사람에게는 이게 곧 진실의 가르침으로 다가올 것입니다. 길지 않고 동시에 어렵지도 않은 글이라 직접 읽어보는 게 좋고, 이때 군주를 그냥 여러분 자신으로 생각하면 됩니다. 그럼 마키아벨리의 군주의 세계로 짧은 여행을 떠나봅시다.

우리는 삶의 지표를 정하고자 합니다. 자리의 오른쪽 가까운 데 새겨두고 늘 바로잡겠다는 뜻의 좌우명座右銘이든 진보와 보수의 이념이든, 종교적 신념이든 간에 어떻게 살 것인가는 언제나 우리를 괴롭힙니다. 여기서 마키아벨리가 한마디 합니다. "'어떻게 살아야 할 것인가'라는 명제와 실제로 사람이 살아가는 생활방식은 전혀 다른 것이다. '어떻게 살아야 할 것인가'라는 명제로 해서 인간이 실제로 살고 있는 실태를 놓친다면, 이는 자기를 보존하는 것이 아니라 파멸에 빠뜨리는 것이다. 또 무슨 일에서나 어디에서나 스스로를 선한 인간으로만 내세우고자 하는 사람은 반드시 많은 악인들의 무리 속에서 파멸될 것이다. 그렇기 때문에 스스로를 보존하려는 군주는 선하기만 해서도 안 되며 필요에 따라서는 선인도 악인도 될 줄 알아야 한다."(『군주론』 15장)

어떻게 살아야 할 것인가의 대답은 물론 "이렇게 살아라." 또는 "저렇게 살아라."입니다. 그런데 그렇게 일관되게 살고자 한다면,

그 전제 조건은 '삶의 조건이 일관되다'는 것이어야 합니다. 사람과 세상은 이렇게 저렇게 변해서 딴판인데, 나 혼자서 일관되면 그게 잘 사는 것일까요? 내 주변 놈들 모두 사기를 치고 속이고 해서 잘 살고 있는데, 나는 그래도 계속 그놈들을 믿고 사랑하면서 살아야 할까요? 그런 건 예수에게나 가능한 것입니다. 예수가 최선의 인간이라면, 우리는 차선의 인간이고, 나를 속이고 잘 사는 사람들이 최악의 인간이라면, 그 사람들에 견주어 살아남기 위해 변하는 나는 차악의 인간입니다. 무엇보다 조건의 변화는 대응의 변화를 요구합니다. 이건 일관성의 문제가 아니라 지성과 능력의 문제입니다.

"인간은 두려워하는 자보다 애정을 느끼는 자를 더 쉽게 배반한다. 그 이유는 원래 인간이 사악하여 단순히 의리의 기반에 매인 정情 같은 것은 자기의 이해가 얽히는 기회 앞에서는 언제나 서슴없이 끊어버리기 때문이다. 그러나 두려워하는 자 앞에서는 처형의 공포로 꽉 얽매여 있기 때문에 결코 모르는 체할 수가 없다."(『군주론』 17장) 좀 마음 아픈 내용입니다. 일본 이야긴데, 2006년 12월 24일자 마이니치每日 신문에 따르면 일본 야마나시 현 쓰루都留 문과대 심리학과의 가와무라 시게오河村茂雄 교수팀이 교사와 학급의 상관관계를 조사한 결과, 다정다감한 '친구형' 교사는 학급 아이들에게 휘둘려 이지메를 막기 힘들다고 합니다. 엄한 선생님이 맡은 반에서보다 20퍼센트 이상 이지메가 더 나타난다고 합니다. 아버지보다는 어머니에게 거짓말을 더 하는 아이들도 마찬가집니다. 부당한 권위를 버리려는 노무현 정권의 어려움도 이런 사정에서 기인하는 것으로 볼 수 있습니다.

제 경험으로도 비슷한 생각이 듭니다. 학생들에게 맘먹고 따뜻하게 대하면 사정이 나빠집니다. 작년 1학기가 특히 그랬습니다. 잘해주면 기어오른다는 옛말은 틀리지 않습니다. 사람에 따라 다르기는 하겠지만, 잘해주는 방식에서 마키아벨리의 말처럼 적절한 강도를 유지하지 않으면 실제로 만만하게 생각하고 대하는 게 현실입니다. 피곤하면 굳이 잠을 참으려고 하지 말고 잠깐 자라는 배려에 대한 평가가 이렇게 바뀌기도 합니다. "자라고 할 때는 언제고 또 잔다고 깨울 때는 언제냐?" 그래서 학생들에게는 그런 공식적인 말은 하지 않아야 합니다. 수업시간에 잠을 자는 건 좋지 않은 행동이라는 일상적인 생각을 유지하게 하면서 이따금 눈감아주는 게 낫다는 말입니다. 하물며 엄한 교사나 교수의 잔소리와 제재가 무서워서 공부를 열심히 하는 아이들도 있습니다. 이런 아이들은 대부분 그런 엄한 선생님에게 고마운 마음을 갖게 됩니다. 반면에 따뜻한 선생님에게는 더 큰 따뜻함을 기대하기 때문에 서운함이 남는 게 일상입니다.

그래서 "군주는 인간의 여러 가지 장점을 모두 갖출 필요는 없고, 갖추고 있는 것처럼 보일 필요는 있다."(『군주론』 18장) 여러분은 사람 좋다는 말에서부터 능력 있다는 말에 이르기까지 좋다는 말은 다 듣고 싶어합니다. 들을 수 있습니다. 하지만 그런 모든 장점을 가질 필요는 없습니다. 가지고 있는 것과 보여주는 것은 동일하지 않습니다. 어떤 경우에도 사람들은 속내를 알 수 없습니다. "모든 사람을 얼마 동안 속일 수 있다. 몇몇 사람을 영원히 속일 수 있다. 하지만 모든 사람을 영원히 속일 수는 없다."는 링컨A. Lincoln(1809~1865)의 말은 정직을 강조하는 말이 아닙니다. 그건 겁먹은 하수下手의 해석입니다. 중수中手는 한두 놈 속일 수 있겠구나 하고 생각합니다. 상수上手는 크게 한바탕 속일 궁리를 합니다. 다만 이런 링컨의 말을 덧붙이면서 속이는 것입니다. 나는 절대 사람을 속이지 않는다는 큰 장점을 가지고 있는 듯이 보여주면 그만입니다. 그것에 속고 말고는 속거나 속지 않는 사람들의 몫입니다. 이른바 악어의 눈물은 가장 아름다운 눈물입니다. 그 눈물에 속는 사람에게는.

끝으로 우리가 그토록 원하는 성공한 삶에 대해서 한번 봅시다. 육사를 졸업한 유능한 장교들은 모두 상대에게 경쟁자입니다. 그 까닭이 무엇일까요? 행정고시를 하고서 1급 관리관을 꿈꾸는 동기생들은 모두 경쟁자들입니다. 또 그 까닭은 무엇일까요? 모두 다 성공하려고 하기 때문이라고요? 공부하세요! 그 까닭은 같은 길을 가고 있기 때문입니다. 공부 잘하는 두 친구가 한 명은 육사로 가고 한 명은 행정고시를 했다면, 둘은 경쟁 없이 모두 성공할 수 있습니다. "같은 길을 걷는 두 사람의 경우 한 사람은 목적지에 닿을 수 있고 또 한 사람은 그렇지 못하는 수가 있다. 반대로 전혀 다른 길을 걷는 두 사람은 다같이 목적지에 도착할 수 있다. 예를 들어 용의주도한 사람과 성급한 사람이 있다고 할 때, 이 둘은 다같이 성공할 수도 있는 것이다."(『군주론』 25장) 마키아벨리가 멍청하지 않다는 걸 알 수 있습니다. 또 마키아벨리가 보지 못한 게 있는데, 서로 다른 길을 가는 친구들에게는 경쟁심을 갖지 말고 인정해주면서 오히려 마음씨 좋은 사람으로 칭찬받아야 한다는 겁니다. 교사 하는 사람이 의사 하는 친구에게 경쟁심을 가진다면, 그건 어리석은 경쟁심입니다. 마냥 칭찬하십시오. 너는 정말 요즘 보기 드문 좋은 의사라고. 그러면 그 친구도 여러분께 잘 대할 것입니다.

이제 마무리해봅시다. 차선과 차악이 곧 최선과 최악이다. 그런데 최악보다는 차악이 낫고, 최선보다는 차선이 낫습니다. 2등의 여유는 1등의 불안에서 옵니다. 차악이라는 측면에서는 짝퉁보다는 3등 정품이 낫고, 차선이라는 측면에서는 살 수 없는 100만 원짜리 외국 명품 가방보다는 살 수 있는 40만 원짜리 한국 정품 가방이 낫습니다. 누구 못지않다는 말보다는 누구보다 나쁘지 않다는 말이 차악의 미덕이고, 아직은 멀었다보다는 이 정도면 대단하다가 차선의 미덕입니다. 추락하면서도 끝까지는 망해가지 않는 지혜가 차악의 미덕이라면, 성공하면서도 완전한 성공을 꿈꾸지 않는 것이 차선의 미덕입니다. 밉고 사악한 놈 한 대 때려주면서도 너무 세게 치지 않는 게 차악의 미덕이라면, 더 잘나고 싶어 안달하면서도 이루어놓은 걸 즐길 줄도 아는 게 차선의 미덕입니다. 30분 늦었더라도 약속 시간을 염두에 두고 열심히 달려가는 게 차악의 미덕이라면, 일찍 왔어도 늦었지만 열심히 뛰어온 사람을 따뜻이 맞이하는 게 차선의 미덕입니다. 룸살롱에 가면서도 성매매의 눈으로 여성을 보지 않는 게 차악의 미덕이라면, 포장마차에서도 인간의 향내를 맡는 게 차선의 미덕일 것입니다. 그리고 더 나아가서 최선이니 차선이니, 최악이니 차악이니 하는 말 다 생각지 않고, 지치지 않고 두려워하지 않고 기쁘게 내 맡은 일 고만고만하게 해나가는 게 우리의 미덕일 것입니다.

수 또는 도표의 덫

인간의 생명과 삶을 지배하는 가장 강력한 힘은 시간과 공간, 달리 말하자면 스쳐 지나가는 무엇과 둘러싸고 있는 무엇입니다. 시간은 노동, 나이듦, 죽음과 깊이 관련되고, 공간은 그러한 것들의 환경으로서 자리합니다. 시간의 끝은 누구에게나 죽음이고 공간은 죽음과 함께 그 개인에게서 사라집니다. 물론 개인의 죽음과 무관하게 시간과 공간은 지속됩니다. 알튀세L. Althusser(1918~1990)의 멋진 책 제목으로 비유하면 언제나 '미래는 오래 지속됩니다.' 그리고 이러한 지속의 시공간에서는 우리의 죽음은 다른 생명체의 삶의 조건이 되기도 하고, 그 생명체의 죽음의 빌미가 되기도 합니다. 생명은 다른 생명과 단절되거나 그 자체로 완결된 것은 아닙니다. 생명은 순환이며, 그 순환의 고리에서 무엇은 활력일 것이고 무엇은 치명적인 독일 것이며 무엇은 넘쳐나고 무엇은 모자랄 것입니다. 하지만 순환계로서의 생명은 언제나 무엇인가를 남기게 되고, 이 남은 잉여가 순환계의 한구석을 채우면서 새로운 만듦을 가능하게 합니다. 그렇기에 삶은, 생명은 정지된 것이 아니며, 고정시킬 수 있는 것도 아닙니다.

누구나 한 번쯤 들어본, 노자의 『도덕경』에 나오는 道可道非常道 名可名非常名이라는 구절에 대한 많은 해석들이 딱히 일치하지는 않지만 대부분이 동의하는 뜻은 다음과 같습니다. "만물의 이치인 도를 바로 이런 게 도라고 말하게 되면 이미 그 생생한 도가 아니다. 또한 사물의 이름을 무어라고 부르게 되면 그 이름은 이미 우리가 그 자체에서 느끼는 그 이름이 아니다." 소쉬르F. de Saussure(1857~

1913)의 기표記標(signifiant, 시니피앙)와 기의記意(signifie, 시니피에) 또는 랑그langue(공적 언어)와 파롤parole(사적 언어)을 생각해보면 이해하기 한결 수월합니다. 내가 보는 '파란 하늘'은 음성 기호로는 누구에게나 '파란 하늘'입니다. 하지만 나는 그 파란 하늘을 통해 무엇인가를 의미하고자 합니다. 그것은 양심일 수도 있고 청결함일 수도 있습니다. 무엇보다 내가 그 하늘을 '파란 하늘'이라고 말하는 순간, 현상 자체로서의 '파란 하늘'은 사라지고 내가 의미하는 '파란 하늘'만 남게 됩니다. 뿐만 아니라 나의 '파란 하늘'은 타인이 받아들이는 '파란 하늘' 앞에서 다시 변하게 됩니다. 라캉J. Lacan(1901~1981)은 이걸 '의미의 미끄러짐'이라고 합니다. 우리는 늘 자신이 의미한 무엇이 타인에게서 다른 방향으로 미끄러지는 것을 경험합니다. 그리고 우리의 의미 자체도 사물 자체의 의미—이건 우리가 알 수 없는 것이죠—에서 미끄러진 것입니다.

이런 의미의 미끄러짐은 생명이니 삶이니 하는 말에서도 나타납니다. 생명이라는 말에서 우리는 죽음이나 병듦을 떠올립니다만, 사실 생명과 삶은 그런 것과 무관합니다. 무관하다는 말은 비대칭적 개념이 아니라는 것입니다. 다시 말해 병과 죽음은 삶과 생명의 자연스런 과정이자 결말이지 문자 그대로 '병적 상태'나 '극복해야 할 상태'가 아니라는 것입니다. 우리는 무작정 병을 피하고 죽음을 늦추려고 합니다만, 병과 죽음은 삶의 일부이고 과정입니다. 병 없는 육체니 죽지 않는 생명이니 하는 건 그래서 신화神話일 뿐입니다. 이 신화는 삶의 시간과 죽음의 시간 또는 병든 시간을 이분법으로 갈라놓고 한쪽을 비정상적인 치료의 대상으로 바라보는 시각을 갖고 있습니다. 생명은 균형의 문제입니다. 대장균은 언제나 우리의 대장

속에 있습니다. 설사나 식중독을 일으키는 병원성 대장균은 전체 대장균의 5퍼센트 미만입니다. 우리 몸이 항체를 갖고 있는 까닭은 병을 전제로 한 방어 시스템을 가지고 있기 때문이며, 이 항체가 모든 것을 방어하지 못한다는 것도 우리 몸은 알고 있습니다. 병과 죽음에 대한 집착은 건강과 불사에 대한 집착으로 이어지고 급기야 생명은 고귀하다는 말이 병 없이 오래도록 살아야 한다는 뜻으로 왜곡됩니다. 그리고 그 왜곡은 생명산업이니 생명공학이니 하는 '생명'자를 붙인 자본의 논리에 휘말려 돈벌이 수단을 정당화하는 가치로 둔갑하고 있습니다.

인간의 삶의 시간을 양화量化하여 최소한 몇 년은 살아야 하고, 잠은 몇 시간 자야 한다는 식으로 정해놓는 것은 참으로 어리석은 일입니다. 90년을 산다고 다 행복한 것도 아니고 8시간을 자야만 피로가 풀리는 것—잠시 우스개 한마디 하지요. 피로회복이라는 말을 쓰는데, 피로를 회복하려고 건강 음료를 마십니까? 바보 같은 말입니다. 피로회복제가 아니라 피로감소제, 피로치유제, 건강회복제가 맞는 말입니다—도 아닙니다. OECD 국가 가운데 평균수명이 몇 위라는 식도 마찬가지입니다. 그럴듯한 수나 도표를 사용하는 배운 사람들을 보면 기분이 상합니다. 파워포인트를 활용해서 입체적인 도표를 아무리 잘 그리더라도 그 도표가 나타내고자 하는 참 의미는 그 도표에 없습니다. 그저 아 몇 퍼센트는 못사는구나, 그리고 몇 퍼센트는 돈이 많구나 하는 것만 알려줄 뿐, 그들의 고통이나 어려움은 도표가 말하지 않습니다. 독거 노인이 전체 노인의 20퍼센트에 가깝다는 수식은 그들의 아픔을 보여줄 수 없습니다. 독거 노인의 집에 가서 어떻게 사는지를 보고 체험해야 합니다. 학교 폭력에 노출된 피해 학생이 30퍼센트에 이른다는 통계 수치는 나머지 70퍼센트의 다수 학생에 비하면 '바보 같은 왕따'일 뿐입니다.

스티븐 제이 굴드는 『인간에 대한 오해』에서 19세기 후반 진화론과 함께 등장한 것이 바로 '숫자의 유혹allure of number'이라고 말합니다. 곧 엄밀한 측정의 결과를 수로 표현함으로써 논박할 수 없는 정확함을 보증하고, 주관적인 사변으로부터 과학을 보장한다는 신념입니다. 이러한 수학적 정량화定量化는 사실은 방대한 숫자에 의해 뒷받침되는 주관적인 의견일 뿐입니다. 우리 사회의 일인당 국민소득이 1만 7천 달러(1,580만 원)라는 수치는 무엇을 말합니까? 4인 가족이 모두 돈을 벌면 6528만 원입니다. 이 정도면 잘살 수 있습니다. 그런데 4인 가족에서 아버지며 어머니며 아이 둘이 모두 벌어야 이렇게 됩니다. 결국 상위 10퍼센트가 나머지 80퍼센트의 몫까지 벌고 있고, 제 몫을 하는 사람은 남은 10퍼센트입니다. 다시 말해 연봉이 6천만 원 정도 되는 사람이 10퍼센트라는 말입니다. 정치적으로도 같은 일이 일어납니다. 노무현 정부에 대한 지지도가 23퍼센트라고 할 때, 이게 무슨 말입니까? 77퍼센트가 반대한다는 말입니까? 아닙니다. 77퍼센트 가운데는 지지하지는 않지만 반대하지는 않는 사람, 아무 생각이 없는 사람, 지지는 하지 않지만 지켜보는 사람과 같은 무수한 사람들이 존재하고, 무엇보다 그러한 조사에 참여하지 않고 자신의 생각을 밝히지 않은 더 많은 사람이 존재합니다.

굴드는 다른 저작 『풀하우스』에서 중심 경향성을 나타내는 값들, 즉 평균값과 중간값과 최빈값이 일치하는 종 모양의 대칭곡선에 관한 이야기를 합니다. 제가 발음하기 어려워하는 이른바 '표준정규분포곡선' 또는 '정규분포곡선'입니다. 표준이나 정규라는 말에서 알 수 있듯이 이 곡선에는 이상적인 옳은 값이 존재한다고 사람들은 생각합니다. 이 값의 왼쪽이나 오른쪽은 옳은 값을 해치는 잘못된 값이거나, 옳은 값은 이상理想으로 삼아야 하는 이상적 값을 나타냅니다. 하지만 삶의 현실은 언제나 비대칭적이며 어느 쪽으로 기울든 그것은 그 집단이나 사회의 경향일 뿐 어떤 정답을 갖고 있는 것은 아닙니다. 최빈값과 중간값과 평균값이 꼭 일치할 필요도 없고, 그게 정상도 아닙니다. 빈번하게 일어난다는 사실만으로, 중간이 그렇다는 것으로, 평균이 그렇다는 점만으로 그게 바로 옳은 것이라고 주장할 수는 없습니다. 그리고 그 값을 밑돌거나 웃돈다고 해서 모자라거나 나은 것도 아닙니다. 그냥 그런 삶의 모습으로 살아가는 것뿐, 더도 덜도 의미를 부여할 까닭이 없습니다. 한국 남성의 평균 수명이 73세라고 해서 우리 사회의 남자들이 그 나이에 연연해서 억울해하거나 자랑스러워할 것도 없습니다. 죽는 게 나을 만큼 고생하면서 사는 노인에게 82세라는 평균수명의 십 년을 웃도는 나이는 크나큰 업보일지도 모릅니다.

어제 일기예보가 난리였습니다. 비가 많은 곳은 120밀리미터까지 온다고 했습니다. 그래서 호우주의보가 발령되거나 예비경보가 울렸습니다. 얼마나 온다는 것입니까? 강수량降水量은 '정해진 시간 내에 지표면에 떨어져 대기 중으로 날아가거나 땅으로 스며들거나 딴 곳으로 흘러가지 않고 고인 물의 깊이'를 가리키는 말입니다. 그런데 우리의 삶의 대지는 비가 오면 증발하고 스며들고 흘러가는 그런 곳입니다. 섬에서는 웬만한 비를 걱정하지 않습니다. 오히려 태풍이 문젭니다. 비 오는 날 산에 가면 아스팔트에서 맞던 비의 5분의 1 정도가 떨어집니다. 낙엽과 흙이 물을 먹고 나무가 또 그렇게 하기 때문입니다. 순수한 강수량은 상상의 산물입니다. 지난날 농경 사회에서는 이렇게 말했다고 합니다. 장인 수염 밑에서도 피할 수 있을 만큼, 웅덩이에 고일 정도로, 개울에 물이 찰 정도로, 샛강이 넘칠 만큼, 큰 강이 넘칠 만큼, 그리고 모든 게 떠내려갈 만큼. 우리의 일상에서부터 생명과 삶에 대해 수나 도표를 사용하지 않고, 생생한 아름다운 말로 이야기해봅시다. 숫자의 평균에 휘둘리지 않고, 도표의 명료함에 반하지 않고 삶 가운데서 느끼는 그런 감수성을 기대합니다. 2퍼센트 넘치는 감수성! 그런데 이건 얼마나 넘치는 거죠?

꽃을 주세요

김수영의 시 '꽃잎'은 1967년 5월 2일, 7일, 30일에 각각 발표된 세 편으로 된 연작시입니다. 어떤 평론가는 이 가운데 '꽃잎(二)'를 한국 현대시의 최고작이라고 좀 과장해서 평하기도 했습니다만, 시에 대한 감상은 감상자 각자의 몫일 것입니다. 우선 시를 감상해봅시다.

꽃잎(二)

꽃을 주세요 우리의 苦惱를 위해서
꽃을 주세요 뜻밖의 일을 위해서
꽃을 주세요 아까와는 다른 時間을 위해서

노란 꽃을 주세요 금이 간 꽃을
노란 꽃을 주세요 하얘져가는 꽃을
노란 꽃을 주세요 넓어져가는 소란을

노란 꽃을 받으세요 원수를 지우기 위해서
노란 꽃을 받으세요 우리가 아닌 것을 위해서
노란 꽃을 받으세요 거룩한 偶然을 위해서

꽃을 찾기 전의 것을 잊어버리세요
　　꽃의 글자가 비뚤어지지 않게

꽃을 찾기 전의 것을 잊어버리세요
꽃의 소음이 바로 들어오게
꽃을 찾기 전의 것을 잊어버리세요
꽃의 글자가 다시 비뚤어지게

내 말을 믿으세요 노란 꽃을
못 보는 글자를 믿으세요 노란 꽃을
떨리는 글자를 믿으세요 노란 꽃을
영원히 떨리면서 빼먹은 모든 꽃잎을 믿으세요
보기 싫은 노란 꽃을

(1967. 5. 7)

무슨 소린지 다 아시겠죠? 김수영은 "모든 詩는 過誤다. 나는 시 속에서 모든 과오인 언어를 사랑한다."고 했습니다. 아니 더 어려워 졌다고요? 기다려보세요. 흔히들 김수영이 20세기 초의 다다이즘 dadaism의 영향을 받았다고 합니다. 다다이즘은 '무의미함의 의미' 또는 '의미 없는 것들의 의미 있음'이라고 거창하게 설명할 수도 있고, '무엇이든 의미를 가질 수 있음', '의미는 내 마음속에 있음'이라고 쉽게 말할 수도 있습니다. 100원짜리 모나미 볼펜이 많은 사람에게 는 하찮은 펜에 불과할지라도, 누군가에게는 진정으로 사랑하는 사 람의 마지막 선물이라는 엄청난 의미가 담겨 있는 보물일 수 있습니 다. 아마 그 사람이 시를 쓴다면, "이제 얼굴조차 모호한 그 추억은 내 필통 한구석에서 아직도 흰 바지에 검은 모자를 쓴 모나미 볼펜 으로 자리하고 있다."는 식으로 헤어진 연인을 노래할지도 모릅니다. 이때 우리는 '흰 바지에 검은 모자'를 한 연인이 모나미 볼펜으로 자리하고 있다는 구절을 이해하기 어려울 것입니다. 그래서 누군가는 그 연인이 글깨나 쓰는 인간이었다거나 그 사람의 사진을 필통에 붙여놓았다거나, 혹은 이 글을 쓴 작가가 글로 연인을 추억하기 때문에 필통 속에 있다고 했다는 둥 나름의 상상력을 발휘할 것입니다. 알다시피 이 시구는 그냥 제가 만들어본 것입니다. 괜찮습니까?

각설하고, 결국 정말 김수영이 다다이즘의 영향을 받았다면 김수영의 시는 여러분이 읽고 싶은 대로 읽으면 됩니다. 왜냐하면 예술 분야의 다다이즘 계열의 작가는 자신의 의도를 가장 중시하고, 그 다음으로는 관객이나 청중, 독자의 의미 부여를 중시하기 때문입니다. 그리고 이 둘이 일치할 수도 있고, 그렇지 않을 수도 있습니다. 작가가 의미를 두고 싶은 것이라고 해서 반드시 독자도 그렇게 할 까닭은 없고, 둘은 서로 다른 세상에서 사실 서로 다른 대상을 보고 이해하고 있는 것입니다. 변기를 미술관에 옮겨놓고는 '샘'이라는 작품이라고 우기는 마르셀 뒤샹M. Duchamp(1887~1968)이나, 담배 파이프를 그려놓고서도 '이것은 파이프가 아니다'고 제목을 달아놓은 르네 마그리트R. Magritte(1898~1967)가 노리는 것은 무엇일까요? 기성의 경향이나 전통에 저항한다는 판에 박힌 해설을 넘어서 우리 모두는 자신의 세계 속에 살고 있는 존재라는 '존재적 한계' 또는 aporia를 말하려는 것은 아닐까요? 그래서 문제는 나의 세계가 얼마나 남의 세계와 일치하는가 하는 눈치보기가 아니라, 나는 과연 나의 세계를 갖고 있는가 또는 나는 나의 세계에서 행복한가 하는 것입니다.

어떤 사람은 김수영의 꽃잎(二)에서 노란색에 주목합니다. 그래서 그 색이 죽음이라는 둥 경계라는 둥 배신이라는 둥 그럴듯한 말들을 늘어놓습니다. 물론 짐작은 해볼 수 있습니다. 그 많은 색 가운데서 하필 노란색일까? 그런데 노란색은 서양과 동양이 서로 다른 의미를 부여하고 있습니다. 서양에서 노란색yellow은 질투, 의심, 퇴폐, 비겁, 부정을 뜻합니다. 아마 예수를 팔아먹었다고 전해지는 유다의 옷 색깔 때문인지도 모릅니다. 그런가 하면 동양에서는 오방五方색이라고 해서 파란색(靑/동쪽/나무), 흰색(白/서쪽/쇠), 빨간색(赤/남쪽/불), 검정색(黑/북쪽/물), 노란색(黃/중앙/땅)이 있는데, 중앙의 노란색은 황제의 색입니다. 세상의 중심으로서의 황제이자 생명의 토대인 땅을 상징하는 노란색이 서양에서는 yellow paper나 yellow journalism처럼 저급한 삼류 잡지, 기사에나 비유되는 비참한 신세를 면하지 못합니다.

다시 시 얘기로 가봅시다. 1연에서는 꽃을 달라고 하는데, 그 내용이 아름답습니다. 그리고 이건 우리가 대부분의 일상에서 꽃을 사는 이유이기도 합니다. 2연에서는 사정이 달라집니다. 금이 가고 색이 하얘져가고 꽃잎이 다 펴서 소란스러운 노란 꽃을 달라고 합니다. 우리가 꽃을 주고받는 이유가 달라졌다는 말일까요? 꽃이 꽃다워질 수 없는 세상을 말하려는 것일까요? 대답을 잠시 미루고, 3연을 기대해봅시다. "원수를 지우기 위해서, 우리가 아닌 것을 위해서, 거룩한 偶然을 위해서"라는 표현은 참으로 차갑게 따뜻합니다. 원수를 기억하고, 우리와 같은 것을 위하고, 하찮은 필연을 위해서 우리가 꽃을 받아왔다는 말처럼 들립니다. 그렇게 하고 보니 사실이 그런 듯도 합니다. 누군가를 꽃으로 축하할 만한 일이라면 뭔가에 성공했을 가능성이 많습니다. 성공 후에는 원수를 기억하고, 다른 놈을 찾고, 자신의 성공을 필연으로 과장하겠지요. 하지만 김수영이 그런 말을 하고자 했는지는 모릅니다.

4연은 좀더 어려워집니다. 꽃을 찾기 전의 것을 잊어야 하는데, 그 까닭은 "꽃의 글자가 비뚤어지지 않게, 꽃의 소음이 바로 들어오게, 꽃의 글자가 다시 비뚤어지게"라는 것입니다. 우리가 꽃을 사거나 받거나 하는 꽃을 찾는 행위에서 우리가 기대하는 것은 무엇일까요? 꽃으로 축하하고자 하는 그 무엇의 의미일 것입니다. 그리고 그 의미는 꽃과는 무관한 것일 가능성이 높습니다. 그러니 그 의미를 꽃에 부여한다면, 꽃은 그 꽃으로서의 의미가 비뚤어질 것이고, 다른 무엇에 시달려야 합니다. 마치 소음과 같은 그런 무엇. 비뚤어진 꽃의 의미가 다시 제자리로 가려면 꽃을 찾으려고 했던 의도를 잊어야 합니다. 이런 이야기를 김수영은 '역으로' 비틀어서 하고 있습니다. 정말로? 제 생각이 그렇다는 말입니다. 간단히 말해서 "당신은 꽃을 받을 자격이, 꽃을 찾을 자격이 있는가?" 하고 묻고 싶어합니다.

5연으로 가봅시다. 믿음의 대상이 변하다가 마지막에는 노란 꽃마저 "보기 싫은" 노란 꽃으로 변합니다. 김수영은 외칩니다. 선물처럼, 훈장처럼 주어지는 노란 꽃보다는 내 말을. 그런 노란 꽃보다는 우리가 볼 수 없는 참된 글자를. 그리고 그 떨리는 글자를 믿으라고. 그리고 속내로는 정말 보기 싫은 그 노란 꽃보다 상처 많은 우리 자신을 믿으라고 말합니다. 그래서 사람들은 김수영이 이제는 싫증난 군사혁명에 대해서, 현대사의 굴곡에 대해서 말하려고 한다고 해석합니다. 물론 꽃잎(一)에는 "革命 같고"라는 문구도 있고, 꽃잎(三)에서는 더 분명하게 "네가 물리친 썩은 문명의 두께 멀고도 가까운 그 어마어마한 낭비 그 낭비에 대항한다고 소모한 그 몇 갑절의 공허한 投資 大韓民國의 全財産인 나의 온 정신을 너는 비웃는다"거나 "너무 진리가 어처구니없이 간단해서 웃는 실낱같은 여름바람의 아우성이여"라는 구절도 있습니다. 또 장선우 감독은 광주의 아픔을 다룬 영화 〈꽃잎〉을 김수영 시인에게 바친다고 했습니다.

하지만 그렇다고 이런 게 모두 당시의 시대 상황에 대한 은유라고 받아들여야 하는 그런 강요는 없습니다. 그래서 저는 제가 읽은 대로 그의 시를 바꾸어봅니다. 억지로 꾸며보는 것이지만, 제가 짐작하는 것도 참일 것입니다. 왜냐고요? 참은 스스로 만드는 것이니까요. 문학에 젬병인 제가 김수영 시인을 존중하는 뜻에서 그냥 산문으로 옮겨 적어봅니다.

"우리는 우리의 苦惱를 위해서, 뜻밖의 일을 위해서, 아까와는 다른 時間을 위해서 꽃을 찾습니다. 하지만 그 꽃도 이내 금이 가고 색이 바래가고 결국에는 시들 것입니다. 그래도 그 꽃을 받으세요. 누군가를 위해서가 아니라 원수를 지우기 위해서, 우리가 아닌 것을 위해서, 거룩한 偶然을 위해서. 내가 왜 꽃을 찾았는지는 잊어버리세요. 그러면 꽃은 꽃처럼 자신의 모습으로, 그게 우리에게는 낯설지라도 꽃으로 다가올 것입니다. 진실은 믿음입니다. 진실은 읽을 수 없는 글자입니다. 진실은 떨리는 글자입니다. 영원히 떨리면서 진실은 삭아갑니다. 보기 싫은 우리의 삶 속에서."

일부일처제의 위기

"인간에게 일부일처제—夫一妻制는 자연스런 문화적 현상이다." 1967년 데즈먼드 모리스D. Morris의 책 『털없는 원숭이』에 의해서 일부일처제 가설은 대중적이고도 상식적인 이야기로 자리하게 됩니다. 이 책은 왜 여성이 일반적으로 배우자에게 충실한지를 설명하면서 자연선택은 여성을 필요에 맞게 변화시킴으로써 남성에게 호의를 베풀었다고 말합니다. 하지만 모리스는 왜, 어떤 방식으로 자연선택이 그토록 남성에게 유리하게 일방적으로 진행되었는지를 설명하지 않습니다. 그는 남성 중심의 현실, 여성의 소극적 정조 관념에 기초해서 별다른 증명 없이 우리를 일부일처제로 이끌어갑니다. 여기서 우리는 정말 일부일처제는 진화의 산물인지, 여성은 조신하고 남성은 바람을 피우도록 진화했는지 살펴보아야 합니다. 그것도 제대로 된 근거를 갖고서 말입니다. 이 작업을 진화생물학자 로버트 라이트가 그의 책 『도덕적 동물』에서 하고 있습니다. 책 제목에서 알 수 있듯이, 그의 생각은 우리가 만든 도덕은 동물적인 욕구에 기초해 있고, 따라서 도덕은 동물적 본능의 합리적인 충족을 위해 고안된 기제라는 것입니다. 따라서 우리는 문자 그대로 도덕적 동물moral animal이 되는 것입니다.

무엇보다 우리는 진화를 그런 방향으로 이끈 힘이 무엇이었는지 찾아내야 합니다. 로버트 트리버스R. Trivers는 '부양 투자parental investment'에서 그 답을 찾아냅니다. 말하자면 인간은 다른 동물에 비해 새끼의 부양에 필요한 투자금이 많다는 것이고, 이 많은 투자금은 엉뚱한 지출을 막아내는 기제를 만들어내는 압박 요소로 작용합니다. 우리의 일상생활도 마찬가지인데, 투자금이 많이 들어가는 일일수록 신중하게 선택하는 게 상식에도 부합합니다. 만약 우리가 누군가와 결혼해서 수십 년간 아이를 키우고 배우자를 먹여 살려야 한다고 하면, 우리는 대단히 진지한 자세로 그 결혼에 임할 것입니다. 무엇보다 적어도 내 아이가 아닌 아이, 내게 사랑이나 부양의 의무감이 없는 배우자를 먹여 살릴 생각은 전혀 없을 것입니다. 결혼한 사람들은 배우자를 먹여 살리는데도 나에게 애정이 없었다거나 거짓으로 애정을 표현했다거나, 더 나아가 내 아이가 아닌 다른 자식을 내 아이로 속였다는 것만큼 배신감을 갖게 하는 행위도 드물 것입니다.

이런 사정에서 "암컷이 낳은 자손이 또한 바로 나의 자손이라는 사실을 보장할 수 있는 적응 방식이 진화할 것이다."고 트리버스는 주장합니다. 따라서 일부일처제는 이런 감시를 가능하게 하는 효과적인 문화이고, 그 문화에서는 다름 아닌 여성의 정조, 여성의 성적 부정행위가 가장 중요한 가치로 자리하게 됩니다. 남성의 성적 부정은 적어도 남성이 여성을 부양하는 사회에서는 크게 문제가 되지 않습니다. 왜냐하면 여성은 비록 자신의 배우자가 다른 여성에게 돈과 시간과 애정을 소비한다는 것이 마음에 걸리기는 하지만, 여전히 자신을 부양하고 아이를 키운다면, 또 그것도 남에 비해서 더 잘 부양하고 키운다면, 더 냉정하게 말해서 풍족한 생활을 보장해준다면, 눈감을 준비가 되어 있다는 것입니다. 실제로 우리 사회의 대부분의 성적 부정이 파국으로 치닫는 것은 단지 외도나 다른 여성에 대한 애정 때문이라기보다는, 그 외도나 애정으로 인해 가정의 경제가 파괴되고 생활이 어려워지기 때문입니다. 그리고 그 파국, 즉 이혼은 돈 있는 사람에게서는 더 흔히 일어나는데, 그 까닭은 약자인 여성이 이혼 위자료를 넉넉히 챙길 수 있을 경우에 빈도는 높아집니다. 그래서 가난한 부부들은 이혼보다는 오히려 결혼을 유지하려는 경향이 많습니다. 결국 이혼으로 얻을 게 없다는 걸 잘 알기 때문입니다.

도널드 시먼스D. Symons는 일부일처제와 관련해서 '성녀와 창녀의 이분법'에 주목합니다. 이건 우리에게도, 특히 남성에게 매우 익숙한 주장인데, 간단히 말해 남성은 여성을 두 부류로, 하나는 결혼 상대자로서 존중하는 여자와, 다른 하나는 단지 같이 잠자리를 하고 성적으로 쾌락을 얻는 여자로 나누어 대우하는 것입니다. 능력 있는 남자는 여성의 능력이나 지위, 외모와 무관하게 단기적인 성관계에 관심을 갖는데, 그 까닭은 자신의 능력을 이용해서 많은 여자와 성관계를 하고 싶은 욕망 때문입니다. 하지만 그 바람둥이 남자도 결혼 상대는 가급적 매력적인 외모를 가진 내숭 떠는 여자, 적어도 겉보기에 아무 남자하고 성관계를 하지 않을 듯 도덕적으로 보이는 여자를 선택하고자 합니다. 왜냐하면 남자는 자신의 자식과 가정을 지켜줄 성녀聖女를 요구하지, 성적인 쾌락을 위해서 다른 남자를 마다하지 않고 다른 남자의 아이를 남편의 아이라고 속일 수 있는 창녀를 원하지 않기 때문입니다. 이건 앞서 말한 부양 투자와 깊은 관련이 있습니다.

그런데 왜 좀 생겼다는 여자는 대체로 내숭을 떠는 경향이 있을까요? 이 뻔한 이야기는 사실 시사하는 게 적지 않습니다. 외모가 매력적인 여자는 성장 과정에서 이미 부모나 가까운 사람들로부터 자신이 매력적이라는 사실을 알게 되고, 그것이 얼마나 남들의 이목을 끄는 중요한 요소인지를 깨닫고 있습니다. 예쁜 딸을 가진 부모는 어린 시절부터 딸아이에게 남자를 조심할 것과, 공부를 잘하거나 능력이 뛰어나지 않더라도 그저 다치지 않고 자라기만 해도 괜찮은 남자가 '데려갈' 것이라고 말합니다. 그리고 더 나은 남자와 결혼하기 위해서는 조신하게 지내는 편이 낫다는 것도 알려줍니다. 이런 가르침은 예쁜 여자아이의 마음에 내면화되고, 대부분의 예쁜 여자아이들은 자신의 외모를 믿고 마음대로 성장하게 됩니다. 이런 까닭에 우리 주변에서는 내세울 게 없으면서도 괜히 폼 잡고 뻐기는 얼굴 예쁜 여자아이를 심심찮게 만날 수 있습니다. 그리고 그 여자아이는 자라서 또 상대적으로 형편이 나은 남자와 결혼해서 살아갑니다.

흔한 말로 외모로 사람을 판단하거나 차별해서는 안 되지만, 현실은 엄연히 이렇게 외모 중심으로 굴러가고 있습니다. 남의 이목을 끄는 매력적인 외모를 가진 여자가 그렇지 않은 여자에 비해서 내숭을 떠는 경우가 많은데, 이 내숭은 더 나은 남자를 만나기 위한 가치 높이기 전술입니다. 눈에 띄는 외모를 가진 여자가 함부로 나대면 그 여자는 남성에게 성적인 쾌락의 대상으로 받아들여지지 결혼 상대로 받아들여지지는 않습니다. 그래서 외모가 나은 여자들은 전술적으로 내숭을 떱니다. 반면에 그렇지 못한 여자들은 대체로 남자에 대해서 적극적인데, 이 적극성은 가만히 있을 경우, 대다수 남자들이 자신을 그냥 한번 지나가는 여자로 생각하거나 아니면 그것도 없이 내버려둘 것이라는 자기 판단과 그런 생각을 부추기는 사회적 통념에서 비롯되는 것입니다. 말하자면 내세울 외모가 없는 여자의 적극성은 한 명의 남자라도 건지고자 하는 투망 던지기 전술입니다. 물론 때때로 이와 다른 현상이 벌어지기도 합니다. 하지만 이 경우에도 속사정은 비슷합니다. 더 나은 외모를 가진 여자는 좀 놀더라도 모르는 남자를 만나서 내숭을 떨면 성공할 수 있다는 자신감을 가지고 있고, 그렇지 못한 여자가 내숭을 떨게 되면, 정말 남자들에게 막가는 대접을 받을 수도 있습니다.

로버트 라이트는 이런 숨겨진 이야기를 '에마 웨지우드 계획'으로 불리는 전술로 설명합니다. 진화론을 만든 찰스 다윈의 아내인 에마 웨지우드Emma Wedgwood는 당시 여성들이 그랬듯이 성녀 축에 속하는 여자로 결혼할 때까지 처녀성을 유지합니다. 에마는 결혼을 앞두고서 "당신은 대단하게 여기지 않거나 그저 좋은 일이라고만 생각할지라도, 나는 항상 스물아홉 살의 이 행사를 가장 행복한 일로 간직할 거예요."라는 편지를 씁니다. 여기서 스물아홉의 이 행사는 단지 결혼식을 의미하는 것만은 아닙니다. 첫날밤의 처녀성을 말하는 것이기도 합니다. 이 말은 어디서 많이 들은 듯도 합니다. "오빠는 어떻게 생각할지 몰라도 나는 결혼하는 날까지 순결하고 싶어." 하는 여자의 말이나, "나는 너를 갖고 싶지만, 너를 사랑하기에 결혼하는 날까지 너의 순결을 지켜주고 싶다."는 남자의 말이 그것입니다. 이 말을 통해 여자는 자신의 처녀성을 공공연히 말함으로써 가치를 높이고자 하고, 남성은 마치 성적으로 대단한 절제력을 가진 듯 폼을 잡지만, 사실은 처녀인 배우자에 대해 갖는 묘한 성취감을 표현하는 것입니다. 다시 말해 여자는 "나 처녀야! 잘 부양해!"라고 말하고 있고, 남자는 "처녀인 너를 부양하는 건 당연하지! 요즘 처녀가 얼마나 귀한데……."라는 행운을 드러내는 것입니다. 결국 남녀에게 신혼 첫날밤의 여성의 순결은 남성의 헌신적인 맹세를 유도하는 것이자 처녀를 얻는 남성의 기쁨을 자랑하는 것입니다.

리처드 알렉산더R. Alexander는 일부일처제가 '경제적으로 강요된' 것이든지 아니면 '사회적으로 강요된' 것이라고 합니다. 경제력이 부족한 남자는 여러 명의 아내를 부양하는 것이 벅차고, 넉넉한 남자는 더 나은 외모를 가진 처녀와 결혼하고 싶은 욕망 때문에 일부일처제를 지지한다는 것입니다. 물론 넉넉한 남자의 경우에는 굳이 한 명의 여자만을 고집할 이유는 없습니다. 하지만 가난한 남자는 돈 때문에, 넉넉한 남자는 좋은 조건의 여자와 결혼한다는 것 때문에 일부일처제는 유지됩니다. 왜냐하면 일부일처제는 사실 운 좋은 남자와 그렇지 못한 남자 사이의 타협의 산물인데, 여성이 그 신분이나 외모, 능력에서 차이가 있더라도 일부일처제에서는 남성은 누구나 한 명의 여성은 보장받을 수 있기 때문입니다. 이런 타협에 대해서 능력 있는 남자가 응할 까닭이 없다고 생각할 수도 있으나, 그건 짧은 생각입니다. 남성들 사이의 불평등은 여성들 사이의 불평등에 비해 그 해결 방식에서 사회적으로 더 파괴적이고 위험하고, 이 파괴적 위험의 가능성은 능력 있는 소수 남성을 위협하기에 충분하기 때문입니다. 그래서 남성들은 성적인 평등, 즉 일부일처제를 통해서 그 파괴적 위험을 감소하고자 합니다. 공멸보다는 나누는 것이 낫다는 사실을 깨닫고 있는 것입니다.

현실적으로 일부다처제는 일부 페미니스트의 반대에도 불구하고 학대받고 가난한 여성을 해방시키는 긍정적인 역할을 합니다. 100억을 가진 남자가 한 여자와 살면서 아이를 잘 키우는 것보다는 열 명의 아내를 얻어서 10억 정도의 재산을 나누면서 아이를 키운다면, 사회적으로 부의 분배나 아이 능력의 계발에 큰 도움이 됩니다. 실제로 조사에 따르면 많은 여자들이 잘사는 남자의 두 번째 부인이 되기를 원하지, 못사는 남자의 첫 번째 부인으로 살기를 원하지 않습니다. 그리고 남자의 돈이 많을수록 그 비율은 아주 높아집니다.

그래서 일부다처제를 허용하는 문화에서도 결혼해서 함께 살 수 있는 여성의 숫자를 제한합니다. 돈 있는 남자들이 여자를 싹쓸이하는 걸 막기 위한 것입니다. 그런가 하면 일부일처제는 거의 모든 사람에게 짝을 제공합니다. 이건 앞서 말한 파괴적 위험을 막을 수 있고, 거의 대부분의 남자와 여자가 짝을 이룰 수 있게 해줍니다. 따라서 둘 중 어느 것이 더 나은가 하는 것은 특정 문화 속의 한 개인의 선택의 문제이지 도덕의 문제는 아닙니다. 실제로 1,154곳의 인류 문화 사회 가운데 980곳이 일부다처제를 허용하고 있습니다. 우리는 사랑이라는 말로 일부일처제를 지지합니다. 하지만 사랑은 경제 앞에서, 생활 앞에서 무력하기 그지없습니다.

오늘날 이혼을 합법화하는 일부일처제는 사실상 일부다처제입니다. 이혼 후에도 남성이 자식의 양육비를 지급하고 이혼 위자료를 여성에게 지급하는 현실이 그것을 증명합니다. 또 능력 있는 남자는 이혼을 통해서 실질적으로 일부다처제를 행하고 있습니다. 삼혼사혼하는 남자들을 보면 부자가 대부분이고, 그것도 아주 젊거나 처녀인 여자와 결혼하는 경우가 많습니다. 우리는 겉으로는 일부일처제를 말하면서도 속으로는 일부다처를 인정하고 있는 셈입니다. 다만 그것을 이혼이라는 합법적인 절차를 통해서 그렇게 하기를 요구한다는 점에서만 다를 뿐입니다. 엄청난 이혼 위자료를 챙길 수 없는 경우, 이혼하면 오히려 형편이 더 악화되는 경우에 상대방의 외도, 특히 남성의 외도는 어쩔 수 없이 용인해야 하는 고통스런 현실입니다. 남성의 성적인 자유분방함을 사회적으로 은근히 인정하는 문화적 태도는, 여성의 처지에서 보면 남편이 가정을 돌보지 않거나 깨는 것보다 외도나 간통하는 것이 더 낫다는 암묵적인 동의에 기초하고 있습니다. 정말 혼인의 순결 의무가, 사랑이 그토록 도덕적으로 중요하고 양보할 수 없는 것이라면, 아마 남성의 외도나 간통에 의한 이혼은 상상을 넘어 증대할 것입니다.

이제 일부일처제나 일부다처제는 단순히 사랑이나 순결의 의무에서 비롯되는 것이 아님을 알 수 있습니다. 바로 이 점 때문에 우리는 당황하게 됩니다. 능력 있는 여성이 늘어나는 현실에서 이런 사정은 더 복잡해집니다. 이제는 남자만이 아니라 여자들도 남자를 고르고 노는 남자와 결혼할 남자를 구분합니다. 그만큼 여자들이 경제적으로 남성에게서 독립적이고 뛰어날 수 있는 가능성이 커졌다는 것입니다. 뿐만 아니라 이혼율도 급격히 증가하고 있고, 그것에 맞춰 재혼이나 삼혼의 비율도 높아갑니다. 이걸 남녀의 사랑찾기라고 간단히 말하거나 남녀의 자아실현이라고 말하기에는 뭔가 부족합니다. 여성의 외도는 더는 사회의 가십거리가 아닙니다. 군에 간 남자를 버리는 여자는 성공한 후에 여자를 버리는 남자보다 많아지고 있습니다. 더불어 남자들은 점점 작아지고 힘들어합니다. 처녀를 고집하거나 순종적인 아내를 요구하다가는 결혼 자체가 어려울 지경입니다. 이제 말이 달라져야 할지도 모릅니다. 일처일부제인가, 아니면 일처다부제인가? 아마 이런 현상이 사실이라면, 그건 우리의 문화적 진화과정이 그렇기 때문일 것입니다. 언젠가는 인류학에서 일부일처가 아니라 일처일부─妻─夫가, 그리고 일처다부─妻多夫가 논란거리로 등장할 것입니다. 자, 지금 옆에 있는 여자가 도망치지 않게 정신 차리십시오. '아차'하는 순간, 당신이 바로 능력 있는 한 여자의 두 번째 또는 세 번째 남자로 살아가는 게 더 낫다고 말하는 시대가 올 것입니다.

제3부

소통하기

내 안의 남

　　　　　　　　　　라캉은 우리의 심리에 힘을 행사하는 세 가지 질서가 있다고 합니다. 상상의 것(想像界), 상징적인 것(象徵界), 실재적인 것(實在界)이 그것입니다. 상상계는 자아가 탄생하고 인식되는 과정에서 작동하는데, 흔히 거울 단계mirror stage라고 합니다. 거울에 비친 자신의 복사본複寫本과 그것을 바라보는 자신을 대조하면서 내가 무엇인지를 찾아가는 것입니다. 복사본과 실물의 불일치를 끊임없이 교정하면서, 끝내는 "나는 무엇이다."라는 식으로 자신을 정의합니다. 그리고 그 정의된 자신과 자신의 행위와 행위의 산물들을 세계 속의 무엇보다도 소중하다고 단정해버립니다. 그런가 하면 언어나 법처럼 우리가 현실에 존재하는 무엇이라고 간주하는 것들이 상징계의 대상들입니다. 상징계 속의 대상들은 인격체처럼 운동하는 비인격적인 무엇입니다. 사람은 태어나면서부터 어떤 상징계에 속해 있고, 더 나아가서는 그 상징계 속에 갇혀 있습니다. 한국의 남성은 국가주의적인 남성다움, 특정 지역의 남성성, 특정 가정의 남자로 태어나고 성장합니다. 이 상징계가 부여하는 의미를 내면화하여 자신의 것으로 삼게 되는데, 거울 단계에서 복사본과 진본 사이의 불일치는 여기서 생겨나는 것입니다. 말하자면 우리가 주체적으로 무엇으로 만들어가는 것이 아니라, 상징계의 강요된 질서에 따라 알지 못하는 사이에 무엇으로 만들어지고 있는 것입니다. 내가 거울을 바라보는 그 시선을 내 안의 '작은 남other'이라고 한다면, 관습이나 법, 내가 사용하는 언어는 내 안의 '큰 남Other'입니다. 이 작은 남과 큰 남의 대결 속에서 '나'는 없는데도 '우리'는 남게 되는 무엇을 자신이라고 생각하는 것이지요. 그렇다면 진짜 세상은 어떤 것일까요?

　라캉은 진짜 세계를 실재계라고 하고, 우리는 그것을 있는 그대로 경험할 수 없다고 합니다. 왜냐하면 우리는 언제나 언어와 매개해서, 의미를 부여하고 재단하면서 세상을 경험할 수밖에 없기 때문입니다. 실재는 우리가 의미를 부여하는 행위에 저항하고, 그 저항을 통해 살아남은 잉여의 무엇입니다. 영국의 시인 콜리지S. T. Coleridge(1772~1834)의 말처럼 무어라 이름 붙이기 이전의 감정상태가 느끼는 그 무엇(It is!)이 바로 실재계입니다. 마치 탁 트인 바다 앞에서 '바다'라고 말하기 이전의 그런 바다가 바로 실재 바다입니다. 그래서 실재는 상징 이전의 세계이기도 합니다. 앞에서 인용한 것처럼 "이름 붙이는 순간 그것은 이미 그것이 아니다名可名非常名."는 말입니다. 마찬가지로 우리 자신은 내가 거울 단계에서 찾은 나도 아니며, 상징이 나에게 부여해준 나도 아닙니다. 여러분이 교사가 되겠다고 선택한 일을 어떻게 해석해야 할까요? 교사는 남을 가르치는 일을 직업으로 삼는 사람이고, 사회는 그 교사라는 직업에 이런저런 상징적 의미를 부여합니다. 그래서 교사는 노동자가 아니며, 인간을 만들어내는 고매한 성직자쯤으로 분류됩니다. 그런 상징이 여러분의 마음에 들면, 여러분은 그것에 맞춰 자신을 만들어가고, 그런 상징에 어느 날 빈틈없이 들어맞게 되면 성취한 인간이 느끼는 긍지와 보람을 갖게 됩니다. 그런데 그 '빈틈없이 들어맞음'도 다른 상징에 대비한 결과라는 사실을 잊고 있습니다. 마치 자신이 득도한 양 착각하는 것이지요.

이런 가상의 나는 실재가 나에게 불현듯 다가올 때 흔들리게 됩니다. 슬라보예 지젝Slavoj Žižek의 비유를 들면, 내가 자동차인지, 자동차가 나인지 구분 못할 정도로 일치되어 우리는 자동차를 운전합니다. 이 경우 운전이라는 말이 어색합니다. 내가 자동차를 운전하는 게 아니라, 자동차에 맞춰 내가 부속품처럼 운전당하고 있을 수도 있습니다. 그런데도 자동차를 운전하는 멋진 내 모습이 진정한 나의 모습이고, 이 모습은 자본주의 광고가 어디선가 요구하는 멋진 남성의 상징과 딱 맞아떨어집니다. 이제 나의 욕망은 실현되었고, 나는 행복합니다. 그런데 갑자기 마주 오던 자동차가 중앙선을 넘습니다. 상대방 자동차로 인해 지금 내가 무엇을 해야 할지를 깨닫습니다. 핸들을 돌릴까, 브레이크를 밟을까, 아니면 눈을 질끈 감을까? 이제 나는 선택해야 하고, 그 선택은 나의 운명을 결정합니다. 선택하고, 선택에 책임을 진다는 것! 이게 주체이고, 결국 우리는 내 머릿속의 자동차가 아니라 나를 침범해 들어온 실재로서의 자동차 앞에서 주체가 됩니다. 이걸 어려운 말로 하면, 상징과 충돌하는 실재라는 사건 앞에서 우리는 비로소 주체가 되는 것입니다.

사실 상징이 없으면 실재는 그냥 언제나 실재일 뿐입니다. 자동차는 자동차일 뿐인데, 자동차는 때론 부의 상징이자 성적 매력의 상징이고 과학의 상징이 됩니다. 하지만 자동차 사고라는 생생한 실재적 경험은 자동차의 상징을 거부합니다. 이제 자동차는 죽음의 원인이자 흉기가 되고 맙니다. 여기서 우리는 다음과 같은 사실을 확인할 수 있습니다. 우리 자신이 가진 상징계의 질서에 따라 실재계가 재편된다는 것입니다. 쉬운 말로 내가 의지하고 있는 상징계에 따라 실재계가 달리 해석되고, 그 해석된 것이 실재인 양 받아들여진다는 것입니다. 산에 따라갔다 그만 그 산에 머물게 되는 사람의 이야기가 심심치 않게 나옵니다. 처음에 그 사람은 휴일의 여가로서 상징되는 산에 갔습니다. 때로는 그 산에서 육체의 한계를 경험하기도 하고 때로는 맑은 공기에, 경치에 반하기도 합니다. 그러던 어느 날 산이 순식간에 '확'하고 나를 덮칩니다. 산은 상징으로, 언어로 표현할 수 없는 전혀 다른 느낌으로 다가오고 자신도 모르게 산에 머물게 됩니다. 이때 느낀 산이 실재로서의 산입니다.

  요 며칠 마음이 답답합니다. 내가 아는 나는 언제나 타인으로 나를 괴롭히고, 나는 그 타인에 저항하지만, 내 안의 '큰 남'은 나의 '작은 남'을 박살내고 맙니다. 작은 남도 내가 아니긴 마찬가지이지만, 그래도 애착이 가는, 나에 가까운 남입니다. 다른 말로 하면 그놈이 작든 크든 있는 그대로의 나도 아니고, 실재를 있는 그대로 바라볼 수 없게 하는 나이지만, 그래도 큰 놈인 상징의 세계, 강요의 세계에 저항할 수 있는 가능성을 작은 놈이 가지고 있기에 소중합니다. 상징으로 포장된 현실 세계에서 포장을 벗기고 실재를 드러내는 주체로서의 나는 어떻게 가능할까요? 대답은 이미 자동차의 비유에서 나왔습니다. 상징에 개입하는 실재를 상징으로 의미를 부여해서 해석하지 말고, 주어지는 그대로 받아들이는 것입니다. 달의 뒤편은 달의 공전과 자전 주기의 일치 때문에 지구에서는 보지 못한다고 합니다. 그래서 우리는 '보지 못하는'이라는 의미를 달의 뒤편에 부여하고, 그것으로 꿈을 상징하고자 합니다. 누가 묻습니다. "달의 뒤편을 꼭 보아야 합니까? 우리가 보는 달이 달 아닙니까?" 사실 달에 토끼가 있어야 할 까닭도 없고, 하물며 그 토끼가 고단한 방아질을 할 이유도 없습니다. 우주선 한두 개 보낸 일을 두고 건방지게도 우리는 달을 정복하였다고 하고, 또 한편에서는 이제 신비한 달이 우리에게서 사라졌다고 호들갑을 떨었습니다. 그래도 달은 그저 돌고 햇빛을 반사하고 있을 뿐입니다.

천박함과 고상함. 지배와 배려. 속물 근성과 안빈安貧 정신. 내 것과 우리 것. 욕망과 신념. 편안함과 고난. 욕설과 칭찬. 결국에는 나와 남 사이의 수많은 관계와 의미가 나를 괴롭힙니다. 무엇보다 그 나와 남이 모두 남일지도 모른다는 불안감과, 그래도 나는 좀더 자유롭고 선한 나이자 남이라는 안도감 사이의 얄팍한 줄타기가 더 괴롭습니다. 오지 원주민의 삶처럼 거울도 없이, 무엇이 무엇을 상징할 수 없는 발가벗은 삶이 굴러가는 세상에서 과연 우리는 무엇일까요? 또 남은 무엇일까요? 너와 나를 분리시키고 다툼을 만들어내는 코카콜라 병을 들고 '땅 끝'으로 가서 그 요상한 하늘의 선물을 하늘에 다시 돌려주고자 하는 부시맨 이야기는 코미디가 아닙니다. 언제 해남 땅 끝에 가서 내 것 아닌 모든 것, 내 속의 나 아닌 나, 이런 가슴 아픈 인간됨을 모두 버리고 싶습니다. 내 안의 남이라는 이 요상한 선물을. 그래서 실재와 부딪히지 않는 나, '내 안에 나'를 즐기고 싶습니다.

당신은 누구신가요?

오르테가 이 가세트J. Ortega y Gasset(1883~1955)는 『대중의 반역』이라는 책에서 대중의 속성 또는 천박함 혹은 삶의 태도를 다룹니다. 260쪽의 책 가운데서 이와 관련되는 내용을 몇 개 간추려 제 방식으로 설명해보겠습니다. 오르테가는 스페인의 철학자이자 문화비평가인데, 그의 전반적인 시각은 대단히 귀족적이고 복고적이며, 오늘날의 관점에서 보자면 '반동적'이기도 합니다. 하지만 유럽의 통합을 이미 1930년에 예견한 것이라든지, 마냥 천박해지는 대중과 대중의 문화를 비판적으로 고발하고 넘어서고자 한다는 점에서는 관심을 끌 만합니다. 굳이 그의 책에 대해서 한마디 하자면, 시각은 건강하지 않지만 의지는 돋보이는 좀 따분한 책이라고 할 수 있습니다. 그러나 앞서 말했듯이 대중에 대한 그의 이런저런 말들은 생각거리로 한번 가져볼 만한 것입니다.

1. 대중이란 특정 기준에 따라 자신에 대해 선악의 가치판단을 내리는 것이 아니라, 자신을 '다른 모든 사람들'과 동일시하면서 불편함보다는 편안함을 느끼는 사람들 모두를 의미한다고 합니다. 흔히 우리는 "내가 다른 사람에 비해서 뭐 그리 못난 게 있나?"는 식으로 말합니다. 또는 "우리가 그걸 못할 게 뭐 있나?"는 식으로 호기를 부리기도 합니다. 그러면서 편안해하고 즐거워지고 더 나아가 대담해집니다. 이런 대중적인 사람들은 자신에게 더 많은 것을 요구하기보다는 자신의 부담을 가급적 줄이고자 합니다. 오르테가의 말처럼 세상의 인간을 두 부류로 나눈다면, 하나는 자신에게 스스로 많은 부담을 지우는 사람과, 자신에게 부담을 지우지 않으려는 사람으로

나뉠 것입니다. 대중은 부담을 지우지 않음으로써 자신의 삶에서 즐거움을 누리려고 하는 반면에 더 나은 인간, 오르테가의 말로 '우수한 인간'은 자신에게 부담을 누적시키면서 그 부담스러운 것을 해내는 사람입니다.

2. 대중은 이상을 실현할 엄청난 능력을 자랑하는 시대에 살고 있긴 하지만 무슨 이상을 실현해야 할지는 정작 모르고 있으며, 모든 재능은 다 갖추고 있지만 정작 그것을 활용할 재능이 없는 것과 마찬가지라고 합니다. 우리 주변에 보면 "나는 이것저것 마음만 먹으면 다 할 수 있다."는 말을 하는 고만고만한 사람이 적지 않습니다. 그런데 그 사람은 불행하게도 뭘 하고자 마음을 먹을지 모릅니다. 그래서 그가 자랑하는 능력도 기껏 오락이나 농담, 취미활동에 소진되고 맙니다. 모든 걸 할 수 있다는 자신감을 가진, 하지만 어떤 것도 제대로 하지 못하는 인간의 모습이 바로 오늘날 대중의 모습입니다. 여러분 가운데도 이런 사람은 얼마든지 있습니다. 현실은 비참한 룸펜인데도, 늘 "마음만 먹으면"을 남발하고 있습니다. 말이라도 하지 않으면 덜 밉기라도 할 텐데 말입니다.

3. 대중은 낙관적입니다. 제가 늘 말했듯이 약한 자들은 낙관적이고 센 놈들은 비관적입니다. 무슨 말인고 하니, 잃을 게 없거나 얻고자 하는 게 없는 사람에게 내일은 그냥 내일일 뿐입니다. 하지만 뭔가를 하려고 하는 사람에게 내일은 기회이자 노력의 대상이고 이상입니다. 그래서 센 놈은 자신의 노력이 성취되지 않았을 때, 곧 실패를 두려워하고 더 노력합니다. 그런가 하면 약한 놈은 한두 번 실패해본 것이 아니기 때문에 실패에 대해 별다른 거부감을 갖지 않습니다. "이러다가 큰일 난다."는 건 센 놈의 걱정입니다. 약한 놈은 언

제나 "하늘이 무너져도 살 수 있고, 제 숟가락은 갖고 세상에 나온다."고 믿습니다. 그러나 그 믿음은 빈곤과 기아 앞에서 탄식으로 바뀌지만, 그 탄식조차도 팔자로 곧 가라앉게 됩니다. 센 놈은 비관론자이기 때문이 아니라 모든 가능성을 받아들이기 때문에 비관적인 미래도 배제하지 않는 것입니다. 약한 놈은 과거를 통해 우리가 무엇을 해야 하는지를 배우려고 합니다. 그러나 과거는 우리에게 무엇을 해야 하는지를 가르쳐주지 않습니다. 센 놈은 과거에서 무엇을 피해야 하는지를 배우고자 합니다. 배고픈 과거에서 배부르게 살아야 한다는 것을 배우는 것이 아니라, 적어도 배는 곯지 않아야 한다는 것을 배워야 한다는 것입니다.

  4. 봉사하는 삶은 센 놈의 특성입니다. 센 놈, 마음에 들지는 않지만 오르테가의 표현으로 다시 말해 '우수한 인간'은 어떤 탁월한 이상이나 이념을 위해 자신을 바치지 않을 경우 그 삶은 무의미하다고 봅니다. 그는 봉사하는 것을 압박이나 강압이라고 생각하지 않습니다. 오히려 그에게 봉사는 자신의 삶을 이끄는 자발적인 규율이자 힘입니다. 이러한 자신의 규율에 따라 사는 삶은 고귀한 삶이고, 사람의 고귀함은 그 사람이 요구하는 권리가 아니라 그 사람이 스스로 정하는 의무를 통해 드러납니다. 곧 고귀한 의무 noblesse oblige는 바로 이런 사람의 삶의 태도를 말하는 것입니다. 여러분 가운데 이미 봉사하는 데서 삶의 보람을 느끼고, 스스로 정한 규율에 복종하면서 세상을 위해 일하는 사람이 있다면, 그 사람은 센 놈입니다. 봉사는 죄씻음이나 선한 의지의 표현이 아니라, 강한 의지의 실천입니다. 그리고 그러한 봉사는 센 놈에게 고귀한 의무입니다. "사람들 때문에 돈을 벌었는데, 그 돈을 다른 사람을 위해서 쓰는 것은 당연합니

다." 바로 이런 말이 센 놈의 고귀한 의무를 보여줍니다.

5. 천재는 자신과 보통 사람의 차이가 언제나 종이 한 장에 불과하다는 것에 놀란다고 합니다. 그래서 천재는 언제 닥칠지 모르는 어리석음을 피하기 위해 노력하고, 또 그런 노력 속에서 점차 더 나은 깨달음을 얻어간다고 합니다. 반면에 보통 사람, 대중은 자기 자신을 의심하지 않고, 자신의 분별력이 뛰어난 것처럼 생각합니다. 그는 자신이 어떤 상황에서 생각해낸 해결책에 무릎을 탁 치면서 "야, 이거 대단하지 않냐?" 하고 자랑합니다. 그러면서 한두 번 맞아 들어간 그 해결책에, 자신의 어리석음 속에 부러울 만큼 평온하게 안주합니다. 그러고는 비슷한 상황이 생겨나면 늘 그렇게 문제를 해결하고자 하고, 그게 실패하면 성공했던 과거를 예로 들면서 남탓하기에 급급합니다. 흔히 아무 일도 하지 않은 사람보다 작은 지식으로 뭐든 하려는 사람이 더 문제라고 하는 게 바로 이런 걸 두고 하는 말입니다.

6. 현실의 진보를 부정할 이유는 없지만, 이 진보가 확고하다는 관념은 수정할 필요가 있습니다. 대중은 자신이 아는 역사적 사례를 열거하면서, 미래에는 더 나아진다고 확신합니다. 하지만 어떤 진화나 확고한 진보의 전망에도 퇴화나 퇴보의 위협이 존재한다는 생각이 더 사실과 부합합니다. 실제로 역사는 진보와 퇴보 모두가 가능하다는 사실을 우리에게 전해주고 있으며, 그 속에서 우리는 퇴보도 가능하다는 것을 인정해야 하고, 적어도 그런 퇴보는 피해야 한다는 것을 깨달아야 합니다. 역사에서, 과거에서 진보를 위해 무엇을 할 것인가를 배우려 하지 말고, 다시 역사를 거꾸로 돌리지 않기 위해서 적어도 무엇만큼은 하지 않아야 한다는 걸 배우는 게 중요하다는

말입니다.

7. 만일 외국인이 각 국가의 국민을 비교하기 위해서 어떤 유형의 한국인을 평가 대상으로 삼아야 할지를 여러분께 묻는다면 누굴 추천하겠습니까? 여러분이 그토록 대담하게 말하는 대중을 추천할 것입니까? 대중은 대중이 시대를 이끌어가고, 대중이 사회의 주인이라고 말하지만, 이런 물음을 받으면 그렇지 않다는 걸 확연하게 보여줍니다. 범위를 축소해서 한 가족 구성원으로 해봅시다. 당신 집안이 어떤 집안인지를 평가한다고 할 때, 평가의 대상으로, 비교의 대상으로 누굴 내놓겠습니까? 집 나간 동생입니까, 명문대 졸업해서 의사 하는 누나입니까? 아니면 그저 그렇게 살고 있는 여러분 자신입니까? 대중이 자존심을 갖는 것을 뭐라 할 수는 없지만, 마치 그게 모든 것인 양 과장해서는 안 됩니다. 인디밴드가 자존심을 갖는 것은 좋지만, 인디밴드가 밴드의 대표는 아닙니다. 삶에 대한 자기 애착이 깊다 하더라도 사실을 부정하는 쪽으로 왜곡되고 과장되어서는 안 된다는 말입니다. 딜레탕티슴 dilettantisme 의 시대! 아마추어 애호가들이 어설픈 실력이라는 한계를 망각하고 모든 것에 대해서 모든 것을 하려는 시대가 바로 대중의 시대입니다.

8. 대중은 내면의 양심이 거부하는 것에 반대하는 대신에, 최초의 속임수에 적응하기 위해서 자신의 나머지 전체마저 왜곡하고 변형하는 길을 선택합니다. 거짓말이 거짓말을 낳고, 결국에는 거짓말대로 살게 된다는 겁니다. 제가 아는 어떤 사람은 삶의 방식을 바꾸어 남에게 신세 지는 일에 대해 별다른 부담을 갖지 않습니다. 그는 자신의 양심이 거부하는 일을 하지 않는 그런 삶을 택하기보다는, 자신의 욕구를 충족시키기 위해서 자신을 정당화하는 길을 택했습니

다. 흔한 말로 그는 "세상에 신세 안 지고 사는 사람 있나?"는 식입니다. 신세 안 지고 사는 사람 있습니다. 이런 경우에 센 놈은 이렇게 말합니다. "신세 지는 게 영 마음에 안 들고 미안하지만, 지금 내가 할 수 있는 건 이것뿐이다. 부담스럽겠지만 좀 도와달라." 반면에 약한 놈은 "사업하다보면 돈 떨어질 때 있다는 걸 너도 잘 알지? 다음에 세게 갚을 테니까 돈 좀 빌려다오. 우리 사이가 그런 사이도 아니지 않느냐?" 그냥 미안하고 미안하다고 하십시오. 아니면 인생관을 완전히 바꾸어서 괜한 양심이나 우정을 끌어들이지 말고, 문자 그대로 사업으로 거래하십시오.

9. 지금 우리가 경험하는 모든 위기를 보수적인 것과 진보적인 것 사이의 갈등으로 고상하게 제시할 수는 없습니다. 또 낡은 것과 새로운 것, 늙은이와 젊은이의 대립도 아닙니다. 이 위기의 핵심은 뭔가를 따르고 지켜내려는 사람과, 아무것도 인정하지 않으려는 사람 사이의 갈등입니다. 좀더 단순히 하자면 최소한의 도덕감을 유지하려는 부류와 도덕감 자체를 부정하는 부류의 긴장입니다. 도덕이란 언제나 본질적으로 어떤 것에 대한 복종의 감정이고 봉사와 의무에 관한 의식입니다. 어떤 것에도 복종하지 않고 봉사와 의무를 수용하지 않으려는 새로운 인간형은 새로움이라는 옷을 입고 있지만, 사실 전혀 새롭지 않습니다. 이들은 책임지지 않고 노력하지 않고 정당화하기에 급급했던, 독재자의 명령에 복종했던 과거의 억압적 지배계층의 인간들이 변태해서 진화한 모습과 다를 바 없습니다. 그들에게 쿠데타도 구국의 결단이고 반공이 국시國是이고 반정부가 곧 반국가였던 것과 마찬가지로, 이제 대중에게는 일하기 싫어하는 것도 자본에 대한 저항이고, 한없이 날나리로 노는 것도 자기 성취이며, 공부

안 해서 못하는 것도 잘못된 교육 정책 때문인 그런 시대입니다. 최소한의 의무조차 거부하고, 최소한의 예의조차 파괴하고, 최소한의 교양조차 갖추지 못한 대중의 시대에 우리는 자신에게 물어야 합니다. "당신은 누구신가요?"

지루함은 지루하지 않다!

신은 지루해서 사람을 창조했다. 아담은 혼자여서 지루했고 이브가 만들어졌다. 하지만 둘이 사는 세상도 지루했다. 아담과 이브는 지루함 때문에 일을 저질렀고 에덴 동산에서 쫓겨났다. 그리고 그 이전에 하나님도 창조 이레째부터 뭔가를 만드는 데 지루해졌다. 그래서 만들기를 그만하고 쉬게 되었다. 키르케고르와 니체의 말을 붙여서 만들어본 것입니다. 이 말은 라르스 스벤젠L. Fr. H. Svendsen의 『지루함의 철학』에 나오는 내용인데, 이 책은 지루하면서도 지루하지 않습니다. 지루하다는 말은 이런 책을 사서 읽을 사람이 거의 없을 것이라는 점에서 하는 것이고, 지루하지 않다는 말은 내용이 알차다는 것입니다. 또 지루하다는 말은 철학적인 관심이 없으면 읽기가 좀 그렇다는 것이고, 지루하지 않다는 것은 배우는 게 있다는 말입니다. 여하튼 지루함은 지루할지라도 지루함을 생각하는 것은 지루하면서도 지루하지 않습니다.

이 책에서 옮긴이는 '오랜 시간'이라는 뜻을 가진 독일어 Langeweile, '지겹다'는 영어 boredom을 지루함으로 번역하였는데, 그냥 우리말로 하면 심심함, 지겨움, 지루함, 권태倦怠도 가능한데, 굳이 지루함이라고 한 까닭은 지루함이 그 속을 들여다보면 그냥 심심한 것도 아니고 지겨운 것도 아니기 때문입니다. 잘난 체를 해서 말하자면 지루함에는 간단치 않은 철학이 숨어 있다는 말입니다. 스벤젠의 말로 하자면 "작은 부분이라고 느끼면서도 그걸 밝혀내면 다른 사람에게도 중요한 게 될 수 있으리란 희망에서 어떤 명쾌함을 얻어내기 위한 노동이 바로 철학"입니다. 그런데 정작 그의 이 말은 명쾌하지 않습니다. 아마 철학이 이래서 사람들에게 거북한 게 되는가 봅니다. 여하튼 우리의 관심을 대담한 물음으로 표현하자면, "당신은 왜 지루해합니까?"라는 것인데, 도대체 왜 지루해합니까? 지루할 만큼 뭐라도 했다는 말입니까?

먼저 지루함과 관련되는 단어들의 뜻을 알아봅시다. 권태는 싫증이 나서 몸과 마음이 피곤하다는 뜻이고, 지루하다의 한자어인 지리支離는 이리저리 흩어져서 갈피를 잡지 못한다는 것입니다. 지루하다는 시간을 오래 끌어 멀미 나고 싫은 느낌이 생기는 상태이고, 심심하다는 할 일도 재미 볼 일도 없어 시간 보내기가 멋없다는 말입니다. 지겨움은 싫증이 나서 꼴도 보기 싫다는 것입니다. 싫증은 반갑지 않은 마음입니다. 이런 말들에서 짐작할 수 있는 건 지루함이 한마디로 짜증나는 상황이나 상태를 가리킨다는 부정정인 뜻을 가지고 있다는 것입니다. 그런데 지루함에도 종류가 있다고 합니다. 바로 상황에 따른 지루함과 존재 차원의 지루함이 있습니다. 상황에 따른 지루함은 지루한 강의나 영화처럼 일상생활에서 언제 어디서나 경험할 수 있는 것이고, 존재 차원의 지루함은 그렇지 않습니다. 이건 자기 반성과 연관됩니다. 그래서 반성할 시간이나 태도가 없는 사람에게는 존재의 지루함은 없습니다. 심심함이나 권태를 지루함이라고 생각할 뿐입니다.

그런데 존재적 차원이나 상황적 차원에서도 동물은 지루해하지 않는다고 합니다. 지나는 길에 한마디 하겠는데, 동물에 대해서는 사실 아무 말이나 해도 됩니다. 동물도 생각한다, 동물도 영혼이 있다, 동물도 감정이 있다는 말들은 아무나 해도 됩니다. 어차피 증명이 불가능한 것이니 그럴 수밖에요. 그래서 지루함을 느끼는 것은 인간의 특성이라고도 합니다. 간혹 지루함을 게으름과 연결시키는데, 게으름은 제 할 일을 하지 않아서 남아도는 시간을 어떻게 보낼까 하는 시간 보내기로 이어집니다. 주어진 시간을 보낼 만한 방법이 없어 시간 자체가 공허해지는 것입니다. 이건 개인적인 신념의 부재이고 의미의 공허함인데, 간단히 말해서 인생을 제대로 살지 않아서 생기는 것입니다. 할 일이 없어서 지루한 것과 일을 하면서 지루한 것은 다릅니다. 앞의 지루함은 사회가 어떤 일에서 요구하는 조건과 관련되는 개인의 무능력의 결과이고, 뒤의 지루함은 일의 특성이나 개인의 적성의 문제입니다. 물론 능력이 없어서 그만그만한 일을 해야 하고, 그래서 그 일에서 지루해할 수도 있습니다. 하지만 이 경우에도 관건은 적성이 아니라 능력입니다.

역사적으로 지루함은 과거 왕이나 왕족, 귀족의 특권이었습니다. 왕은 "아, 지루하다. 뭐 재미난 일 없냐?" 하고 신하에게 물어도 됩니다. 반면에 백성이 "왕이여, 지루합니다. 뭐 재미난 것 없습니까?" 하고 말한다면, 이건 "너 나라 제대로 다스리고 있냐? 백성이 이렇게 지루한데." 하고 비아냥거리는 게 되고 맙니다. 지루해진 왕이나 왕족, 좀더 넓혀서 귀족은 그래서 사교활동을 하고 음악이며 무용이며 오페라를 즐기게 됩니다. 일반인들이 지루함이라는 용어를 영어에서 사용한 것은 1760년 이후라고 합니다. 우리나라의 경우는 기록에서 확인해보지 않았지만, 지루함은 꽉 짜여진 신분질서 사회 속에서 평민이나 노비와는 무관한 것이었음을 짐작할 수 있습니다. 집단성과 주어진 임무, 책임감이 있던 시대에는 존재적인 지루함은 없었고 단지 상황적인 지루함만이 있었습니다. 존재적인 지루함은 근대 개인주의의 특징입니다. 개인성과 자유, 여가는 지루함의 원천입니다. 지금도 시골에서 농사짓는 분들이나 고단한 노동에 시달리는 도시 빈민들에게 지루함은 사치입니다. 말 그대로 먹고살기에도 바쁜데, 어디 지루할 시간이 있겠습니까?

게오르크 뷔히너G. Büchner(1813~1837)는 "지루한 사람은 무슨 짓이든 한다."고 말합니다. 깊고 깊은 지루함은 결국 죽음이지만, 죽음은 지루함에서 완전히 탈출하는 유일한 가능성입니다. 지루함은 동경입니다. 뭔가 재미나고 신나는 일에 대한 동경입니다. 동경의 대표적 형태가 유행인데, 유행은 결국 새로운 지루함으로 이어집니다. 그리고 성性은 가장 손쉬운 탈출구입니다. 하지만 그 성을 나누는 대상은 곧 다시 지루해집니다. 그래서 지루함은 신비주의나 이성주의로 빠지는데, 종교적이고 체험적인 신비주의나 토론이나 연구활동 같은 이성주의가 바로 그것입니다. 하지만 그 결과도 마찬가지입니다. 러셀은 "지루함에서 역사의 바퀴를 굴린 위대한 힘의 한 면을 본다."고 합니다. 지루해서 뭐든 하다보면 세상에 도움이 되는 일도 나온다는 말일까요? 여러분도 지루해서 괜히 외출을 하고, 그러다 물건을 사고 영화를 보고 돌아다닙니다. 이런 백수 같은 노는 행위도 경제적인 효과를 가져옵니다. 영화 〈주유소 습격사건〉의 줄거리도, 그리고 그 영화 자체도 아마 지루함의 결과일 것입니다. 습격하는 청년들도 지루했고, 영화 제작자도 뻔한 그저 그런 영화에 지루해서 새로운 영화를 만들고자 했을 것입니다.

우리는 하고 싶은 일을 할 수 없을 때나, 하고 싶지 않은 일을 해야만 할 때 지루함을 느낍니다. 바깥에 나가서 놀고 싶은데 부모 눈치 보면서 집에 콕 박혀 있을 때의 지루함. 이 지루함을 거꾸로 말하면 집에 콕 박혀 있고 싶지 않은데, 박혀 있어야 하는 지루함이 됩니다. 하고 싶은 일을 할 수 없을 때와 하고 싶지 않은 일을 할 때는 사촌입니다. 이 사촌지간의 핵심은 능력이 없다는 것입니다. 하고 싶은 일을 할 수 없는 것도 능력 때문이고, 하고 싶지 않은 일을 해야 하는 것도 능력 때문입니다. 차이가 있다면 그나마 하고 싶은 일을 할 수 없을 때가 좀더 능력이 있다는 것입니다. 먹고 싶은 걸 먹지 못하는 것과, 먹고 싶지 않은 걸 먹어야만 하는 경우를 생각해 보면 됩니다. 그나마 먹고 싶은 걸 먹지 못하는 게 낫습니다. 최소한 생존의 문제나 강압으로부터는 벗어나 있기 때문입니다.

 이런저런 지루함에 맞서는 가장 빠르고 효과적인 길은 일을 만드는 것입니다. 말하자면 일은 지루함을 이겨내는 치료제인데, 그러나 근대 이후에는 마약이나 술과 마찬가지로 일도 시간으로부터 도피하는 수단일 뿐입니다. 그리고 시간에서 도피해서 하는 것이라곤 어디 한적한 곳에 가서 쉬는 것입니다. 일은 쉬려고 하는 노동이고, 쉬는 것은 일을 하려고 힘을 축적하는 또 다른 일입니다. 그래서 결국 지루함은 치유되지 않고 늘 모양이나 강도만 달리한 채 우리 곁에 달라붙어 있습니다. 그렇다면 어떻게 해야 할까요? 저는 지루함이 지루해할 때까지 적극적으로 물고 늘어지자고 제안하고 싶습니다. 왜 지루해하는가? 지루함의 정체는 무엇인가? 뭐 이런 물음을 던지면서 지루함을 귀찮게 하는 것입니다. 그리고 짐작하시겠지만, 지루함은 오늘날 존재의 근본 속성입니다. 지루할 수밖에 없는 세상을 살면서 지루하지 않겠다는 건 무모한 일입니다. 그냥 지루해하면서, 그 지루함을 몸의 일부처럼 받아들이면서 살아가는 것입니다.

 뭔가 멋이 없다고요? 그렇습니다. 멋이 없습니다. 이게 지루한 것입니다. 멋없는 인생, 멋없는 하루살이. 그럼 멋있는 건 뭡니까? 멋없는 세상살이가 멋있는 세상살이를 돋보이게 하지만, '멋있는 어떤 삶'은 없습니다. 그저 멋없다고 생각하는 사람의 처지에서 보면 상대적으로 멋있어 보일 뿐입니다. 상황이 주는 지루함은 그 상황만 끝나면 그칩니다. 그 상황이 참 오래 간다면, 스스로 결단하면 됩니다. 하지만 존재가 지루하다면 문제는 어려워집니다. 왜 존재는 지루한가라는 물음에 답하지 않고서는, 그 원인을 찾아 해결하지 않고서는 지루함이 사라지지 않기 때문입니다. 바로 여기서 철학이 시작되고, 지루함과 철학이 결합하기 시작합니다. 나라는 존재의 지루함의 원인을 찾고 해결책을 마련하는 일이 시작되는 셈인데, 그래서 처음에 제가 한 말처럼, 지루함은 지루하지 않습니다. 오히려 지루함 때문에 우리는 긴장하고, 그 긴장의 끝에서 지루함이 너무도 보잘것없는 나 자신의 욕망에서 비롯된다는 사실을 발견할지도 모릅니다.

인간의 조건

'주례사로 뭘 할까?' 하는 이런저런 생각 끝에 앙드레 말로A. G. Malraux(1901~1976)의 『인간의 조건』이라는 책 제목이 떠올랐습니다. 자세한 내용은 뒤로 하고, 이 책은 인간의 조건 또는 인간됨을 판단하는 근거로 사람의 '행위', '선택'을 제시합니다. 여기서 말하는 행위行爲는 특정한 목적과 동기를 지닌 행동을 가리키는 말입니다. 따라서 그저 반응하는 움직임을 뜻하는 행동行動과는 다릅니다. 물론 일상생활에서는 굳이 행위와 행동을 구분하지 않습니다만, 범법행위犯法行爲라는 법률 용어에서 나타나듯이 세세한 영역에서는 행동과 구분해서 사용합니다. 간단히 하자면 행동에 의도가 개입되고 그 행동의 결과가 윤리적이고 법률적인 문제를 가져올 수 있는 경우에 행위라는 말을 사용합니다. 그런데 인간의 조건으로 말로가 행위를 제시한 까닭은 무엇일까요? 그리고 그 행위와 연관해서 선택을 말하는 것은 또 무엇일까요?

잠깐 주례사 이야기로 돌아가 보면, 주례사는 거의 대부분의 하객이 경청하지 않고, 정작 결혼 당사자조차도 무슨 이야기를 했는지 기억하지 못하는 게 다반사입니다. 말하자면 주례사는 주례 혼자서 심각하게 고민해서 내놓는 말일 경우가 대부분이라는 겁니다. 그런데 먹고 버린 귤껍질처럼 허망한 주례사를 대하는 태도에서도 인간의 조건을 엿볼 수 있습니다. 제대로 된 하객이라면 주례사를 하는 동안만이라도 조용히 경청해야 하고, 결혼 당사자는 말할 것도 없이 집중해야 합니다. 주례를 세운 이유가 있을 것이고, 하필 다른 사람도 아닌 바로 그 사람을 주례로 세운 이유도 있을 것입니다. 이걸 이유나 동기라고 한다면 주례를 세운 일은 분명히 행위입니다. 그렇다면 그 행위에 걸맞은 합당한 태도를 취해야 합니다. 그 많은 사람 가운데 누군가를 주례로 선택하고서 최소한의 예의를 갖추지 않는다면, 그 결혼은 이미 인간의 결혼이 아닐 것입니다. 이처럼 결혼식에서 주례를 대하는 태도, 행위는 사람의 사람됨을 판단하는 기준일 수 있습니다.

뭔가 감이 잡힙니까? 마음가짐이나 신념, 이념의 문제가 아니라 실제로 무엇을 하는가가 인간됨의 척도라는 말입니다. 그 많은 절집이며 교회가 모두들 엄청난 신앙적 이념을 자랑하지만, 뭐 하는 게 별로 없습니다. 그렇다면 이건 절집이나 교회답지 못한 것입니다. 저마다 자신의 가치관이니 세계관이니 하고 심장에 하나씩 보물처럼 간직하고 있으면 뭐합니까? 그 가치가 밖으로 드러나야 하고, 그 드러남도 제게 이로운 무엇을 노려서는 안 됩니다. 이름 한 자 드러내겠다고 연말연시에 불우이웃을 돕는 천박한 연극은 결과적으로야 누군가에게 금전적 도움이 되겠지만 허망한 자기과시일 뿐입니다. 더러운 자본의 세상을 끝장내고 사람이 사는 세상을 만들겠다는 신념도 마찬가지입니다. 그러면서 고작 하는 짓이 둘로 셋으로 나누고 서로 헐뜯고 권력을 독점하려고 하고, 무엇보다 인간을 인간으로 대하지 않습니다. 물론 이게 다 '과정'에서 일어나는 문자 그대로 '사소한' 잡음일 수 있습니다. 하지만 사소한 잡음이 지속되면 아름다운 목소리는 그저 소음으로 들릴 뿐입니다. 마치 좋은 목소리를 얻기 위해 악다구니를 쓰다가 목소리를 잃고 쇳소리를 내는 것과 다를 바 없습니다.

인간의 조건이라! 우리는 늘 인간적 '결과'에 집착해왔습니다. 실용주의에 물들어 "결과가 좋으면 다 좋다."는 명제를 가치기준으로 삼았던 것입니다. 몇 사람쯤 죽어나가도 빨리빨리 도로를 닦으면 그만이고, 아이가 망가지고 있든 말든 좋은 성적을 받아 폼 나는 대학에 입학하면 그만인 것입니다. 한마디로 "다 너 잘되라고 하는 일"이니 꾹 참자는 말이지요. 말로를 끌어들이자면, 도대체 그런 부모들은 왜 '너 잘되는 일'을 그런 쪽으로만 생각하는지를 먼저 따져보아야 합니다. 결국 너 잘되는 일이 아니라 부모가 폼 나고 잘되는 일을 택하고 있는 것입니다. 다른 말로 해서 아이를 혹독하게 교육하는 동기나 목적이 아이 자체에 있지 않고 부모의 마음, 선택에 있다는 것입니다. 왜 그 부모는 그런 선택을 했을까요? 그건 그 부모가 그런 인간이기 때문이고, 인간의 조건을 갖추지 못했기 때문입니다.

저는 이런 질문을 제 자신에게 던질 때마다 참으로 힘들어집니다. "너는 왜 하필 그걸 선택했지?", "너는 왜 하필 그렇게 행동했지?" 우리는 필연적인 이유를 찾고 싶어합니다만, 아쉽게도 필연은 없습니다. 사르트르J. P. Sartre(1905~1980)의 말처럼 우리는 규정되지 않은 존재, 자유로운 존재이고, 우리의 삶은 무규정성無規定性, 곧 우연이 지배하기 때문입니다. 그리고 그 우연은 선택을 요구하고 선택은 자신의 의지에 기대고 있습니다. 이 연쇄사슬 안에서 우리는 자신의 행위를 자신에게 책임지우는 일이 가능해집니다. 달리 표현해서 "그렇지 않을 수도 있었다."는 것입니다. 그런데도 우리는 늘 "어쩔 수 없었다."는 말을 입에 달고 삽니다. 만약 우리의 삶이 어쩔 수 없는 것이라면, 우리는 누구에게도 책임을 물을 수 없게 됩니다. 남는 건 무슨 일이 생기더라도 받아들이는 것뿐입니다. 그러나 삶에는 언제나 선택지가 있고, 바로 그 선택지 때문에 우리는 제 스스로(自)가 이유(由)가 되는 그런 존재, 즉 자유自由로운 존재인 것입니다. 그래서 책임은 자유에서 비롯되는 것입니다. 그리고 이 선택과 자유는 아무것도 없이 비어 있음에 뿌리를 대고 있습니다.

아무것도 없이 비어 있음은 허무虛無입니다. 허무한 세상살이! 지혜의 극한입니다. 누군가는 이 허무를 무엇으로든 채울 수 있다는 뜻으로 받아들이지만, 그건 하수의 욕심을 표현하는 말입니다. 허무는 그 자체로 어떻게 하더라도 채울 수 없는 그런 허무입니다. 허무주의Nihilism가 파괴적 테러리즘으로 이어진다는 사회학의 주장도 있습니다만, 제가 말하는 허무주의는 파괴적 욕망까지 비우는 지혜로서의 비어 있음입니다. 몹시 화나는 일을 겪고도 "그렇지, 화의 끝도 허무한 것이지!"라고 생각한다면 화 때문에 생겨나는 피해를 비껴갈 수 있습니다. 누구든 제 스스로의 이유로 이런저런 행위를 하고 그 행위의 끝은 허무하다는 게 말로의 『인간의 조건』이 말하고자 하는 주제일 것입니다. 그런데 이런 물음을 떠올릴 수 있습니다. "모든 게 허무하다면 도대체 삶의 가치는 어디서 찾을 것인가?" 하지만 이 물음은 이미 허무주의가 아니라 무엇인가를 채우는 가치를 전제하고 있습니다. 다시 말해 이 물음은 "왜 삶은 가치 있어야 하고, 그 가치란 무엇인가?" 하는 다른 물음을 풀지 않으면 답할 수 없는 선결문제를 안고 있습니다.

우리는 너무 많아서 아무도 할 수 없는 그런 수많은 인간의 조건을 갖고 살아갑니다. 난사람, 든사람, 된사람을 구분해서 된사람이 되어라 하고 교육받습니다. 그런데 이 된사람을 설명하는 내용을 보면 '남에게 좋은 사람으로 인정받는' 그런 사람입니다. 결국에는 남의 눈을 노리고 있는 것이지요. 한발 물러서더라도 어떻게 되어야 한다는 강요라는 점에서는 다른 가르침과 전혀 다를 바가 없습니다. 여기서도 우리는 도대체 왜 난사람, 든사람보다 된사람이 나은 사람인가 하는 질문을 던져야 합니다. 난사람이나 든사람이 되기는 쉽지만 된사람이 되기는 어렵다는 말도 설명으로서는 부족합니다. 이미 된사람에 초점을 두고서 난사람이나 든사람을 깎아내리는 것에 불과하기 때문입니다. 허무주의를 적용해봅시다. 그래 난사람이면 어떻고 든사람이면 어떻고 된사람이면 어떻습니까? 다 제 삶을 한번 살아보려고 선택한 삶의 방식이고, 그 속에서 저마다 행복하게 산다면 그만입니다. 손가락질이나 비난으로 얻는 건 무엇이고 잃는 건 또 무엇일까요? 어차피 죽게 되면, 가리지 않고 받아들이는 땅이 있고, 그 속에서 모두들 썩어갈 것입니다.

그런데도 말로는 왜 인간의 조건을 말하는 것일까요? 그리고 그 인간의 조건은 새로운 가치를 제시하는 또 다른 강요가 아닐까요? 아무것도 없는 비어 있음은 지혜의 극한이라고 했습니다. 선택은 우리 손에 달려 있는 것이고, 이제 우리는 무엇을 할 것인가를 결정해야 합니다. 죽음이라는 절대 허무의 장면에서 모두가 끝날 수밖에 없는 게 인생이라면, 무엇을 위해, 어떻게 죽을 것인가를 고민해야 한다는 게 말로의 결론입니다. 이 허무한 세상살이에서 빈 곳을 남의 피로 채우면서 호사롭게 살 것인가? 이 허망한 삶에서 남의 가슴을 들쑤시면서 돌아서 웃을 것인가? 내 피로 더 이상의 피흘림을 막을 것인가? 내 땀으로 남의 땀을 식혀줄 것인가? 이도 저도 아니게 하루를 살고 살아 인생을 채울 것인가? 무엇을 꿈꾸고 그 꿈을 위해 무엇을 할 것인가? 우리에게 던져지는 이상理想은 행위를 요구하고 그 행위의 마지막에는 죽음까지 요구하는 절망적 어둠이 자리하고 있습니다. 그래서 인생은 그것이 사랑이든 일이든 놀이든 '죽도록 할 것'을 권합니다.

결국 모든 것이 죽고 아무것도 없는 비어 있음은 늘 그렇게 아무것도 없는 채로 비어 있게 되는 것입니다. 다만 누군가가 우리의 죽음을 그들의 가치로 채울 것입니다. "그 사람 참 잘 살다가 갔지요!" 참 잘 살다가 간 그 사람은 이미 죽고 비어 있습니다. 이게 허무일 것입니다. 허무한 결말이고 아무것도 제시하지 못하는 글입니다. '인간의 조건'은 없습니다. 왜냐하면 우리는 이미 인간이니까요. 그것도 참 더러운 인간이니까요. 이렇게라도 이기적 삶을 정당화해야 하는 참 천한 인간이니까요! 이제 제 생각은 뚜렷해집니다. 주례사를 생각지 말고 그냥 하고 싶은 말을 하는 것입니다. 인간의 조건도 없는데 어찌 주례사의 조건이 있겠습니까? "잘 먹고 잘 살아라." 간결하고 현명한 주례사입니다. 그런데 잘 먹는 건 뭐고 잘 사는 건 무엇이지요? 이래저래 똑 부러지게 맞아떨어지는 게 없습니다. 그래서 우리는 다시 인간의 조건으로 돌아갑니다. 아무것도 없는 허무한 세상살이. 비어 있음. 채워지지 않음. 절망. 죽음. 소크라테스의 죽음은 어쩌면 이런 사정을 알아차린 현자의 마지막 선택이었을지도 모릅니다. 그리고 그의 죽음을 두고 말하기 좋아하는 사람들이 '진리를 위한 희생'이라고 꼬리표를 달아놓습니다. 그것도 진리가 무엇인지 묻지도 고민하지도 않고, 희생하지도 않는 그런 인간 같지 않은 놈들이 말입니다.

분노에 대하여

유시민의 항소 이유서의 끝 구절로 잘 알려진 네크라소프N. A. Nekrasov(1821~1878)의 시구는 분노와 슬픔, 사랑을 한데 묶어 말하고 있습니다. "슬픔도 노여움도 없이 살아가는 자는 조국을 사랑하고 있지 않다." 전문을 다 아는 사람이 없고 저도 마찬가지입니다. 그래도 굳이 풀어보자면 우선은 현실을 슬퍼할 줄 알아야 하고, 다음으로 그 현실에 분노해야 하고, 그 슬픔과 분노를 사랑으로 승화해야 합니다. 결국 슬픔과 분노는 사랑으로 가는 도구이지 그것 자체가 목적이 아닙니다. 그런데도 우리는 사랑에 이르지 못하면서도 슬픔과 분노를 자랑처럼 내놓습니다. 이때 우리는 "당신은 왜 슬퍼하고 분노하는가?" 하고 물어야 합니다. 물론 이 물음 이전에 스스로에게 먼저 물어야 합니다.

이런 슬픔과 분노는 브레히트B. Brecht(1898~1956)에게도 나타납니다. 브레히트는 '살아남은 자의 슬픔'이라는 시에서 이렇게 말합니다. "물론 나는 알고 있다. 오직 운이 좋았던 덕택에/나는 그 많은 친구들보다 오래 살아남았다. 그러나 지난밤 꿈속에서/이 친구들이 나에 대하여 이야기하는 소리가 들려왔다./'강한 자는 살아남는다.'/그러자 나는 자신이 미워졌다." 어쩌면 슬퍼하고 분노하는 자는 강한 자이고, 그래서 살아남는 자일지도 모릅니다. 그렇게 살아남은 자가, 강한 자가 약한 자에게 슬픔과 분노를 이야기합니다. 듣는 사람들은 숨죽이고 귀를 기울입니다. 하지만 속내에는 "그래, 네가 센 놈이다."는 비아냥거림이 들어 있습니다. 강한 자는 운을 말하지만, 약한 자는 운명을 말합니다.

분노를 품은 사람은 성장하고 성숙해집니다. 하지만 분노의 그 최종 목적지가 무엇인지를 잊어버릴 때에는 또 다른 누군가가 분노하게 됩니다. 그렇게 분노의 사슬은 꼬리를 물고, 결국에는 분노가 난무하는 팍팍한 세상살이가 됩니다. 불의에 분노하고 저항하는 까닭은 우리를 사랑하지 못하게 하는 무엇을 끝장내기 위함입니다. 끝장내기의 치열함은 슬픔도 분노도 아니라 그 치열함의 사랑이어야 합니다. 그리고 그 치열함의 끝에서는 따뜻한 세상살이가 기다리고 있어야 합니다.

윤동주는 '십자가+字架'라는 시에서 이렇게 말합니다. "괴로웠던 사나이, 행복한 예수 그리스도에게처럼 십자가가 허락된다면 모가지를 드리우고 꽃처럼 피어나는 피를 어두운 하늘 밑에 조용히 흘리겠습니다."라고. 우리에게 십자가가 주어질지 모르지만, 만약 주어지더라도 그건 어두운 하늘을 열어젖히는 사랑의 피를 조용히 흘리는 행복한 형벌이어야 합니다.

결국 우리가 분노에서 배워야 할 게 있다면, 그건 강한 자의 자기표현도 아니고, 약한 자의 변명도 아니며, 누군가를 단죄하려는 복수의 칼끝도 아니라는 것입니다. 분노에서 자라나는 파란 싹을 보면서 스스로를 키우고 그 키워진 자신을 가지고서 남을 사랑하는 것입니다. 그런 까닭에 아무나 분노할 수는 없습니다. 분노가 타인에 대한 사랑으로 이어질 수 없다면, 차라리 침묵해야 합니다. 분노는 책임입니다. 분노는 다짐입니다. 그래서 분노는 분노가 아닙니다.

버지니아 공대의 참사로 말 없는 인간 조승희는 처음이자 마지막으로 사람들의 관심을 끌었습니다. 구성원 스스로가 윤리적이고 인간적이라고 생각하는 사회일수록 그러한 사회적 환경 자체가 어떤 인간에게는 더 큰 위협이라는 걸 사람들은 알지 못합니다. 온갖 정상적이고 윤리적인 사람들이 다른 사람에게 이런저런 정신적 병명病名을 붙이면서 배려하지만, 그가 왜 그런 병에 시달려야 하는지를 이해하지 못합니다. 그저 안정된 사회 구성원의 눈에는 그런 병이 개인의 부적응이거나 문명의 질병일 따름입니다. 분노는 여기서 싹트기 시작합니다.

이럴 경우 적응하지 못하는 사람은 자신의 일탈행위와 범죄행위를 그 사회의 구성원들만큼이나 합리적이고 도덕적이며 정상적인 이유를 제시함으로써 자신을 정당화하려고 합니다. 그가 파괴하는 것은 생명이 아니라 우상이고, 그의 잔학함은 폭력이 아니라 의식儀式의 일부가 됩니다. 조승희는 스스로 윤리적이고 인간적이라고 생각하는 사람들을 타락한 인간으로 규정합니다. 그가 가리키는 'You'는 우리 자신일지도 모릅니다. 배려하고 도움을 주는 사람들은 스스로 아름다운 사람들이라고 믿고 있을지 모릅니다. 그렇지만 배려받고 도움받아야 하는 사람은 생각이 다를 수도 있습니다.

그러나 이런 사정을 고려하더라도 조승희의 분노는 예수의 그것도, 윤동주의 그것도 아닙니다. 물론 네크라소프의 것도 아닙니다. 사람을 살리는 분노가 아니라 사람을 죽이는 분노이기 때문입니다. 만약 조승희가 그의 영문학적 재능을 발휘하여 분노를 문학으로, 희곡으로 승화시켰더라면 하고 바란다면 이건 욕심일까요? 되돌릴 수 없는 참사를 놓고 이러쿵저러쿵하는 것도 사람이 할 일은 아닙니다. 그저 같이 아파하는 것 외에는 방도가 없습니다.

이래저래 화낼 일도 많고 섭섭한 일도 많은 게 우리네 삶입니다. 하지만 화를 내고 섭섭해한다고 사정이 나아지거나 그럴 일이 줄어

드는 건 아닙니다. 오히려 담담하고 담담해야 분노도 슬픔도 줄어듭니다. 어쩌다가 그 지루한 담담함의 끝에서 터져나오는 분노는 인내의 한계가 아니라 신념의 실현이어야 합니다. 그리고 그 신념은 죽음이 아니라 삶을 향하는 것이어야 합니다. 네크라소프의 이야기를 다른 버전으로 만들어볼까요? "슬픔과 노여움만으로 살아가는 자는 자신도 남도 사랑하지 않는 자이다."

인간적인, 너무나 인간적인 병, 우울증

우울憂鬱. 근심 때문에 답답하다는 말입니다. 이게 병적인 증상으로 나타나면 우울증憂鬱症, depression이 됩니다. 영어 depression은 우울한 우리 주변의 상황을 모두 포함하는 단어입니다. 그래서 depression은 의기소침, 불경기, 기능 저하, 저기압을 뜻합니다. 이런 상황을 모두 합치면 "고통으로 흐린 날 몸과 마음이 꽁꽁 얼어 아무것도 하지 못하는 상태"가 됩니다. 그런데 문제는 이 우울증이 아무에게나 찾아오는 병이 아니라는 것입니다. 흔히들 우울증에 걸리면 무슨 큰 잘못이라도 있었는가 하지만, 실상은 그렇지 않습니다. 우울증은 우울한 사람에게 찾아오는 어떤 대가 같은 질병이 아니라, 여리고 착한 사람들을 괴롭히는 인간적 질병입니다.

여기서 인간적이라는 말은 도덕적이라거나 양심적이라거나 소심하다, 더 나아가서는 착하다는 말과도 비슷합니다. 뻔뻔스럽기 그지없고 거리낌 없고 사악한 인간들은 실제로 우울증에 잘 걸리지 않습니다. 저는 아직 정치인 가운데서 우울증에 걸렸다는 놈을 본 적이 없습니다. 입만 열면 거짓말을 하면서도 정작 자신이 거짓말을 했고, 하고 있다는 걸 기억하지 않습니다. 그리고 연쇄살인범이나 직업적 사기꾼, 악랄한 살인강도와 같은 범죄자가 우울증에 빠졌다는 말도 잘 듣지 못했습니다. 그 사람들은 범죄를 저지를 만한 이유만을 기억하고, 피해자나 그 가족의 아픔은 기억하지 않습니다. 이런 부류의 놈들은 이미 도덕이나 양심, 소심함이나 착함에서 한참 떨어져 있는 사람들이기 때문입니다. 그런가 하면 우울증의 가장 강력한

백신은 생각 없이 사는 그런 삶의 태도입니다. 그래서 아주 어린아이나 생물학적으로 지능지수가 낮은 사람, 우리가 흔히 쓰는 말로 '생각 없이' 사는 사람들은 한결같이 웃음이 많고 기억력이 떨어집니다. 여기서 우리는 기억에 주목해야 합니다.

기억은 도덕감이 생겨나는 원천입니다. 기억하지 못한다면 우리에게는 죄도 벌도 없을 것입니다. 가해자도 기억하지 못하고 피해자도 기억하지 못하는 그런 범죄가 어떻게 성립할 수 있고, 그걸 어떻게 처벌하겠습니까? 짐승의 마음을 지닌 뻔뻔한 놈들은 약속이나 한 듯이 "기억이 나지 않는다."고 합니다. 자신의 기억에서 범죄나 도덕감을 지워버리는 것입니다. 그런데 우울증은 이 기억을 기억하는 사람에게 깊이 자리합니다. 미국의 심리학자 폴 호크P. A. Hauck는 『우울증 스스로 극복하기』에서 우울증의 가장 큰 특징으로 죄책감이나 도덕감, 정서적 공감을 지적합니다. 작은 잘못을 하고서도 툭툭 털지 못하고 그걸 계속 속에 담아두고 살아갑니다. 누군가 그 잘못을 다시 꺼내서 비난하지 않을까 하는 두려움이 급기야 몸과 마음을 점령하고 의기소침한 인간으로 변화시킵니다.

혹시 한두 번 약속을 어겨본 적이 있습니까? 그런 사람 가운데 누군가는 자기가 좋아하는 그 사람이 어긴 약속 한두 번 때문에 자신을 멀리하지 않을까 하고 크게 근심합니다. 그런가 하면 누군가는 약속을 어긴 사실을 탓하는 사람에게 "살다 보면 약속을 어길 때도 있지 뭘 그걸 그렇게 물고 늘어지느냐?"고 오히려 상대방의 속좁음을 비난하기도 합니다. 이런 사람은 우울증에 걸리지 않습니다. 집안의 부모나 가족이 이런저런 이유로 엄청난 고통을 겪고 있을 때 가출하는 아이나 혼자 독립해서 외면하고 살아가는 사람은 우울증에 걸리지 않습니다. 부모의 고통을 어린 나이에 이미 깨닫고 말없이 제 일을 하는 아이들, 나는 우리 가족에게 도움이 안 되고 짐이 될 뿐이라고 생각하는 착한 아이들 가운데 몇몇이 우울증에 걸립니다. 다 그런 것은 아니지만 껌 좀 씹고 침 좀 뱉는 거리의 청소년에게서 담배나 알코올에 찌든 모습을 발견하기는 쉽지만 우울증에 걸린 아이를 찾기는 어렵습니다. 이 두 부류의 아이들의 차이도 기억에 있습니다.

착한 아이들, 여린 아이들, 너무 일찍 어른이 된 아이들은 모든 걸 기억하고 기억합니다. 아버지의 술잔이며 어머니의 한숨이며 동생의 눈물을 기억합니다. 반면에 그렇지 않은 아이들은 그 모든 걸 잊기 위해서, 아니면 처음부터 기억하려고 하지 않았기에 술로 담배로 거짓 행동으로 잊어버립니다. 양심적이고 도덕적인 사람은 정치나 돈벌이에 어울리지 않습니다. 우리나라 정치인이나 경제인 가운데 거짓말 안 해본 사람이 있을까요? 다시는 정치를 하지 않겠다고 하고선 끝내 대통령을 지낸 정치인은 물론, 분식회계를 밥 먹듯 하고 회삿돈을 제 돈처럼 빼돌린 대기업 총수까지 아무도 피노키오를 읽지 않았습니다. 아닙니다. 피노키오를 기억하지 않습니다. 다 관행이었을 뿐입니다. 야당 정치인은 아버지의 죄는 잊고 기여한 부분만을 기억합니다. 더 나아가 과학자라는 놈조차 자신의 학문적 범죄행위를 '의도적인 실수'라고 기억합니다. 이 사람들 가운데서 코가 길어진, 그래서 우울증에 걸린 사람 보셨습니까? 나무인형만도 못한 놈들입니다.

폴 호크는 자기 주변의 비극적 상황이 나 때문에 일어났다고 생각하는 태도, 고통에 반응해야만 하는 여린 마음도 우울증의 원인이 된다고 합니다. 아이의 우연한 사고사를 자신의 잘못으로 돌리는 어머니는 우울증으로 죽어갑니다. 부모님이 슬퍼하시는 건 공부 못하는 나 때문이라고 생각하는 아이가 투신합니다. 민주화운동의 시기 내가 과연 조국과 역사를 위해서 무엇을 했는가 하고 묻던 청년들이 분신하고 투신하였습니다. 이런 걸 억울하다고 합니다. "왜 억울하죠?" 이렇게 묻는 분은 우울증에 걸리지 않습니다. "그게 인간의 당연한 자세가 아닙니까?" 하고 말하는 분은 우울증에 걸릴 확률이 아주 높습니다. 야망과 분노와 복수로 가득 찬 마음에는 우울증이 들어갈 자리가 없습니다. 무관심한 마음에도 그 자리는 없습니다. 모두 도덕과 자책과 비난과 벌받음을 당연한 듯 받아들이는 사람에게 우울증은 길손처럼 왔다가 눌러앉습니다.

대담하게 제안합니다. 뻔뻔해집시다. 더러워집시다. 이기적으로 삽시다. 무관심합시다. 우울증에 걸리지 않는 도둑놈들을 친구합시다. 청춘이라는 말보다도 더 푸른 사람들이 목숨을 끊어갑니다. 부패라는 말보다 더 더러운 인간들이 대를 이어갑니다. 왜 우리 같은 착한 사람들이, 만 원이 있는데도 친구에게 빌려주지 않았다고 자책하는 우리 같은 사람들이, 노인을 보고도 그냥 눈 감고 모른 체하면서도 들킬 것을 염려하는 우리 같은 사람들이, 엄마한테 불쑥 한마디 한 그 말 때문에 하루 내내 가슴이 괴로운 우리 같은 사람들이, 공과금 미납한 걸 범죄처럼 걱정하는 우리 같은 사람들이, 아이와 남편을 위해 진이 빠진 어머니가 왜 우울증에 걸려야 합니까? 다시 제안합니다. 수백, 수천 억 빼돌리고도 사는 놈들, 엄청난 재산을 갖고서도 연체된 수억의 세금을 모르쇠 하는 놈들, 입만 열면 국가와 국민을 사랑한다는 정치꾼들, 학원 폭력을 휘두른 제 아이를 두둔하고 피해 학생을 욕하는 부모들, 북한으로 다시 끌려가 고통받는 탈

북자보다 자신에게 돌아올 책임을 걱정하는 놈들, 사회봉사를 빌미로 돈을 빼돌리고 약자를 착취하는 놈들. 이런 놈들의 돼지의 심장을 배웁시다.

그래도 그런 돼지의 심장이라면 버리겠다는 착한 사람이 여전히 있다면, 주변의 우울한 사람에게 힘이 됩시다. 사람을 죽이는 댓글을 달지 말고 따뜻한 격려의 글을 남기는 사람, 적은 돈이지만 가난한 아이가 공부할 수 있게 기부하는 사람, 힘들어하는 아이에게 돈으로 모자라는 부분을 애정으로 채워주는 부모, 나를 찾은 메일과 문자 메시지에 꼭 답장하는 사람, 늦은 귀갓길 부모님을 위해 붕어빵을 사는 자식, 아내를 위한 꽃을 손에 든 술 취한 남편, 고생하는 사람에게 수고하신다는 인사말을 하는 사람, 휴양지에서 자기 주변의 쓰레기를 줍고 오는 사람. 우울증이 좋아하는 이 모든 착한 사람들이 서로의 얼굴에서 웃음을 보고 사는 그런 세상이어야 합니다. 그래서 방방곡곡 돼지의 심장을 가진 놈들이 우울해하지는 않더라도, 적어도 우리가 우울해지는 일이 없는 그런 세상이어야 합니다. 인간의 병이 없는 그런 세상이어야 합니다.

좌절 연기 그리고 좌절 대처법

살다보면 사람 관계에서, 일상에서 예상했던 또는 예상치 못했던 좌절을 경험할 경우가 있습니다. 이러한 좌절에 몇몇 사람은 다리가 풀려서 무릎을 꿇거나 몇몇 사람은 분노로 밤을 꼬박 새우기도 합니다. 때로는 도대체 내가 왜 이런 좌절을 맛보아야 하는지 원망하면서 세상을 등지고 낯선 곳으로 떠나기도 합니다. 그런데 좌절은 그 속을 들여다보면, 사실 이미 예고된 것이거나 최소한 그럴 가능성이 있다는 걸 짐작하고 있는 상태에서 찾아오는 것입니다. 따라서 좌절 앞에서 좌절하는 건 일종의 자기 방어이고 자기 정당화입니다. 더 발가벗겨놓고 말하자면 다 그럴 것이라고 짐작한 좌절 앞에서 좌절하는 척하는 것은 자기를 지키는 수단이고, 남의 입을 틀어막는 재갈입니다.

별다른 노력 없이 시험을 맞이하는 학생들은 대부분이 그 결과를 예상하고 있습니다. 다만 그 가운데 몇몇은 요행을 바라는 마음이 남아 있어서 혹시나 하는 미련을 버리지 못합니다. 하지만 결과는 늘 우리의 기대를 벗어나고 냉정한 현실로 칼처럼 다가옵니다. 자, 이때 어떻게 하는 게 보통 사람의 일일까요? 너무도 뻔한 이야기고 좀 무안한 이야기라 그렇습니다만, 흔하고도 흔하고 또 쉽고도 쉬운 것이 울고불고 난리를 피우거나 남이 알아차릴 정도의 눈물이나 흐느낌을 보여주는 것입니다. 심한 면이 없지 않지만, 제가 잘 이해하지 못하는 것 가운데 하나가 겨울이 시작될 때 꼭 나오는 수능성적 발표일의 풍경입니다. 왜 그리 많은 학생들, 더 정확히는 여학생들이 서로 부둥켜안고 울거나 혼자서 소리 내어 펑펑 우는 것일까요?

정말 도저히 생각지도 못했던 점수를 받았기 때문일까요, 아니면 짐작은 했지만 막상 점수를 받고 보니 주체할 수 없이 눈물이 나는 것일까요? 둘 다 맞는 말이기는 하지만, 그보다는 자기 방어 행동이라는 표현이 정확합니다.

만약 시험성적이 좋지 않은데도 멀뚱멀뚱하게 있다면, 그걸 보고 좋아할 부모는 없습니다. 또 친구들 사이에서도 눈물은 상당히 효과적인 자기 방어책이자 자기 기만책입니다. 눈물 앞에서 냉정하게 "원래 너 실력이 그만큼이잖아!" 하고 말할 사람은 없습니다. 반대로 낮은 점수를 받고도 히죽히죽 웃는 친구에게는 "야, 정신 차려라. 그 점수 받고도 웃음이 나오냐?" 하고 핀잔을 줄 수 있습니다. 우리의 성정은 미안해하거나 슬퍼하는 사람에게 돌을 던지지 못한다는 말입니다. 그리고 비록 실력에 맞게 점수가 나왔더라도 울고불고하는 사람을 보면 "생각보다 점수가 낮게 나왔나 보다." 하고 우리 스스로도 체면에 걸리게 됩니다. 이런 장면은 축구 시합에서도 자주 나오는데, 전문가가 아닌 제가 보기에도 이건 분명히 똥볼인데, 그래서 애초 골은 기대도 하지 않았는데, 공을 찬 선수는 머리를 감싸 쥐고 하늘을 보거나 손으로 땅을 치는 장면이 많습니다. 이런 행동은 순식간에 일어나는데, 그만큼 우리는 예견된 실수이지만 예상치 못한 실수처럼 꾸미는 일종의 본능을 가지고 있는 셈입니다.

이런 좌절 연기는 그때 당시에는 아주 뛰어난 약입니다. 하지만 곧 약발이 사라집니다. 눈물이 마르고 울고불고하는 난리가 끝나면 차분한 비난과 응징이 기다리게 마련입니다. 따라서 이런 방식의 좌절 해결은 권할 게 못 됩니다. 늘 하는 말이지만, 삶의 장애물은 직접 돌파해야 하고, 그것도 자신의 잘못에서 비롯되는 예측 가능한

좌절 연기 그리고 좌절 대처법

것이라면, 무조건 인정하면서 넘어서야 합니다. 그럼 좌절에 대처하는 법은 어떤 것일까요? 그 내용은 우선 자존심을 낮추는 것이고, 다음으로는 앞으로는 매사에 신중해지는 것이고, 그다음으로는 자신의 목표나 일을 바꾸는 것입니다. 물론 이때에도 최소한의 자존심이 있어야 하고, 그 자존심을 뒷받침하는 작은 실력이 있어야 합니다. 이도 저도 없을 경우에는 아마도 이런 이야기 자체가 이미 이야깃거리도 되지 못할 것입니다.

흔히 말하는 자존심은 대체로 참된 의미의 자존심, 다시 말해 스스로 자신의 존재를 알고 그 존재를 믿는 그런 마음이 아니라, 남에게 그럴듯하게 보이려는 욕망일 뿐입니다. 그래서 자존심이 세다는 사람들을 보면, 내실도 없으면서도 잘 삐치고 서운해하는 허수아비입니다(여기서 허수아비의 이름이 무엇인지 분명히 해주어야 하는데, 그 이름을 몰라서 '허수아비'라고 해서 본의 아니게 그분의 아들 '허수'의 명예를 손상했다면 사과드립니다. '허수아비'의 본명을 아는 분은 연락 바랍니다. 후사할지 안 할지는 연락하는 분의 됨됨이를 보고 결정하겠습니다. 그런데 이런 우스개가 통하기는 하는 겁니까?). 따라서 자존심을 낮춘다는 말은 제 현실도 모르고, 노력도 없이 자기를 믿는 그런 자존심을 버리고 자신에게 맞는 믿음을 가지는 것을 뜻합니다. 예를 들어 토플 평균이 750점이라고 해서, 나도 중간은 되겠지 하는 마음으로 750점을 자신의 가능한 점수로 삼는 일을 하지 않아야 한다는 것입니다. 방법은 우선 토플 시험을 쳐보는 것입니다.

다음으로 매사에 신중해진다는 말은 현실의 조건, 노력하는 과정에 비추어서 자신의 내일에 기대를 하든 말든 하라는 것입니다. 이건 자존심을 더 분명히 하는 것이기도 합니다. 다시 말해 부질없이 기대해서 좌절하지 말고, 성공의 조건 또는 좌절의 조건을 따져서 그만큼만 욕심내자는 말입니다. 당장 주변을 둘러보아 나보다 나은 사람의 현실이나 노력 정도를 살펴보아야 하고, 또 나보다 못한 사람의 현실과 노력도 자신과 견주어보아야 합니다. 이런 과정이 생략되면, 자기는 하루 여섯 시간 자면서 대단히 열심히 공부했다고 생각하지만, 남은 네 시간, 다섯 시간 자면서 공부하고 있을 경우에는 혼자서만 예측하지 못한 뻔한 결과를 경험해야 합니다. 우리 주변에는 이런 사람이 많습니다. 그래서 수능성적이 발표되면 그토록 서러워하는가 봅니다.

끝으로 목표를 조정해야 합니다. 하기야 요즘과는 다른 입시체제에서 제가 대학에 들어갈 때는 실력은 안 되더라도, 재수를 할 바에는 일류대를 쳐서 떨어지자는 우스개가 있었습니다. 그래야 남에게 폼도 나고 재수학원에서도 대접을 받는다는 것입니다. 흔히 "Aim High!"라고 합니다만, 저는 이 말에 반대합니다. 그저 자신의 발에서부터 출발하는 게 좋고, 거기서부터 미련스럽게 한발한발 가는 게 좋습니다. 그래서 저는 "Without Aim!"을 더 좋아합니다. 쉽게 풀자면 오늘 하루 열심히 하면 그만이라는 말입니다. 내일은 또 내일 하루 열심히 하고, 모레는 또 모레처럼 보내면 그만입니다. 그렇기에 목표를 조정한다는 말은 목표를 없앤다는 말과 같습니다. 목표는 사람을 황폐하게 합니다. 목표가 강할수록, 멋질수록, 장대할수록 사람은 메말라가고 초조해집니다. 거대한 목표를 가진 인간은 그 목표로 가는 길에 장애가 되는 사람을 용납하지 않습니다. 왜냐하면 그만그만한 사람들은 그 목표를 달성하고 나면 트럭으로 실어 나를 만큼 흔하다고 생각하기 때문입니다.

흔해 빠진 자존심이 아니라 나의 현실을 직시하고, 지금 내가 할 수 있는 일을 하십시오. 내 실력과 조건에 맞게 목표를 세우고, 지금 내 곁에서 더불어 고민하면서 살아가는 사람을 따뜻이 대하십시오. 좌절은 없습니다. 좌절했다고 생각하는 사람이 있을 뿐입니다. 성공도 없습니다. 성공했다고 생각하는 사람만 있을 뿐입니다. 이제 좌절하는 연기를 버리고 삶의 생활을 벗 삼아야 합니다. 거창한 목표 때문에 밀려난 사람을 다시 제자리에 세우고, 무엇보다 자신을 자신의 삶의 한복판으로 다시 데려와야 합니다. 그 삶은 보잘것없어 보이는 우리의 바로 오늘 하루살이입니다. 내일은 다시 내일의 해가 떠오를 것이라고 생각하지 맙시다. 그 해를 우리가 볼 수 있을지는 아무도 장담하지 못합니다. 우리가 할 수 있는 모든 것은 언제나 오늘 속에 있고 오늘뿐입니다. 바로 지금!

알고 모르는 일

소크라테스가 "나는 내가 무지하다는 것을 안다."는 말로써 지혜로운 자로 존경받았다는 이야기는 잘 알려져 있고, 그 말은 흔히 무지의 자각 또는 "너 자신을 알라."는 식으로 달리 표현되기도 합니다. 그런데 우리는 소크라테스는 알면서 2천 년 이상을 이어져 온 동양의 사상에 대해서는 어느새 문자 그대로 무지해졌습니다. 공자, 노자는 모두 기원전 5~6세기 사람으로 소크라테스와 산 시대뿐만 아니라 깨달음에서도 거의 같습니다. 그러나 우리는 공자나 노자를 잘 알지 못합니다. 제 초중등학교 시절에도 미국이나 유럽의 공업지대며 특산물을 줄줄 외면서도 정작 중국이나 일본, 동아시아에 대해서는 아는 게 없었습니다. 그리고 그게 아는 것이라고 믿고 열심히 공부했습니다. 물론 그때 배운 게 아무짝에도 소용이 없는 건 아니지만, 그 작은 쓰임새가 정작 자기 동네 근처에 대해서는 모른다는 자괴감을 없애주지는 못합니다.

공자는 『논어』「위정爲政」편에서 "아는 것을 안다고 하고 모르는 것을 모른다고 하는 것, 이것이 아는 것이다知之爲知之 不知爲不知 是知也."고 말합니다. 군더더기 없이 간단하고 명료하기에 아름답고 강력합니다. 무엇을 배우려고 하든, 그 배우려는 것을 제대로 모른다는 게 첫걸음입니다. 세상살이에서 앎으로 가는 길은 모른다는 걸 아는 데서 시작됩니다. 삼류들은 짧은 생각에 제 아는 것으로 대충 아는 척을 하고자 합니다만, 그런 한 그는 제대로 알지 못하는 삼류로 살아가야 합니다. 모르면 모른다는 걸 알고 알려고 해야 삼류에서 벗어날 수 있습니다. 무엇보다 자신이 삼류라는 걸 먼저 알아야 합니다.

　노자도 『도덕경』에서 비슷한 말을 합니다. "알지 못한다는 것을 아는 게 최상이고, 알지 못하면서 안다고 하면 그건 병이다知不知上 不知知病." 그냥 지식이 모자라는 게 아니라 병이라고 꼬집는 면에서 공자와 다릅니다만, 실제로 그건 병입니다. 공주가 어떤 생활을 하는지 모르면서 아는 척하고 흉내 내면 그게 바로 공주병이고, 왕이 얼마나 고단한 사람인지를 모르면서 왕 노릇 하려고 하면 그게 바로 왕병입니다. 자칭 공주병이니 왕병이니 하면서 자신의 걸맞지 않은 행동을 우스개처럼 어물쩍 넘기려는 사람이 환자가 아니라면 누가 환자겠습니까? 이건 마치 내 병이 무엇인지 알지 못해야 의사의 말에 귀를 기울일 수 있는 것과 같습니다. 병에 대해 잘 알지 못하면서 스스로 진단하여 이런저런 민간요법을 사용하다 결국 병을 악화시키는 것도 알지 못한다는 걸 알지 못했기 때문입니다. 우리 속담에 "병은 자랑하고 다녀야 한다."는 게 바로 이런 사정을 두고 하는 말입니다.

　노자는 이걸 한 번 더 꼬아서 "아는 사람은 말하지 않고, 말하는 사람은 알지 못한다知者不言 言者不知."고 합니다. 물론 이 말은 앎의 최고 수준인 도道에 관한 것이기는 하지만, 그걸 무시하고 그냥 해석해도 무방합니다. 뭘 아는 사람은 그걸 하면 그만이지만, 모르면 말이 많습니다. 강의나 토론 때 보면, 잘 아는 건 머리를 쓰지 않아도 잘 설명할 수 있습니다. 그리고 그 설명은 간결하고 매끄럽습니다. 잘 알지 못하면 말이 머리를 따라가야 하기 때문에 설명은 길어지고 거칠어집니다. 끝내는 "내가 무슨 말 하는지 모르겠어?"라는 식으로 먼저 화를 내는 어처구니없는 일을 저지르게 됩니다. 모르면 날카로워지고 예민해져서 괜한 트집을 잡는다는 말입니다. 혹시 몰라서 당황하고 부끄러운 나머지 괜히 제품에 화내고 돌아선 적은 없습니까? 돌아보면서 민망합니까?

아리스토텔레스가 존재론에서 정리하는 내용도 학문 영역의 차이 외에는 동일합니다. 아리스토텔레스는 존재론에서의 근본 원리를 이렇게 말합니다. "존재자의 존재나 비존재자의 비존재를 긍정함이 진리다." 뭔 소리냐고요? 철학이 이래서 욕먹습니다. 일상의 말로는 "있는 것을 있다, 없는 것을 없다고 인정하는 것이 참이다."는 말입니다. 자신의 머리에, 가슴에 아는 게 없으면 없다고 해야 하고, 뭔가 들어 있으면 있다고 해야 합니다. 지식, 앎이 없는데 있다고 하면 거짓입니다. 거짓으로 한두 번 무식하다는 말을 피할 수 있을지는 몰라도, 모르는 건 모르는 것이고, 그걸 속이는 건 사기행위입니다. 더욱 성숙한 사람이라면 아는 게 있더라도 되도록 입을 다물고 사는 게 좋습니다. 왜냐하면 누군가는 나보다 잘 알고 있을 수 있기 때문입니다.

"내가 누군지 알아?"라고 큰소리치다가 남아 있는 작은 코마저 납작해집니다. 군대생활을 할 때, 사단에서 권투 시합이 있었습니다. 같은 내무반에 있던 선임이 전국 체전에서 군 대표로 뛴 사람이었는데, 그는 우승 포상으로 휴가는 떼어놓은 당상이라고 자랑했고 내무반원들은 무지 부러워했습니다. 그런데 무슨 액이 끼었는지 국가 대표 출신의 타 부대원을 만나 예선 1회전에서 주먹 한 방 제대로 못 날려보고 비 오는 날 먼지 나도록 맞고 돌아왔습니다. 조용히 갔더라면 위로받을 수 있었을 텐데, 심보 나쁜 내무반원들은 오히려 기분이 좋아졌습니다. 군 대표 위에 도 대표, 또 그 위에 국가 대표가 있다는 걸 알았더라면 좀 겸손하지 않았을까요? 제가 간혹 예를 드는 테니스 윔블던 챔피언의 말이 여기서도 필요합니다. 그를 알아보지 못한 사람이 그에게 테니스를 좀 치느냐고 묻자, "I can't play tennis too badly."라고 대답합니다. "너무 못 치지는 않습니다." 이래서 센 놈이 싫은 겁니다.

공자는 『논어』 「학이學而」 편에서 "남이 나를 알아주지 못할까 걱정하지 말고, 내가 남을 제대로 알지 못할까 걱정하라不患人之不己知 患不知人也."고 합니다. 윔블던 테니스 챔피언은 시합을 해보면 실력이 곧 드러납니다. 그가 유의하는 건 상대가 알려지지 않은 고수일까 하는 것입니다. 강호의 고수도 마찬가지입니다. 고수의 침묵과 겸손은 자신감에서 나오는 게 아니라 불안감에서 나오는 것입니다. 고수를 집적거리는 하수는 상대가 고수라는 사실을 모르고 그렇게 하듯이, 혹시 자신이 무턱대고 덤비고자 하는 바로 그가 진정한 고수일지도 모른다는 불안감에 그는 침묵하고 겸손해집니다. 이런 걸 하이데거식으로 표현하면 '불안에서 배우는 지혜'쯤 됩니다. 인간이라는 존재의 근원적이고 태생적인 불안Angst이 인간을 생각하게 합니다. 그리고 그 불안감이 사람을 낮추게 합니다. 십자가에 못박힌 채로 예수는 "그들은 자기가 하는 짓이 뭔지 모르고 하고 있습니다For they know not what they do."하면서 하나님께 용서를 구합니다. 이게 센 놈의 모습입니다.

며칠 새 유쾌하지 않은 일상을 보내면서 제 자신을 돌아보았습니다. 갓 대학에 입학한 신입생이 제게 대학에서 배울 게 없다고 말했습니다. 덧붙이는 말은 더 힘들었습니다. '자기' 생각에 그마나 낫다고 보는 제 강의에서도 배울 게 없다는 것입니다. 제가 하는 말은 이미 다 아는 것이라고. 또 오랜만에 만난 고교 친구들의 모임에서 명문 고등학교 운운하면서 우리들은 대단한 사람이 아니냐는 식의 자랑을 들어야 했습니다. 두 경우 모두 "어설픈 신입생과 저를 구분해주세요!", "명문 출신임을 알아주세요!" 하는 유치한 심리에서 나오는 건방진 짓입니다. 아니 어리석기 그지없는 삼류의 투정입니다.

"내가 누군지 알아?"라고 내세우는 사람에게 "저는 별로 알고 싶지 않습니다." 하고 대답한다면 뭐라고 할까요? 그런 말을 하는 사람 가운데 누가 과연 "나는 네가 꼭 알아야 하는 사람이다."고 할 수 있을까요? 우리가 이런 사람들이 아니라면, 그렇다면 적어도 우리 자신의 입에 "내가 누군지 알아?"라는 삼류의 물음을 담지 않아야 합니다. 그런 말에 재미 붙이고 살면 결국 골목대장 마빡이 신세를 면치 못합니다. "내가 누군지 알아?", 그러고는 결국 하는 짓이 자해自害뿐입니다. 삼류 건달들의 모습이 스쳐지나갑니다. 삼류인 줄도 모르는 삼류 건달의 모습이! 묻고서 먼저 대답하고 자해하는 삼류 건달의 모습이! "내가 누군지 알아? 내가 바로 역전 용팔이야! 용팔이!" 그런데 누구 역전 용팔이를 아세요?

천박함의 시대

진지함이 사라진 지는 오래입니다. 농경 사회는 진지한 반복을 요구합니다. 공동체 사회도 진지한 협동을 통해 지탱됩니다. 하지만 우리가 사는 자본주의 사회는 가벼운 일회성에 기초해 있고, 또 가벼운 개인적인 활동으로 이루어집니다. 이 때문에 진지함은 자본의 시대에서는 세태를 따라잡지 못하는 우둔함이나 자신을 한껏 드러내지 못하는 소심함, 더 나아가서는 시대착오적인 봉건적 태도쯤으로 치부되기도 합니다. 소비 시장뿐만 아니라 대학의 강의도 이미 가벼운 농담과 오락이 차지해버렸고, 두꺼운 강의 교재는 어쩔 수 없이 듣는 전공 필수 외에는 꿈도 꾸지 못합니다. 학생들은 세 시간 수업을 내리 견디지 못하며, 자신들의 개인적인 사정이나 개성적 언행을 '배려하지 않는' 교수를 익명으로 욕합니다. 텔레비전의 거의 모든 프로그램은 논리가 뭔지도 모르는 연예인이 도맡다시피 하고 아나운서는 장식으로 전락했습니다. 정말 말문이 막히는 그런 말도 안 되는 말을 가지고서 장난치는 개그맨이 마치 사회를 비판하고 세상을 조롱한다는 식으로 해석되는가 하면, 이제는 꼴도 보기 싫은 연예인들이 모여 부끄러운 줄도 모르고 신변잡기나 다른 연예인들의 뒷이야기를 늘어놓는 이른바 연예프로그램 또는 자칭 토크쇼가 저녁이며 밤 시간을 다 잡아 먹었습니다.

천박함은 사실 소비 사회의 필수조건입니다. 보드리야르J. Baudrillard(1929~2007)의 말처럼, 향유가 오늘날에는 권리나 즐거움으로서가 아니라 시민의 의무로서 강요되고 제도화되어 있기 때문에 이런 천박함이 횡행하게 됩니다. 생산의 미덕이 소비의 미덕으로 대체되는 순간부터 진지한 생산적 노동은 비인간적이고 비윤리적인 삶의 태도로 치부됩니다. 얼마나 노동하는가가 아니라 얼마나 즐기는가가 인간의 능력과 가치를 표현하는 잣대가 되고, 뭐든 떠들고 따라하지 않으면 시류에 뒤처지는 강박증에 시달립니다. 이게 보드리야르가 말하는 '오락 윤리fun-morality'입니다. 자신과 남을 즐겁게 하거나 만족시키지 못하는 사람은 비윤리적인 사람입니다. 문제는 즐기고 만족하는 것 자체에 있지 않습니다. 왜 그렇게 즐기고 만족해야 하는지, 무엇이 즐기는 것이며 만족하는 것인지를 스스로 결정하지 못한다는 데 있습니다. 즐기는 것이 권리가 아니라 의무가 되는 소비 사회는 진지한 고민에 익숙한 주체적인 인간을 요구하지 않습니다. 주체성이니 정체성이니 하는 말은 소비와 천박함의 적입니다. 무서운 말이지만, 천박함에 기초하는 소비 사회에서는 우리가 무엇을 소비하는 것이 아니라, 소비 사회가 우리를 소비하고 있는 것입니다. 우리가 즐기는 게 아니라 천박한 우리를 즐기고 있는 것입니다.

앞서 보았듯이 스페인의 사회학자 오르테가 이 가세트는 『대중의 반역』에서 인간을 틀림없이 두 부류로 나눌 수 있다고 합니다. "하나는 자신에게 많은 것을 요구하면서 스스로 어려움과 부담을 누적시키는 사람들이고, 다른 하나는 자신에게 아무런 부담도 지우지 않는 사람들이다. 이들에게는 산다는 것이 매순간 물결에 따라 표류하는 부표 같은 것이어서, 그들은 완전해지려는 노력을 전혀 기울이지 않는다." 앞사람을 반성하고 자립하는 주체라고 한다면, 뒷사람은 유행 따라 빌붙는 군중입니다. 두 번째 부류의 사람들의 관심은 유행입니다. 텔레비전의 말을 흉내 내고, 연예인의 차림새를 따라하고, 그러면서도 자신은 유행을 선도하고 개성적이며 내 인생을 내가 산다고 생각하는 정신착란적인 병자입니다. 이 병이 깊은 이유는 이게 병이 아니라 자신만의 개성적인 삶의 방식이라고 굳게 믿고 있다는 사실에서 엿볼 수 있습니다. 그 많은 개성을 가진 사람들이 모여 있는 장소에 가보면, 정작 개성은 없고 일률적인 차림새만이 있습니다. 물론 이런 상황도 그들에게는 동호인 모임 정도로 해석될 뿐입니다. 개성을 좋아하는 사람들의 개성 없는 동호회. 이게 우리의 모습입니다.

특히 인터넷을 종횡무진 누비고 다니는 이른바 누리꾼이나 댓글꾼, 한마디꾼을 보면 마치 엄청난 지적 에너지와 비판적 열정을 지닌 열혈 사회 구성원처럼 보이지만, 그 속은 참으로 허전합니다. 그런 사람들 대부분이 인터넷에서 뭔가를 읽거나 쓰는 이유는 정말 뭔가를 배우기 위해서가 아니라, 또 뭔가를 나누고 깨우치기 위해서가 아니라, 자신의 수준이나 의견과 일치하지 않는 무엇을 찾아내어 한풀이하듯이 마음껏 비난하기 위해서거나, 그저 다른 사람의 글에 빌붙어 "참 좋은 글입니다. 강추!"라는 한마디를 남기는 일이 전부입니다. 그런가 하면 블로그니 카페니 하면서 뭔가 특별한 재능을 가진 듯이 말하고 행동하고 꾸미지만, 정작 그 재능이 만들어놓은 걸 보면 거의 모두가 '퍼온 것'들입니다. 그건 재능이 아니라 찾아서 퍼오는 노동력입니다. 물론 잘 찾는 것도 재능입니다. 하지만 그런 재능은 누가 만들어내지 않는 한 아무 소용이 없는 것입니다. 새로운 뭔가를 만드는 사람이 없다면, 찾아서 퍼올 게 없어진다는 말입니다. 그리고 이제는 신문의 사설이나 논설, 논평, 기사마저도 수준 이

하가 대부분입니다. 어떤 경우에는 누리꾼보다 못한 삼류 기자가 눈에 띕니다. 표현은 물론이고 논리는 차마 요구하지도 못합니다. 대부분의 신문은 그날 그날의 정보를 전하고 사건에 대해 의견을 내놓는 저널리즘journalism이 아니라 현실을 왜곡하고 자의적으로 창조하는 광고에 불과합니다. 좀 두툼하다는 걸 빼면 신문 사이에 끼워져서 들어오는 '찌라시'와 다를 바가 없습니다.

흔히들 가벼움을 가볍게 생각합니다만, 심각하게 받아들여야 합니다. 웃을 때는 웃고, 놀 때는 놀더라도 진지하고 신중한 사람이 존중받아야 합니다. 가벼운 술자리에서는 농담이나 재미난 이야기를 잘하는 사람이 좋습니다만, 또 다른 자리에서는 진지함이 필요합니다. 일부 학생의 강의 평가를 보면서 낙담은 더욱 커집니다. 그냥 천박한 게 아니라 천박하다는 사실을 모르는 우둔함까지 지닌 천박함에 더욱 낙담합니다. 마구 몸을 비비 꼬는 흔해 빠진 '섹시한 연예인'이 천박한 게 아니라, 그런 연예인을 보면서, 그런 텔레비전 프로그램을 보면서 즐거워하고 있는 내가 천박하다는 걸 깨달아야 합니다. 이런저런 조건에 맞게 뺀질거리면서 강의를 수강하는 학생이 천박한 게 아니라, 그런 조건과 그런 수강 방식을 가능하게 하는 대학의 문화와 제도가 더 천박하다는 걸 비판할 줄 알아야 합니다. 학생들 구미에 맞게 강의를 쉽게 하고 재미나게만 하려는 교수를 천박하다고 할 게 아니라, 그런 강의를 수강하는 학생 자신이 천박하다고 비판해야 합니다. 천박함의 시대에 천박해지는 걸 천박하다고 하기보다는, 천박함의 시대가 천박하다고 말하지 못하는 자신을 천박하다고 해야 합니다. 그리고 나는 천박하다고 고백해야 합니다. 천박함을 넘어서려고 한다면.

감각의 과잉

우리의 감각에서 가장 강력한 것이 시각이고 다음이 청각입니다. 시각이 작동할 수 없는 상황에서는 청각에 의존하게 되고, 청각마저 사용하기 어려운 상황에서는 촉각이 동원됩니다만, 일상에서는 촉각을 거의 사용하지 않습니다. 후각은 화재나 밥 타는 경우처럼 간혹 촉각과 우선순위가 바뀌기도 합니다. 미각은 먹는 일에서는 대단히 중요하지만 위기 순간에는 아무 소용이 없습니다. "몸이 천 냥이면 눈이 구백 냥이다."는 우리 속담이 감각의 우선순위를 잘 말해줍니다. 어린 시절에는 라디오를 들었습니다. 대부분 밤에 불을 끄고 조용히 들었습니다. 시각 없이 온 감각이 청각으로 집중되고, 그 청각이 온몸으로 정보를 전달했습니다. 그러다가 텔레비전이 나왔습니다. 시각의 시대가 열린 것입니다. 집에 텔레비전이 귀하던 시절이라 소리가 잘 들리지 않아도 레슬링이나 축구 시합, 〈쇼쇼쇼〉 같은 오락물을 잘도 '보았습니다'. 왜냐하면 텔레비전tele-vision(멀리까지-보여주다)의 핵심 기능은 들려주는 게 아니라 '보여주는' 것이기 때문입니다.

그런데 요즘 이상한 일이 벌어지고 있고, 그것 때문에 짜증이 납니다. 보여주는 텔레비전에 잡소리가 들어오기 시작한 게 70년대 중반 이후입니다. 〈왈가닥 루시〉라는 외국 코미디에 억지웃음이 섞여 들어와서 보이지도 않는 관객이 우리의 정서와 상관없이 웃습니다. 하나도 우습지 않은데도 투명한 관객들은 웃습니다. 이때부터 보여주는 텔레비전에 소리가 끼어들고, 시각이 청각에 의해 어지럽혀졌습니다. 이런 웃음은 사람이 말하는 입 모양을 보면서 자연스레 따라 들리는 소리가 아니라, 분산된 소리, 즉 소음으로 다가오게 됩니다. 입술은 안 움직이는데 소리는 나는 복화술腹話術, ventriloquism은 우리를 당황하게 합니다. 이처럼 시각에 뒤따르지 않는 청각은 연속되는 장면이 아니라 소음이나 이상한 현상으로 다가옵니다.

그리고 무슨 소리가 들려 뒤돌아보았는데, 아무것도 보이지 않는 경우도 있는데, 이때도 나를 돌아보게 한 것은 청각(소리)이지만 정작 전체를 판단하게 하는 것은 시각(장면)입니다. 아무것도 보이지 않는다는 사실 앞에 우리는 공포를 체험하거나 실수를 인정합니다. 여전히 시각이 중요하다는 말입니다. 이런 사정을 무시하고 시각적으로 보아 우습지도 않은데 웃음소리가 들리는 그런 텔레비전이 낯설고 급기야 짜증나게 합니다. 문제는 이게 〈왈가닥 루시〉에서 끝난 게 아니라 요즘 더 심하게 계속되고 있다는 것입니다.

운동 경기를 중계하는 라디오나 텔레비전은 중계의 방식이 틀립니다. 과거 고교야구가 유행할 때 텔레비전이 없는 사람은 라디오를 들어야 했습니다. 라디오에서는 "예, 저 선수 방망이를 획획 휘두르고 손바닥에 침을 뱉는 걸 보니 뭔가 단단히 결심을 한 듯합니다."는 식으로 움직임을 알려주어야 했습니다. 하지만 텔레비전은 "저 선수는 이제 1학년인데도 참 다부져 보입니다."는 식으로 움직임으로는 알 수 없는 정보를 말해야 했습니다. 그런데 90년대 중반부터 우리는 이상한 나라에 와 있습니다. 텔레비전으로 축구 시합을 중계하면서 라디오보다 더 말이 많습니다. 이제 아예 텔레비전과 라디오 중계를 하나로 합쳐버리기도 합니다. 그러다보니 소음 공해에 시달려야 합니다. 운동장 사정이 좋지 않아서 공이 튀어올랐다면, 시청자도 그 장면을 다 보고 있습니다. 그런데도 "아, 마치 시골 논두렁 축구하듯이 공이 튀어올라 선수가 닭 잡다 놓치는 모양으로 공을 놓쳤습니다."는 식으로 중계를 하는 건지, 놀고 자빠진 건지 모를 말을 자랑스럽게 늘어놓습니다. 그리고 헛소리를 모아 카페를 만들고 열광하는 바보들이 줄을 섭니다. 야구 시합도 마찬가지로 변했습니다.

  대부분의 텔레비전 프로그램은 이미 개그맨인지 하는 연예인이 차지한 지 오래입니다. 아나운서를 왜 뽑는지, 개그맨인지 사회자인지 그들의 말대로 스타 연예인인지 도무지 종잡을 수 없습니다. 뻔한 말에 뻔한 웃음에 과장된 몸짓에 천박하기 이를 데 없는 동작으로 춤을 추면서 초등학생에게도 어울리지 않을 듯한 짓을 하고 있습니다. 무엇보다 참기 어려운 것은 이 연예 오락프로그램에서 시각과 청각이 멀쩡한데도 자막이라는 글자놀음을 통해서 우리를 문자까지 해독하게 하고, 그 해독된 문자의 의미를 장면과 연결시키고, 그 장면을 또 소리와 연결시키고, 그 모든 것에 사회자의 헛소리까지 합쳐서 들도록 강요하고 있습니다. 원래 자막은 청각장애인을 위해서 뉴스 같은 곳에서 사용되다가 중요한 사항을 강조하기 위해서 부분적으로 곁들이게 되었습니다. 말이 통하지 않는 곳에서도 시각이 있다면 거의 다 의사소통할 수 있습니다. 몸짓이며 발짓이며 손가락으로 가리키는 행동을 통해서 뜻을 전달할 수 있다는 말입니다.

  출연자가 당황하고 있으면 그 모습이 텔레비전으로 보입니다. 또 그 출연자의 말도 들립니다. 그런데도 '우물쭈물', '부끄부끄', '황당' 같은 단어를 자막으로 넣고 개그맨 사회자의 잡소리까지 섞어 잡탕으로 만들고 있습니다. 배고프다는 뜻을 전하고 싶으면 음식을 가리키면서 입에 넣는 시늉을 하거나 배를 만져주면 됩니다. 그런데 우리의 텔레비전은 배고프다고 말하면서, 손가락으로 밥을 가리키고 먹는 시늉을 하는데도, 글자로 '간절간절', '먹고 싶다'는 자막을 넣고, "아, 예! 저 사람 밥 먹고 싶어 죽겠다는 표정입니다."는 덜 떨어진 사회자의 주접을 들어야 합니다. 드라마의 경우에도 김수현 류의 말장난에 치중하는 것보다는 화면 처리와 표정으로 승부하는 드라마가 낫습니다. 개그맨은 개그를 잘하고, 연기자는 연기를 잘했으면 합니다.

공 차고 달려가던 축구 선수가 미끄러지면, 시합 중계를 보고 있는 시청자도 그 장면을 이미 보았습니다. 아나운서나 해설자가 할 수 있는 말은 "비가 와서 많이 미끄럽군요."라든지 "아쉽게도 미끄러지고 말았습니다." 정도면 끝입니다. 하지만 현실은 이렇습니다. "아, 저런 상황에서 미끄러지는 건 다 차린 밥상 앞에서 넘어져서 밥상을 엎는 것이나 마찬가지죠!" "네, 저건 말이죠, 정확히 공의 윗부분 중간을 발바닥의 중심으로 눌러주어야 하는데, 그 중심이 오픈되면서 몸을 컨트롤하지 못해 바닥에 드러눕는 실수를 하게 되는 것입니다." 이 무슨 개 풀 뜯어 먹는 소리입니까? 아예 아나운서나 해설가를 접고 소설을 쓰고 소설 읽어주는 남자가 되는 게 낫습니다.

일상에서 일어나는 감각의 과잉은 삶의 질을 떨어뜨립니다. 밥과 같은 음식을 먹는 집은 조용해야 좋습니다. 낮은 목소리로 대화하면서 음식의 감각, 즉 미각과 후각을 예민하게 작동할 수 있게 해주어야 합니다. 술집은 적당한 소음과 공존해야 오히려 사적인 대화가 보장됩니다. 술집은 감각을 둔하게 해서 자기만의 의미를 즐기는 자리이기 때문입니다. 도서관에서 나는 소리는 책 넘기는 소리와 글 쓰는 소리가 전부일수록 효율적입니다. 어떨 때는 그것마저도 시끄럽게 느껴지기도 합니다. 바다에서 해돋이를 보거나 산에서 경치를 구경할 때에는 시각이면 족한데, 바다내음이나 산내음을 맡을 후각이 더해지고 파도소리, 새소리, 계곡 물소리를 스치며 들을 수 있는 최소한의 청각이 있으면 금상첨화입니다. 가슴 뛰는 연인 사이에는 딴 곳을 보고 있어도 손길이라는 촉각만으로도 행복합니다. 자연의 아름다움을 보여주는 프로그램에서는 아주 절제된 짧은 해설만이 필요합니다.

감각을 사용해야 할 곳에 사용하는 것, 정도껏 사용하는 것, 이게 참 중요합니다. 산에 가보면 큰소리로 이야기하면서 오르내리는 사람들을 만납니다. 그 사람들의 소리가 주변을 억압하고 급기야 소음이 됩니다. 할 이야기는 자리를 잡고 앉아서 하는 게 좋습니다. 간혹 일요일에 산에 가면 남을 위한 건지 자신을 위한 건지 모르지만 길목에서 악기를 연주하거나 음악을 틀어놓고 사람들의 이목을 끄는 그런 사람도 있습니다. 산은 소리 나지 않는 감각을 사용하는 곳입니다. 시각, 후각, 혹 맨발로 걷는다면 촉각이 그것입니다. 적어도 산에서는 청각에 의존하는 인위적인 잡담과 같은 소리는 자제해야 합니다. 소리는 바다와 강에 어울립니다. 이처럼 우리 삶에는 각각의 감각을 제대로 사용해야 하는 그런 알려지지 않은 질서 같은 것이 있습니다. 그걸 깨달아가는 과정이 삶을 알아가는 과정이기도 합니다. 깨달음의 끝에는 물론 감각을 넘어섬, 말하자면 감각의 과잉이 사라지고 감각하지 않고도 아는 세상이 열린다고 합니다. 그 세상이 참으로 궁금하고 제게도 그런 세상에 들어갈 기회가 있을지 모르겠습니다.

유머의 우울함

별 내용도 없고 수준도 높지 않고 흥미롭지도 않으면서 엄청나게 폼 잡는 C급에 속하는 책을 제목이 흥미로워 사서 읽었습니다. 독일어 제목이 *Endlich Nichtdenker*인데, 우리말로 하면 '드디어 생각 안 하는 놈이 되다'쯤 되는데, 『생각없이 살기』로 번역되었습니다. 저자 한네스 슈타인H. Stein은 저널리스트인데 기대를 확 저버리는 실력이 기분 나쁩니다. 저널리스트라는 직업에 비하면 나름대로 철학 지식을 갖고 있는 편이지만, 도대체 글을 전개하는 방식이나 내용을 전달하는 데서 성공적이지 못합니다. 이게 번역 탓인지 원문 탓인지는 모르겠습니다만, 여하튼 허장성세虛張聲勢라는 말이 딱 어울립니다.

그런데 꼭 하나 머리에 남는 게 있습니다. 오래된 영화 〈매드 맥스〉에서 부메랑을 무기로 쓰는 남자가 자신의 부메랑을 잡으려고 하다가 손가락 네 개를 날려버리는 장면에서 유머의 요소를 찾아내는 것이 바로 그것입니다. 손가락이 잘린 남자가 멍하니 서 있을 때, 패거리의 우두머리가 갑자기 웃기 시작하고 따라서 패거리도 모두 깔깔거리고, 결국 손가락을 날린 그 남자마저 깔깔거리게 됩니다. 손가락이 잘린 상황에서 웃음이 터진다! 그 웃음은 누구에게서 시작되는가? 왜 다른 사람들은 따라 웃고, 당사자마저 웃어야 하는가?

이런 상황을 한번 가정해봅시다. 잘 차려입고 친구하고 놀러 가다가 한 친구가 지하철 계단에서 하이힐이 삐끗하면서 굴렀는데, 다행히 크게 다치지는 않고 무릎에 피가 조금 나고 옷이 더럽혀지고 약간 찢어졌다고 해봅시다. 우선 지나던 사람들의 반응은 어떨까요?

순간 깜짝 놀라겠죠. 그런 다음에 아마 살짝 웃을 겁니다. 그러고 나서 다른 장소에서 그 이야기를 과장해서—예를 들어 폼 엄청 잡고 걸어가던 어리버리 아가씨가 신나게 굴렀다는 식—얼마나 쪽팔렸겠느냐는 말을 하면서 한바탕 웃지 않을까요? 제가 좀 모진가요? 그다음에 옆에 있는 친구의 반응은 어떨까요? 먼저 친구를 부축하거나 위로하겠지요. 그다음 "야 이게 뭐야? 모처럼 차려입고 놀러 나왔는데." 하면서 달리 할 일은 두 가지뿐일 것입니다. 괜한 욕을 해대거나 그냥 웃는 것입니다. 남의 눈도 있고 하니까 웃을 가능성이 더 큽니다.

그럼 마지막 당사자는 어떨까요? 투덜거릴 가능성이 높지만, 만약 친구가 웃는다면, 따라 웃을 가능성이 아주 높아집니다. 이런 장면은 영화나 드라마에서 실수를 하거나 봉변을 당한 주인공들이 곧잘 하는 일입니다. 실컷 서러워서 울거나 화내거나 좌절하다가 결국에는 그냥 함께 웃어버리는 거지요. 뻔하고 뻔한 장면입니다. 그런데 이럴 경우 달리 뭘 할 일이 없다는 겁니다. 멍한 상태, 충격, 바보짓. 뭐 이런 일 앞에서는 그냥 웃는 게 상책이라는 말입니다. 프로 축구 선수가 공을 잘못 다루어서 공을 깔고 넘어진다거나 공을 밟고 미끄러진다거나—이동국이 간혹 했죠—하면 달리 할 게 뭐 있습니까? 겸연쩍게 웃고 그걸 보는 사람들도 웃는 거지요. 설령 그게 부상으로 이어지더라도 웃음은 사라지지 않습니다. 찌지리 같은 선수가 공을 밟아 부상했다는 사실은 하룻밤 사이에 동영상으로 '누구의 굴욕' 하면서 웃음의 소재가 될 것입니다.

이런 사정을 잘 들여다보면, 한네스 슈타인이 말하는 유머의 요소는 제대로 된 것입니다. 웃음을 유발하는 유머의 요소는 다음과 같습니다. 1. 타인의 불행을 고소해해야 한다, 2. 웃음은 우두머리가 시작해야 한다, 3. 그 웃음을 통해 패거리가 생기거나 패거리를 확인한다. 이것을 하나씩 풀어봅시다.

유머humor는 그리스 의학자 히포크라테스Hippokrates가 처음 쓴 용어라고 합니다. 우주를 구성하는 원소를 물, 불, 공기, 흙이라고 주장한 엠페도클레스Empedokles를 좇아서 히포크라테스는 인간의 생명을 구성하는 요소로 체액을 제시합니다. 그 체액은 혈액, 점액, 황담즙, 흑담즙이라는 네 종류인데, 이 각각은 불, 물, 공기, 흙과 연결되고, 또 이 각각은 낙천·활달, 침착·냉담, 성마름·화, 우울·슬픔의 정서와 연결됩니다. 말하자면 낙천적인 사람은 몸 속에 혈액이 많기 때문이고, 그 혈액은 우주의 불과 같다는 것입니다. 물론 이런 거창한 체액론體液論에서 혈액은 물론 피일 테고, 점액은 소화액, 황담즙은 십이지장이나 간액, 흑담즙은 쓸개즙에 해당할 것입니다. 우울함을 뜻하는 멜랑콜리melancholy가 바로 흑담즙입니다. 이 체액론은 현대 의학에서는 틀린 것이지만, 동양 의학에서는 무시할 수 없습니다. 왜냐하면 동양 의학은 오장육부(五臟 : 간장, 심장, 비장, 폐장, 신장. 六腑 : 대장, 소장, 쓸개, 위, 방광, 삼초)의 상태에 따라 성격과 질병을 진단하기 때문입니다. 히포크라테스의 체액론에 따른 성격 진단은 태양, 소양, 태음, 소음으로 나누는 이제마의 사상의학四象醫學과도 비슷합니다.

여하튼 히포크라테스는 성격이나 기질, 분위기를 결정하는 게 바로 체액, 즉 유머라고 생각했고, 그 까닭인지 영어의 유머를 찾아보면 1. 유머·해학·익살, 2. 기질·성미, 3. 일시적인 기분·마음, 4. 기행·변덕, 5. 체액이라는 설명이 나옵니다. 아마 대부분의 사람들이 2번부터는 잘 모릅니다. 예를 들어 "I came home in a bad humor."는 "집에 기분이 좋지 않은 상태로 들어왔다."는 말이고, "I am in the humor for talking."은 "이야기 나눌 기분이 된다, 이야기 나누고 싶다."는 말입니다. 재미난 오역은 아마 "유머스런 이야기를 나누고 있다."가 되겠죠. 그러니까 결국 유머라는 단어가 웃음을 유발한 꼴입니다.

그런데 유머를 한자로 해학이라고 하기도 합니다. 이 해학이라는 한자를 잘 뜯어보면 참으로 무섭습니다. 해학諧謔. 일단 말로 하는 것이니 말씀 언言이 둘 다 붙었고, 해에서는 모두 개皆가 말씀 언 옆에 붙었습니다. 우리말로 하면 '말하는 게 모두 다'가 됩니다. 다음으로 학은 말씀 언 옆에 학虐, 즉 사납거나 혹독하거나 학대한다는 뜻의 학이 붙어 있습니다. '말하는 게 사납거나 혹독하거나 학대함' 쯤 될 텐데, 둘을 묶어보면 '하는 말마다 사람을 학대한다'는 게 됩니다. 그러니까 유머의 한자어 해학은 다른 사람이나 상황을 말로써 혹독하게 학대하는 것이 됩니다. 저처럼 머리가 큰 사람을 보면서 "머리가 크면 들어갈 정보가 많아서 좋겠습니다." 하고 말하면, 그 말을 하는 분위기에서 최고 센 놈이 웃을 것이고, 그러면 딴 놈들도 따라 웃을 것이고, 결국 저는 "꼭 그렇지는 않습니다."는 말과 함께 웃을 수밖에요. 제 머리를 가지고 남이 말로써 학대했는데, 그게 유머가 됩니다. 개그 프로그램에서 늘 놀림을 당하는 옥동자도 마찬가지입니다. 사람들은 그를 못생겼다고 하면서, 그의 아내까지 끌어들여 오죽했으면 그러겠느냐는 식으로 옥동자를 학대하고, 우리는 웃습니다. 하지만 혹시 깐깐한 교수가 "나는 그런 프로그램 보고 웃는 아이들을 보면 그 가벼움에 치를 떤다."는 식으로 말한다면, 그런 분위기에서 웃을 사람은 없습니다.

유머는 그렇기 때문에 권력 관계를 적극적으로 보여줍니다. 흔히 직장이나 모임에서 센 놈이 "야, 누구 한번 재미난 이야기 좀 해봐라."고 말합니다. 그러면 약한 놈들이 알아서 재미난 이야기를 다투어 하려고 하는데, 그게 재미가 있든 없든 간에 센 놈이 "그것도 우스개라고 했냐?"는 반응을 보이면 그것으로 끝입니다. 웃던 사람도 웃음을 멈추어야 하고 분위기는 살벌해집니다. 그런 다음에 "야, 다른 놈 한번 해봐라."라고 말하면 이제 거의 분위기는 초죽음 상태로 치닫습니다. 이런 지경에서 웃음이 나올까요? 그저 센 놈의 눈치만 볼 뿐입니다. 혹시 이런 처지가 되면 써먹을 좋은 방법을 하나 소개해드리죠. 어차피 웃길 수 없을 거니까, "두목, 우스개는 아니지만, 그런데 요즘 이런 일도 있다고 합니다."는 식으로 조직이나 모임과 관련되는 진지한 이야기를 슬쩍 하는 것입니다. 그러면 못 웃겼다는 비난도 받을 필요가 없고, 덤으로 남들 다 웃는 시간에도 진지한 고민을 하고 있었다는 칭찬도 기대할 수 있습니다. 아, 이런 잔머리가 싫죠?

요즘은 너나없이 유머 있는 사람을 찾습니다. 왜 그럴까요? 저는 그게 사람들의 이기심 때문이라고 생각합니다. 나를 힘들게 하고 생각하게 하는 사람보다는 즐겁게 해주는 사람이 좋다는 것이지요. 하물며 만날 때마다 나를 즐겁게 해주려고 준비까지 하는 사람이라면, 사실 괜찮은 전속 개그맨을 하나 두는 것과 진배없습니다. 왕의 남자를 두는 것입니다. 그리고 실제로 많은 사람들이 한두 가지 유머스런 이야기를 잘 챙겨두었다가 모임에서 눈길을 끌고자 합니다. 대체로 그 사람들은 전달과정에서 실수를 하게 되고, 그 실수 탓에 오히려 이야기보다 더 웃기는 어처구니없는 상황이 벌어집니다. 어쨌든 간에 웃기게 한 건 사실입니다. 좀 불쌍하기는 하지만.

　억지로 유머 있는 척하거나 유머를 갖추려고 하지 마십시오. 유머를 히포크라테스는 체액이라고 했죠. 또 타고난 기질이고 겉으로 드러나는 분위기이기도 합니다. 줄여서 말하자면 유머는 타고난 자질을 드러내는 것입니다. 그래서 아쉽긴 하지만 유머는 노력해서 되는 것이 아니라 거의 천성적인 자질에서 나타나는 것입니다. 어릴 적부터 유난히 남을 잘 웃기고, 어딜 가도 자리를 떡하니 차지하고 남의 눈이며 귀를 사로잡는 사람이 있습니다. 이게 타고난 자질이 아니고 무엇이겠습니까? 그냥 여러분이 가진 여러분의 자질을 사랑하고 사용하십시오. 진지한 이야기를 하는 사람은 진지하게—이건 히포크라테스식으로 차가운 물 같은 사람이겠죠, 열정적인 사람은 열정적으로—피가 끓는 사람일 테고, 우울한 사람은 '글루미 선데이Gloomy Sunday'라는 노래처럼 묘한 느낌을 주면 됩니다. 순식간에 화를 냈다가도 곧 무슨 일이 있었나 하다가 또 금세 화를 내는 것—공기처럼 가벼운 사람이겠지요—도 나쁘지 않습니다. 오히려 이런 사람을 '뒷끝이 없는 사람'이라고 칭찬하기도 합니다. 이제 유머스러워야 한다는 강박증에서 벗어납시다. 그렇지 않아도 우리 주변은 온통 가벼움으로 넘쳐나고 있습니다. 그런데 이 가벼움을 치유하려는 유머는 어떻습니까? 이솝 이야기 같은 살인적인 유머 말입니다.

가장 사실적인 것이 가장 환상적이다

"저건 정말 환상적이다!"

일상에서 흔히 사용하는 이 말에서 뭔가를 발견해내는 일은 간단치 않습니다. 왜냐하면 우리는 그저 말하고 또 말할 뿐, 그 속뜻을 파고들지는 않기 때문입니다. 다만 자신의 약점과 관련된 민감한 말에 대해서만 속뜻을 짐작하려고 할 뿐, 일상적인 말에 대해서는 동의하거나 부인하는 정도에서 그치고 맙니다. 만약 누군가가 "이건 정말 환상적이다!"고 말한다면, 여러분은 어떻게 반응하십니까? "그래, 정말 환상적이다." 또는 "뭐, 별론데……." 하는 수준이라면 공부 좀더 해야 합니다. 만약 공부 좀 했다면, 생각이 깊다면, 아니면 생각 좀 하고 산다면, "도대체 환상적이다는 말이 뭐지?" 하고 물어야 합니다. 물론 "내 인생은 내 것인데……." 하면서 그냥 내버려두고 살아가도 됩니다.

무엇이 환상적일까요? 장 보드리야르의 『시뮬라시옹』이라는 책에서 힌트를 잡아봅시다. 알다시피 보드리야르의 『시뮬라시옹』은 〈매트릭스〉라는 영화를 만든 앤디와 래리 워쇼스키Andy & Larry Wachowski 형제가 발상을 얻었을 뿐만 아니라 영화 속에서도 잠시 나오는 책 이름입니다. 시뮬라시옹simulation은 실제로 존재하지 않는 대상인 시뮬라크르simulacres를 만들어내는 작업을 가리키는 말입니다. 전쟁을 예로 들면 미사일을 발사하고 컴퓨터 화면을 보면서 명중 여부를 확인하는데, 이런 화면상의 미사일 궤적이 시뮬라크르이고, 시뮬라시옹은 이러한 '시뮬라크르를 하는 것'을 말합니다. 간단히 해서 시뮬라크르는 가상적 대상 또는 실재이고, 그러한 가상 대상이나 실재를 가지고 뭔가를 하는 것을 시뮬라시옹이라고 합니다. 매트릭스로 말하면, 매트릭스 세계가 시뮬라크르이고, 그것을 만들고 관리하는 것을 시뮬라시옹이라고 합니다.

자, 다시 돌아가서 그림 가운데서 가장 환상적인 것은 어떤 것일까 생각해봅시다. 물론 큐비즘cubism, 즉 입체파처럼 창조적인 색감과 재현 모습에서 환상적이라는 감상을 갖는 사람도 있겠지만, 이건 숙련된 몇몇 예술가나 평론가의 처지이고, 일반인은 그렇지 않습니다. 이런 환상은 환상적이라고 하는 게 아니라 '예술적'이라고 합니다. 그런데 안타깝게도 일상에서는 환상적이라는 말과 예술적이다라는 말이 거의 같은 뜻으로 사용됩니다. 예술에 관한 분석은 다음으로 미루고, 환상적인 무엇이 있다면, 그건 너무도 사실적인, 너무도 현실 같은, 실재와 똑같은 것을 가리키는 것일 겁니다. 활동만화 애니메이션animation은 문자 그대로 애니메이트animate하는 것, 살아서 생명을 갖고 활기찬 것을 말합니다. 그런데 이 애니메이션이 정말 현실의 사물과 구별할 수 없을 정도로 똑같다면, 우리는 현실과 애니메이션을 구분할 수 없을 것입니다. 아직 그런 정도에 이르지는 않았지만, 3D 애니메이션은 약간의 부자연스러움을 뺀다면 거의 현실과 비슷합니다. 바로 이런 걸 두고서 우리는 환상적이라고 합니다. 가장 환상적인 것은 그래서 사실, 실제 사물을 가장 사실적으로 베끼는 것 또는 재현再現하는 것입니다. 사실을 있는 그대로 사실적으로 베끼는 것이 바로 가장 환상적이다라는 말은, 깊은 철학적 논의를 지니고 있습니다. 바로 사실적인 것의 비사실성이 그것입니다. 지나치게—어느 정도를 지나치다고 할까요? 아마 너무 똑같은 것을 가리킬 것입니다—사실적인 것은 사실 같지 않다는 것입니다. 어떤 정보 없이 영화를 다 보고 나서 그 영화 속의 살아 있는 것들, 그리고 주변의 사물들이 실제로는 재현이자 애니메이션 또는 홀로그램hologram이었다는 걸 알게 된다면 우리는 얼마나 당황하겠습니까? 아니 당황보다는 두려움이 앞설 것입니다. 바로 이 두려움을 감추기 위해서 우리는 환상적이다는 말을 사용합니다. 환상이라는 말을 통해서 그것이 사실이 아님을 강조하고, 그래서 안도하는 것입니다.

알 파치노Al Pacino가 나오는 영화 〈시몬〉은 컴퓨터 그래픽으로 만든 '가상의 여배우' 시몬Simone(simulation-one의 줄임말)을 등장시킵니다. 그리고 사람들은 이 여배우를 실제 배우로 알고, 급기야 걷잡을 수 없는 파국으로 치닫습니다. 만약 한 명의 여배우가 아니라, 우리 주변에 직접 접촉하지는 못하지만, 이렇게 만들어진 사람들이 넘쳐난다면, 그게 바로 매트릭스일 것입니다. 그리고 그 사람들을 조종하는 몇몇 사람을 빼고는 그 사실을 모른다면, 이 역시 매트릭스의 세계일 것입니다. 롤 플레잉role playing 게임도 사실성의 정도는 낮지만 마찬가지입니다. 낮은 사실성에도 사람들은 게임 속의 대상을 자신의 분신으로 생각합니다. 그리고 점점 정밀도를 더해가는 사실적인 역할 인물들을 보면서, "그 게임 환상적이다!"고 합니다. 바로 이 환상에 빠지면 현실은 묻혀집니다. 가상과 현실의 경계가 허물어지고, 가장 환상적인 것이 가장 사실적인, 현실적인 것으로 됩니다.

장자莊子가 호랑나비 꿈胡蝶之夢에서 "장자가 꿈속에 호랑나비가 된 걸까? 호랑나비가 꿈속에 장자가 된 걸까 알지 못하겠네不知周之夢爲胡蝶與, 胡蝶之夢爲周與."라고 하는 것도 이런 가상과 실제 사이의 혼돈과 모호함을 지적하는 것입니다. 근대 철학자 데카르트R. Descartes(1596~1650)도 내가 지금 난로 곁에 앉아 있다는 것이 사실이 아니라 꿈일지도 모른다고 하면서 감각적 지각의 불확실성, 불완전성을 지적합니다. 꿈인지 생시인지 모를 때 흔히 볼을 꼬집어봅니다만, 그런 볼을 꼬집는 것조차도 꿈일 수 있습니다. 도사들이 한바탕 꿈 같은 인생을 살다 간다고 유언을 할 때 보면, 우리의 인생이 사실은 긴 꿈이고, 죽음이 실재인지도 모른다는 생각을 늘 합니다. 아마 종교에서 말하는 이승과 저승, 이 세상과 저 세상에서 늘 저승이나 저 세상, 사후세계를 강조하는 것도 이것과 무관하지는 않을 것입니다.

 너무 생생한 것에 대한 거부감. 너무 생생한 것은 사실이 아니라는 자기 방어. 이런 건 포르노를 볼 때도 생겨납니다. 적당히 감정이 섞여야지, 대놓고, 그것도 지나치게 사실적으로 관계를 하는 남녀에게서 우리는 역겨움을 느낍니다. 비록 그러한 행위가 우리 자신의 삶과 동떨어진 것도 아니지만, 그래도 너무도 사실 같은 포르노는 포르노의 기능을 하지 못합니다. 그래서 포르노는 언제나 좀 유치해 보이는 장면을 담습니다. 도를 넘어서 교태를 부리는 것이나, 엄청난 괴성, 큰 동작들, 기괴한 도구들. 우리는 이런 꾸며진 것들을 보면서 이건 사실이 아니라 가상적 포르노이고, 따라서 나는 정상이다고 생각합니다. 그냥 말 없이 포르노와 유사한 행동을 한다면, 그건 그때 일로 대충 넘어갈지도 모릅니다만, 만약 이성異性 누군가에게 포르노에 나오는 것처럼 똑같이 해보자는 식으로 말한다면, 백이면 백 변태 취급을 받을 것입니다. 이게 바로 너무도 사실적인 것에 대한 환상이자 환상의 사실성에 대한 거부입니다. 포르노가 누군가에게 환상적이라면, 그건 노골적으로 사실적이기 때문일 것이고, 이 지나친 사실성은 동시에 우리를 포르노로부터 일정한 거리를 갖게 합니다.

그런데 가상과 현실의 문제는 포르노에 국한되는 게 아닙니다. 포르노에만 국한된다면, 이건 정말 손쉬운 놀이에 불과합니다. 문제는 우리 삶 전체가 바로 이런 가상과 현실의 직조織造라는 사실입니다. 우리는 늘 환상의 자신을 현실의 자신과 맞바꾸면서 살아갑니다. 현실이 비참할수록 환상은 깊어지고, 깊어진 환상은 결국 현실에서 자신을 잃어버리게 합니다. 환상이 현실을 압도하고 결국에는 현실을 망칩니다. 정말 환상적인, 상상에서나 가능한 파국이 일어납니다. 그런데 이건 '환상적'이지 못합니다. 그냥 더러운 현실일 뿐입니다. 그래서 저는 이렇게 말하고 싶습니다. 환상이 사실을 목표로 하고, 그 사실이 바로 우리의 현재 삶이라면, 환상을 구하지 말고 가장 사실적인, 그래서 때로는 정말 환상적인 현실에 땀을 흘리자는 것입니다. 가장 환상적인 것은 가장 사실적인 것이다. 가장 사실적인 것은 바로 나의 지금 삶이다. 따라서 나의 지금 삶은 가장 환상적이다. 저는 이 단순한 삼단논법에서 참된 삶의 태도를 엿보고자 합니다. 그런데 엿보고 있는 나는 진짜 나일까요?

준비된 사람과 행운

유홍준의 『나의 문화유산답사기』 3권에는 이런 이야기가 나옵니다. 국회의원에 출마했다가 낙선한 선배를 위로하는 유홍준에게 선배가 답합니다. "뭐, 괜찮아요. 나는 크게 실망하지 않아요. 우리 조상이 그랬어요. 내가 무엇이 안 되었음을 안타까워하지 말고 내가 무엇이 되었을 때 그것에 대한 준비가 없음을 걱정하라고, 하하하." 유홍준은 그 말을 꼭 기억해두고 싶었다고 합니다. 누가 읽어도 좋은 내용입니다.

그런데 이 말을 보면 위안과 깨달음이 함께 들어 있습니다. 우선 그 선배가 스스로 국회의원이 될 만한 준비가 되었기에 출마했는가 하는 것과, 낙선을 위안하면서 내가 준비가 되지 않았을 수도 있다는 것이 그것인데, 사실 둘 다 뒷맛이 개운치 않습니다. 준비가 되었다고 해서 다 당선되는 것은 아니므로, 이 경우에는 낙선의 원인은 유권자의 잘못된 선택이 되고, 준비가 되지 않았는데도 출마했다면 그건 그 사람의 몫이 됩니다. 명청한 유권자나 준비가 덜 된 출마자나 모두 문제가 있다는 말입니다.

그런데도 우리가 이 말에 주목해야 하는 까닭은, 그것이 위안의 수단이든 깨달음이든 간에 능력을 갖춘 사람으로 때를 기다리는 게 그리 쉽지 않다는 데 있습니다. 그리고 그 때가 오지 않을 경우 섭섭한 감정을 수습하기 어렵다는 점도 문제입니다. 이때 우리가 끌어들이는 게 바로 행운입니다. 그래서 우리는 이 둘을 합쳐 흔히 "행운은 준비된 자에게 찾아온다."거나 "준비된 자가 행운을 잡을 수 있다."고 말합니다. 이쯤 되면 행운은 이미 행운이 아닙니다.

예를 들어 평소에 남몰래 열심히 영어 공부를 해온 사원에게 행운이 찾아옵니다. 갑자기 찾아온 외국 고객에게 마땅히 통역할 사람이 없는 그런 경우입니다. 여기서 실력을 발휘하면 능력을 인정받게 됩니다. 이런 이야기는 우리 주변에 참 많습니다. 누가 부상당한 주전의 대타로 시합에 뛰었다가 주전으로 올랐다거나 하는 이야기가 그것입니다. 여기서 행운은 어떤 것일까요? 주전의 부상일까요, 대타가 된 나 자신일까요? 준비된 자에게 모두 행운이 온다는 게 아니라는 말입니다.

그래서 좀더 지혜로운 깨달음이 필요합니다. 바로 "나는 왜, 무엇을 위해 준비하고 있는가?"를 물어야 합니다. 출세하거나 이름 떨치기를 꿈꾸는 것이라면, 그건 천박한 것입니다. 물론 천박한 게 다 나쁘지는 않습니다. 하지만 적어도 아름답지는 않습니다. 갈고 닦아서 어디에, 누굴 위해 쓰려는 것인지 살펴야 합니다. 무술을 연마하여 언젠가 나를 건드리는 누굴 혼내주겠다고 생각한다면, 그건 싸움기술이지 무술이 아닙니다. 무술은 나를 닦는 일이고, 그걸 통해 누군가에 도움을 주려는 것입니다. 더 나아가 무술은 강호를 떠나는 걸 목적으로 합니다.

유홍준은 선배에게 이렇게 물었어야 합니다. "선배는 왜 국회의원이 되려고 하셨나요?" 선배는 또 이렇게 대답했어야 합니다. "자랑스런 우리 조상들처럼 국민에게 힘이 되고 싶었기 때문이지." 그렇다면 자연스레 이런 이야기가 나올 것입니다. "선배가 그런 뜻을 갖고 있다면, 언젠가 행운이 찾아올 것입니다." 이때 행운이 국회의원 당선입니다. 그것이 행운인 까닭은 굳이 국회의원을 하지 않아도 국민에게 힘이 될 길은 많기 때문입니다.

여러분은 무엇을 원하고, 어떤 준비를 하고 있습니까? 왜 그렇게 하고 있습니까? 누군가의 불행이나 빈틈에서 내 능력을 발휘할 것이라는 꿈을 꾸고 있지는 않은지요? 준비하는 사람이 아름다운 게 아닙니다. 무엇을 위해 준비하는가가 중요합니다. 모든 패권주의와 침략이 준비된 사람에게서 비롯됩니다. 그리고 준비되지 않고 일상을 살던 사람은 그들에게 눌리고 빼앗깁니다. 이게 준비된 사람의 참모습은 아닐 것입니다.

유홍준의 선배가 말한 조상이 의성 김씨인데, 그 조상의 말은 사실 공자의 말에서 따온 것입니다. 공자는 『논어』「이인里仁」편에서 말합니다. "지위가 없음을 걱정하지 말고 그 자리에 설 수 있는 능력을 갖추기를 걱정해야 하며, 자기를 알아주지 않는 것을 걱정하지 말고 남이 알아줄 만하게 되도록 노력해야 한다 不患無位 患所以立 不患莫己知 求爲可知也." 공자는 너그러움(仁)과 함께 잘 사는 사회(大同)를 꿈꾸었기에 천박하지 않습니다. 또 "남이 나를 알아주지 않더라도 섭섭해하지 않는 게 참사람 人不知而不慍 君子呼."이라고 했기에 비난에서도 벗어나 있습니다.

모두가 준비하기에 미친 세상입니다. 아이들이 뛰놀기를 잊고 밤늦게까지 학원 버스에서 졸고 있습니다. 학생이 배우지 않고 성적 올리기에 매달리고 있습니다. 대학생이 도서관에서 딴 공부를 하고 있습니다. 다 큰 사람들이 취업 학원에 몰려듭니다. 주부가 집을 떠나 부업을 준비하는 시험에 매달리고, 아버지는 직장에서 퇴직 후를 걱정합니다. 모두 제정신을 잃고 준비하고 또 준비합니다. 그런데 그 준비는 한결같이 자리를 차지하고 남 보란 듯이 살기 위한 것입니다.

그렇기에 오히려 준비되지 않은 삶, 지금에 충실한 삶을 사는 사람이 아름답습니다. 내 이름자보다는 남의 이름자를 기억해주는 사람이 아름답습니다. 누군가에게 다가가 이름이 되고 의미가 되기를 꿈꾸기보다 홀로 고독하게 이름 없이 제 의미를 먹고사는 야생화가 아름답습니다. 장자가 말합니다. 쓸모없는 것이 천수를 누린다고 此木以不材得終其天年. 재목으로 쓰려고 준비된 나무는 제 수명을 다하지 못하고 잘려나갑니다. 아무짝에도 쓸모없어 보이는 나무가 생명을 지킵니다. 그 나무는 그늘도 만들고 벌레도 키우고 흙도 기름지게 합니다. 시골 마을 어귀를 지키는 나무는 금강송이나 적송이 아닙니다. 굽은 느티나무입니다. 이게 진정한 행운일 것입니다.

공동선의 이상 : 새해 인사를 겸하며

게임 이론game theory은 행위의 가치판단이 타인의 행위에 따라 결정되는 세계를 다루는 학문 영역입니다. 다시 말해 산술적 계산에 기초하는 사물의 세계나 법칙에 따르는 자연세계와는 달리, 특정한 상황에서 사람들이 거래할 경우 그 거래의 성사 여부는 전적으로 거래 상대에 의해 결정된다는 것입니다. 여기서 상대방은 거래를 제안하는 사람이 보면 거래를 받아들이는 사람이 될 것이고, 거래를 제안받은 사람이 보면 거래를 걸어온 사람이 될 것입니다. 자신에게 이익을 남기고자 하는 게 목적이라면, 가장 합리적인 방법은 거래 상대방을 배신하더라도 많은 이익을 얻을 수 있는 조건을 찾으면 그만일 것입니다. 여기서 딜레마가 생겨납니다. 거래자 모두는 자신의 이익을 극대화하려고 하고, 한쪽이 이득을 얻는다면, 한쪽은 이익을 얻을 수 없다는 단순한 결과가 바로 그것입니다. 결국 게임 이론은 우리의 이러한 이기적인 삶에서 누구나 수긍할 수 있는 일반적인 경향, 원리, 처방을 찾으려는 것입니다.

애덤 스미스Adam Smith(1723~1790)는 이기심을 경제적 행위의 동기로 보았습니다. 이기적인 인간은 자신의 이익을 위해 행동하지만, 그 결과는 공동의 이익으로 나타난다는 게 그의 이론입니다. 그는 이런 과정을 '보이지 않는 손'으로 설명합니다. 그리고 이러한 경제 흐름에는 자연적 질서가 개입하여 내버려두어도 생산과 분배, 개인들 간의 이익은 조화를 이룰 것이라고 말합니다. 이 경제학설이 사실일까요? 아마 그렇지 않다고 대답하는 사람이 더 많을 것입니다.

하지만 좀 찬찬히 생각해보십시오. 굳이 보이지 않는 손을 신이라든가 신비한 무엇으로 간주할 필요는 없습니다. 말하자면 이 보이지 않는 손이 무엇일까 하고 곰곰이 따져보자는 말입니다. 나 자신의 이익을 좇으면서도 공동의 이익을 추구할 수 있는 무엇! 스미스는 이걸 그저 자연법과 같은 자연스런 이치라고 했지만, 그런 설명으로는 우리를 설득할 수 없습니다. 바로 이 지점에서 게임 이론이 등장하는 것입니다.

스콧 고든S. Gordon은 1954년에 "영지의 목동이 훗날을 위해 남겨 놓는 풀 한 포기는 그에게는 아무 가치가 없다. 내일이면 다른 목동의 소가 그 풀을 뜯어 먹을 것이기 때문이다."고 주장하면서 공동의 이익은 가능하지 않다고 제안합니다. 이 이론은 이후 개럿 하딘G. Hardin에 의해서 '공동 소유의 비극'이라고 불려집니다. 하딘은 중세의 공유지를 예로 들어 "공유지의 자유는 모두에게 파멸을 가져온다."고 주장합니다. 이런 주장들은 우리의 일상적인 경험과도 부분적으로 일치합니다. 우리 주변의 공동 화장실이 단적인 예가 될 것입니다. 누구나 자신의 위생을 위해서 깨끗한 화장실을 원합니다. 하지만 첫 번째 사용자가 아무리 깨끗하게 화장실을 사용하더라도 그 화장실이 계속 깨끗하게 유지될 것이라고 확신할 수는 없습니다. 결국 공동 화장실의 최초 사용자는 마음대로 더럽힐 것이고, 그가 최초의 사용자가 아닌 한 깨끗한 화장실은 기대할 수 없게 됩니다.

하지만 이런 상식이 늘 유지되는 것은 아닙니다. 우리의 공동 화장실이 깨끗해지지 않았습니까? 공동으로 소유하는 게 반드시 비극으로 치닫고, 결과적으로 모두에게 해를 끼치지는 않는다는 말입니다. 스콧 가든과 개럿 하딘의 우울한 진단을 넘어서 존 내시J. Nash가

새로운 이론을 창안합니다. '내시 평형nash eqilibrium'이 그것입니다. 내시 평형은 게임을 하는 당사자 모두가 상대방에 적절하게 반응하면서 선택하고, 그 선택을 변경할 특별한 상황이 생겨나지 않는 상태를 가리키는 말입니다. 쉽게 말해서 저놈이 저렇게 나온다면, 나는 이렇게 하겠다고 마음을 먹었다면, 저놈이 그렇게 하는 한 이렇게 하겠다는 나의 선택을 손쉽게 바꾸지는 않는다는 것입니다.

한국산도 마찬가지였지만 중국산처럼 싸구려로 만들어서 한번에 큰 돈을 취하려는 게 수준 낮은 상인의 전술입니다. 하지만 그게 곧 자신이 망하는 길임을 깨닫는 데는 긴 시간이 필요하지 않습니다. 그래서 품질은 점점 좋아지고 가격도 적정한 수준에서 결정됩니다. 상인도 이익을 얻고 소비자도 이익을 얻는 공동의 선이 가능해지는 것입니다. 물론 상대방이 엉뚱한 짓을 한다면 속임수와 복수가 시작될 것입니다. 하지만 이 경우에도 궁극적으로는 평형을 향하는 경향은 남아 있게 됩니다. 마치 평화를 위한 전쟁이 전쟁을 반대하는 평화로 이어지듯이 말입니다. 모든 걸 잃게 하고선 아무것도 얻을 수 없다는 게 진화의 교훈일 것입니다.

이런 걸 매트 리들리M. Ridley는 호혜주의互惠主義라는 다모클레스의 칼Sword of Damocles이라고 합니다. 네가 나에게 도움을 준다면, 나도 기꺼이 너에게 도움을 주겠다. 하지만 네가 만약 배반한다면, 나도 배반할 것이다. 이 호혜주의를 어기면서도 칼이 나의 머리에는 떨어지지 않을 것이라고 믿는다면, 그 믿음은 한 번의 사기에서는 지켜질지 모르지만, 적어도 두 번 이상이 반복되는 삶 전체에서는 지켜지지 않을 것입니다. 이런 걸 게임 이론에서는 공정한 강자 또는 단호하지만 공정한firm-but fair 원리라고 합니다. 이 원리는 배반하는 사람은 단호하게 처벌하지만, 협력하는 사람에게는 협력하고, 그러면서도 서로 배반하였다면 협력으로 복귀할 수 있는 길을 열어둡니다. 말하자면 배반당한 후에도 단순히 복수하는 걸 넘어서 태도를 고쳐 잡는다면 다시 협력할 수도 있는 그런 태도입니다.

저는 게임 이론에서 희망을 찾고자 합니다. 게임 이론에는 게임 이상의 무엇이 있다는 말입니다. 가는 말이 고와야 오는 말이 곱다는 속담이나 인과응보因果應報라는 교훈, 죄 없는 자가 하늘나라에 간다는 신앙, 오는 정 가는 정이라는 일상. 이루 다 말할 수 없는 삶의 소박한 믿음과 경험이 바로 우리의 희망입니다. 절망의 현실에서 건져내는 희망은 이처럼 너무 간단해서 오히려 초라해 보입니다. 정신분열증으로 힘든 삶을 살면서도 사람들에게 희망을 주는 이론을 내놓은 존 내시가 위대한 까닭은, 그가 노벨 경제학상을 수상한 수학 천재이기 때문이 아니라 팍팍한 이 세상에서도 조화와 화합, 인간적인 거래라는 이상이 가능하다는 걸 보여준 그의 아름다운 마음 때문일 것입니다. 과도한 해석인지는 몰라도 아마 그래서 그를 다룬 할리우드 영화의 제목이 'Beautiful Mind'인지도 모릅니다.

우리는 세상이 힘들다고 하면서, 또 사람이 믿을 수 없다고 하면서 그냥 손을 놓아버립니다. 그렇기에 우리는 삼류입니다. 툭하면 믿음의 역설을 이야기하는 저도 삼류입니다. 번번이 세상살이는 비관적이라고 말하는 저는 삼류입니다. 그래서 "너는 너로서 무엇을 했는가?", "너는 무엇을 할 수 있는가?" 하는 물음 앞에서 우리 모두는 초라하게 고개 숙이는 삼류입니다. '추한 마음'에 '아름다운 외모'를 가진 인간이 넘쳐나는 세상입니다. 별로 달라질 게 없는 새로운 한 해를 시작하는 시간입니다. 우리가 가졌던 시간, 그것이 소중했든 지저분했든 비극적이었든 간에 이미 기억으로 자리 잡았습니다. 새로운 해, 올해에는 좀더 나은 기억을 갖고 싶습니까? 공동선公同善의 이상을 삶 속에서 실천해봅시다. 손해볼 것도 없고 인간적이라고 칭찬도 받을 수 있는 효율적인 전술입니다. 인간을 말하면서 하필 효율이냐고요? 이게 바로 게임의 법칙입니다. 인간 속에 깃든 효율, 효율을 제어하는 인간. 현실現實적인 너와 나의 이해관계 속에서도 이상적인 공동의 선을 목적으로 삼는 그런 '아름다운 마음'이 올해의 화두話頭였으면 합니다.

말과 문자를 넘어서

말할 줄 아는 사람보다는 읽을 줄 아는 사람. 읽을 줄 아는 사람보다는 읽을거리를 쓸 줄 아는 사람. 쓸 줄 아는 사람보다는 쓸거리를 만들어내는 사람이 항상 삶의 흐름을 이끌어왔습니다. 우리 시대를 정보의 시대라고 합니다. 남의 말을 전해 '듣고서' 정보를 옮기는 사람이 있는가 하면 포털 사이트에서 정보를 '읽고서' 자신의 가상공간에 옮기거나 자신의 말로 적당히 고쳐 써서 내놓는 사람도 있습니다. 물론 처음부터 자신의 생각이나 경험을 글로 표현하는 사람도 있습니다. 하지만 이 모든 것은 글의 재료를 제공하는 사람이나 자연, 사건에서 비롯되는 것입니다. 순서로 따져보면 말, 문자, 행동으로 나아가는 이 진행과정은 사실 사람의 수준을 대체로 가늠하는 기준이 되기도 합니다. 쓰고 읽고 말하기가 아니라, 말하고 읽고 쓰는 것이 사람의 생물학적 성장과정과도 일치합니다. 더 나아가 성장의 끝에는 말과 글이 끝나고 행동이 남습니다. 데카르트식으로 비틀어보자면 "나는 행동한다. 따라서 나는 존재한다." 정도가 될 것입니다.

인간과 짐승의 차이는 도덕성이 아니라 이름 붙이는 능력에 있습니다. 방브니스트 E. Benveniste(1902~1976)는 "동물들도 자신의 감정을 표현하지만 자신의 감정에 이름을 붙이지는 못한다."고 합니다. 우리는 동물의 움직임에 이런저런 이름을 붙이지만, 그건 순전히 인간의 이름이고 말입니다. "궁지에 몰린 개가 흥분해서 사람을 물었다."는 말에서 우리는 궁지니 흥분이니 하는 이름을 붙이지만, 개는 그저 그렇게 움직일 뿐입니다. 그 감정이 흥분인지, 그 상황이 궁지인지는 알 수 없습니다. 이름 붙이기는 그래서 사실과 언제나 괴리를 갖고 있습니다. 그런데 기분이 썩 좋지는 않겠지만, 사람 가운데도 자신의 감정이나 행동에 이름을 붙이지 못하는 사람이 많습니다. 요즘 유행하는 말로 하면 기분 나쁜 것 '같기도' 하고 기분 좋은 것 '같기도' 한 애매한 상황에서 누군가가 정해준 이름을 자신의 것으로 삼는다는 말입니다. 이 경우 좀 배웠다는 사람이 "그건 자기 확실성의 부족에서 발생하는 선택장애, 선택회피 증후군입니다."고 말하면 그냥 넙죽 받아먹는다는 것이지요. 이게 무슨 귀신 씻나락 까먹는 소립니까? 하기야 머리가 모자란다거나 의지가 약하다는 말보다는 병적인 장애라는 말이 위로가 될 수도 있을 것입니다.

그런데 그런 장애니 뭐니 하고 말한 전문가도 알고 보면 아마 이름 난 정신의학자의 책에서 읽은 지식을 전하고 있을 터입니다. 물론 자기 감정이 뭔지 말로 표현하지도 못하는 사람보다는 뭔가를 읽고 말할 수 있는 사람이 더 세다고 할 수 있을 겁니다. 피아노를 치지 못하는 사람보다는 피아노 연주자가 낫겠지만, 그 피아노 연주가가 아무리 뛰어날지라도 역시 아름다운 피아노곡을 작곡한 음악가에 비하면 떨어지는 사람에 불과합니다. 여기서 누군가는 각자는 자신의 능력을 잘 발휘하면 그만이지 꼭 작곡한 음악가가 연주자보다 낫다고 할 수는 없다는 식으로 항변할 수도 있습니다. 그렇지만 이것도 그 수준에 오른 사람의 이야기가 아니라면 아무도 귀담아 들어 주지 않는다는 사실도 알고 있을 것입니다. 그리고 그런 수준의 사람이라면 그리 쉽게 항변할 것 같지도 않습니다. 마치 아무리 훌륭한 영화비평가라도 좋은 영화를 만드는 감독에 대한 막연한 열등감이 있게 마련인 것과 같습니다.

그래서 뭔가를 들어서 아는 놈보다는 그런 앎을 처음 만들어낸 놈이 더 세고, 그보다는 또 그런 앎을 말에서 그치지 않고 문자로 남기는 놈이 더 센 놈입니다. 말보다는 문자가 멀리 가고 많은 사람에게 전달되기 때문입니다. 이걸 흔히 활자의 힘이라고 합니다. 하지만 센 놈의 순서는 여기에 그치지 않습니다. 자신의 지식과 문제의식을 실천으로 연결시켜 문제를 해결하는 놈이 가장 센 놈입니다. 물이 무섭다는 말을 전해 듣고 물가에 가지 않는 놈, 물이 무섭다는 걸 직접 알게 된 놈, 물이 왜 무서운지 잘 기록해서 남기는 놈. 이런 등급 차이의 끝에 결국에는 무서운 물에서 살아남는 법, 즉 수영이나 호흡법, 수중장비를 만들어내어 그 무서운 물을 제압하는 놈이 가장 센 놈입니다. 노숙자에게 착한 일을 한 여학생을 보고서 포털에 올린 사람, 그 여학생에게 '목도리녀'라고 이름을 붙인 사람, 그 이야기를 포털 사이트에서 읽고 화제로 삼는 사람, 거기다 정말 꼴 보기 싫게 그런 행동에 대해서 아직도 살아 있는 훈훈한 인간애니 하고 떠드는 배운 사람도 있습니다. 모두 하수들입니다. 그게 그렇게 따뜻하고 아름다운 인간애인 줄 알면서도 배운 놈은 여태 무얼 하고 살았는지 참 뻔뻔스럽습니다. 여기서는 그 여학생이 가장 센 사람입니다. 이유는 간단합니다. 그렇게 했기 때문입니다. 딱히 맞아떨어지지는 않지만 공자가 『논어』 「이인」 편에서 "군자는 말에서는 모자라지만, 행동에서는 민첩하다君子欲訥於言而敏於行."고 한 것도 비슷한 내용일 것입니다.

우리의 말은 세상을 다시 보여주는 것이지만 언제나 자신의 한계 속에서 보여줍니다. 말이 많은 사람은 그 많은 말에 갇히게 되는 것입니다. 노자가 『도덕경』 첫머리에서 "도라고 말할 수 있는 그런 도는 있는 그대로의 도가 아니다. 이름 지을 수 있는 이름은 이름 지어지는 그 이름이 아니다道可道非常道 名可名非常名."고 하는 것도 이 때문입니다. 금강산을 보고 아름답다고 하는 순간, 우리는 한국어 '아름답다'는 말에 제한됩니다. 그래서 금강산이 진정 아름답다면, 아마 그 아름다움은 '말할 수 없는' 아름다움일 것입니다. 노자의 말 "자연은 별 말이 없다希言自然."가 비록 자연은 이런저런 말도 없이 제 갈 길을 가면서도 자연스럽다는 것이긴 하지만, 이 말을 진정한 아름다움을 간직한 자연을 빗대는 것이라고 해석한다고 해서 누가 뭐라고 하지는 않을 것입니다. 금강의 아름다움 앞에서 말을 잃은 사람과, 금강의 아름다움을 문자로 기록한 사람. 그리고 그 문자를 읽고 금강이 그렇게 아름답다고 하더라고 말하는 사람과, 그 말을 누군가에게 다시 전하는 사람. 여러분은 누구인가요?

  사람들을 만나면서 늘 하는 생각이 말과 문자, 그리고 행동입니다. 원수까지 사랑하라고 핏대를 올리는 종교인이 결국 자기 아들과 가족을 더 사랑한다는 너무도 세속적인 이야기 앞에서는 그 종교까지 미워지는 게 엄연한 사실입니다. 노자는 "정말 잘하는 말은 흠결이 없다善言無瑕讁."고 합니다. 성서 해석을 둘러싼 논쟁도 마찬가지입니다. 철학을 전공한 사람이 성서를 해석하면 철학적 시각이 개입됩니다. 그런데 이를 두고 성서를 철학적으로 해석하면 안 된다고 합니다. 신학자나 종교인은 신학적이고 종교적인 시각으로 세상일을 보고 판단합니다. 교육개혁을 하자고 하면 신앙의 자유를 끌어들이는 사람들이 성서를 철학적으로 해석하는 일을 반대하는 걸 납득하기 어렵습니다. 지금까지 언제나 성서라는 문자 기록을 두고 이런저런 말이 많았습니다. 그리고 자신의 해석을 문자로 만들어서 그걸 교리로 삼는 종교인도 많습니다. 하지만 그 사람이 철학자이건 신학자이건 종교인이건 간에 예수의 행동 앞에서는 아무 말도 하기 어려운 게 현실입니다. 예수는 말과 문자를 넘어 행동으로 기독교를 보여주었습니다. 이 예수에 비하면 그런 사람들의 말과 문자에는 흠결이 너무 많습니다. 그래서 그들은 말을 잘하거나 글을 잘 쓰는 사람이 아니라 말과 글을 그럴듯하게 하는 사람일 뿐입니다. 참으로 말을 잘하고 글을 잘 쓰는 사람이라면 자신이 잘 '할 수' 있는 말을 하고 글을 써야 합니다. 달리 표현하자면, 제가 잘하는 일에 대해서 말하고 글로 옮겨야 한다는 말입니다. 최고 요리사의 레시피는 말이 아니라 그 요리사의 솜씨입니다. 그 솜씨는 그의 말이 어눌할지라도 드러날 수밖에 없습니다. 또 그가 비록 책으로 그 요리법을 일일이 기록하지 못할지라도 그는 이미 그의 손님들에게 최고의 요리를 맛보였습니다. 글재주가 있는 누구, 아마도 흔히 말하는 요리평론가가 되겠지만, 그런 사람이 그의 손님 가운데 있었다면 그는 그걸 글로 표현할 것입니다. 그러나 글이 뛰어날지라도 그는 그 요리를 만들어내지 못합니다.

강의시간이나 찌든 술자리에서 넘쳐나는 말은 저를 몰아세웁니다. 그래서 딴에는 몸이 앞서야지 하면서도 뒤돌아보면 말의 쓰레기가 수북합니다. 입을 닫고 살아보자고 산에 오르지만 내려올 수밖에 없는 삶에서는 또 말이 강처럼 흐르고, 곧 강은 오염되고 맙니다. 문자의 세계에서 놀기에는 능력이 부족하고, 자연 같은 몸의 세계, 행동의 세계를 살기에는 의지가 굳지 못합니다. 결국 세 치 혀로 꾸며낸 말로 밥벌이를 하고, 지저분하기 짝이 없는 잔반을 남기면서 그래도 나는 말을 아끼려고, 글로 표현해보려고, 몸으로 뛰어보려고 노력하고 있다고 노예처럼 위안을 삼습니다. 정보의 시대. 사람들은 정보가 넘쳐나고 그 넘쳐나는 정보에 휩쓸린다고 걱정합니다. 그런데 과연 얼마나 되는 사람이 정보를 생산하고 있을까요? 그것도 사람에게 살처럼, 피처럼 존중받는 그런 정보를 생산하고 있을까요? 그보다 더 욕심을 내자면, 자신의 살과 피로 남의 살과 피를 조금이라도 채우려고 한번이라도 따뜻한 적이 있었던가요? 안도현은 말합니다. "연탄재 함부로 발로 차지 마라. 너는 누구에게 한 번이라도 뜨거운 사람이었느냐." 말문이 탁하고 막힙니다. 억한 심정에 "안도현, 너는 뜨거운 사람이냐?"고 쏘아붙이고 싶습니다. 그럴 수 없는 까닭은 그는 이미 짧은 문장 하나로, 몇 안 되는 문자로 우리를 충분히 부끄럽게 하고 뜨겁게 했기 때문일 것입니다. 말을 넘어, 문자를 넘어 행동으로 가는 삶. 멀지만 가고 싶습니다.

삼류 인생

　　　　　　　　　　우리 모두는 제 각각의 사연을 가지고 있습니다. 그 사람이 잘난 사람이든 못난 사람이든 간에 한 보따리 혹은 한 주머니만큼의 인생 사연을 가지고 살아갑니다. 그런데 제가 이건 정말 못 봐주겠다는 게 있는데, 그건 삼류 인간들이 누굴 가르치려고 드는 것입니다. 특히 이런 부류의 인간들은 텔레비전 아침방송이나 신문의 주말판, 미장원용 잡지에서 설치고 다니는데, 보기에도 안 좋고 들으면 짜증이 납니다. 사회적인 문제는커녕 사사로운 연예인의 생활이나 가정 잡사에 대해서 마치 자기가 전문가인 양, 익지도 않은 이야기며 논리도 없고 알맹이도 없는 헛소리를 잔뜩 풀어놓습니다. 이런 부류의 인간은 비슷한 사람들끼리 패거리를 만들고 다니는데, 그 패거리의 면면을 보면 또 가관입니다. 딱히 누구누구라고 밝힐 수는 없지만, 그리고 사실 밝힐 만큼 대단한 사람들도 아니지만, 다 제 잘난 맛에 놀고 돌아다니는 사람들입니다. 문제는 이런 부류의 인간들을 따르는 사류가 늘 있다는 점입니다.

　한번은 그런 부류 중에서도 우두머리 격이자 자칭 잘났다고 다니는 가수가 이런 말을 했습니다. 내 주변에는 세상에서 똑똑하다는 사람, 잘났다는 사람이 많은데, 하도 신문이며 방송에서 북한 이야기를 하면서 중수로, 경수로 하길래 그게 뭐냐고 물었더니 제대로 아는 사람 하나도 없었다는 대충 그런 내용입니다. 다시 말하자면, 잘났다는 놈들도 별 볼일 없다는 이야긴데, 그럼 그걸 모르는 자신은 뭔지 모르겠습니다. 경수로니 중수로니 하는 건 원자로의 핵분열

감속제나 냉각제로 우리가 보통 물이라고 하는 그런 물을 사용하는
가, 아니면 특별히 처리된 물을 사용하는가에서 차이가 납니다. 그
냥 물, 즉 경수輕水, light water를 사용하는 원자로를 경수로, 수소 분자
가 하나 더 있어서 무거운 물, 즉 중수重水, heavy water를 사용하는 원
자로를 중수로라고 합니다. 중요한 쟁점은 중수를 사용하면 핵분열
때 중성자를 감속하는 작용이 크고 플루토늄을 많이 얻어낼 수 있지
만 비용이 많이 든다는 것입니다. 북한의 중수로를 미국이나 우리가
돈을 들여가며 경수로로 바꾸려는 까닭은 상대적으로 많은 플루토
늄을 추출해서 빠른 시간 안에 핵무기를 만들 수 있기 때문입니다.
간단하죠?

　무엇보다 그 가수가 어리석고 애처로운 까닭은, 모르면 찾아서라
도 알고자 해야지 자기 주변에 물어보고, 자기가 잘났다고 생각하는
놈들도 모르니까 내가 모르는 것도 당연하거나 부끄러운 일이 아니
라는 식으로 비아냥거리는 태도입니다. 그리고 그가 말하는 잘난 주
변 사람이 누군지 참 한심합니다. 그러니까 패거리를 짓고 다니겠지
요. 그냥 자기들끼리 잘 먹고 잘 놀면 저도 이야깃거리로 삼지 않을
겁니다. 하지만 앞서 말했듯이 뭘 가르치려 들기 때문에 한마디 하
는 것입니다. 사실 좀 배웠다는 놈, 얼굴 좀 팔렸다는 놈들이 삼류
방송프로그램에 나와서 하는 말 가운데서 가장 흔한 게 주제넘게도
삶 전체를 아우르는 그런 것입니다. 그냥 누가 하는 말처럼 옮기자
면, "어떻게 살려고 하지 말고 무엇을 위해서 사는지를 고민하라."
는 말입니다. 천한 한국 사회에서 잘 먹고 잘 사는 '방법'이 아니라
무엇을 위해서 사는가 하는 '목적'을 문제 삼아보라는 뜻인데, 이거
어디서 많이 들은 이야깁니다. 어디서 들었을까요?

철학에서 윤리적 태도 또는 윤리설이라는 이름으로 가르치는 내용이 바로 그것이고, 이때 등장하는 단골이 칸트I. Kant(1724~1804)인데, "자신의 인격에서건 타인의 인격에서건 인간성을 수단으로 사용하지 말고 목적으로 대하라."는 말 때문입니다. 이 말을 적당히 비틀면, 제 인생이든 남의 인생이든 인생을 수단으로 보지 말고 목적으로 보자는 말이 나옵니다. 어떻게 하면 잘 먹고 잘 살 수 있는가가 아니라, 무엇을 위해서 그렇게 살아야 하는가가 중요하다는 말입니다. 간단히 말해, "잘 먹고 잘 사는 게 뭔데?"라거나 "잘 먹고 잘 살면 뭐해? 인간이 더러운데." 하고 묻는 것과 같습니다. 이걸 한번 더 비틀면, 동기주의라든가 결과주의 또는 공리주의, 실용주의 어쩌고저쩌고하는 흔해 빠진 윤리설이 나옵니다. 결과가 어떻게 나오든 마음 씀씀이, 즉 동기가 선하다면 도덕적으로 문제가 없다거나, 동기가 선했을지라도 결과가 나쁘면 책임을 져야 한다거나, 끝이 좋으면 다 좋다는 게 그런 윤리설의 내용입니다. 그런데 이런 삼류 지식으로 남을 가르치려 드는 게 광대짓이라는 말입니다.

앞만 보면서 수단 방법 가리지 않고 잘살려고 하지 말고, 내가 무엇을 위해서 그렇게 하고 있는지 돌아보자는 말인데, 겉모양은 그럴듯합니다. 그런데 이런 말을 하는 삼류들은 공통점이 있는데, 남보다 성공이 늦었다거나 제 갈 길을 꾸준히 갔다는 게 그것인데, 도대체 그들이 말하는 성공이 뭔지 우선 묻고 싶습니다. 방송에 나와서 삼류 시청자들의 이목을 끌면서 행복해하고, 그것으로 돈 벌고 사는 걸 성공이라고 한다면 이미 바닥을 헤매는 삼류입니다. 제 갈 길을 꾸준히 갔다는 건 좀 다르긴 하지만, 그게 단지 자신의 성공법을 말하는 것이라면, 남에게 이런저런 인생 충고를 하지 말아야 합니다.

아마 그도 지난날 누군가가 이런저런 잣대로 자신에게 충고하던 게 마음에 들지 않았을 것이고, 그 모든 충고를 무시하고 제 길을 묵묵히 가서 이제 성공한 모습을 자랑하고 싶다면 입 닫으라는 말입니다.

남의 행동에서 동기가 선한지 그렇지 않은지 어떻게 확인할 수 있습니까? 결과가 좋게 나왔다는 건 또 무엇이지요? 남을 목적으로 대한다는 말은 무슨 뜻입니까? 〈너는 내 운명〉이라는 말입니까? 도대체 무슨 권리로 남을 함부로 자기 인생의 운명으로 규정할 수 있습니까? 사실 저도 자식을 키웁니다만, 자식에 대한 충고의 90퍼센트 이상이 나의 욕심에서 비롯되는 것입니다. 공부 열심히 해라, 착한 사람으로 살아라는 식의 소박한 소망뿐만 아니라, 네 인생 네가 알아서 살아라는 식의 파격적인 허락도 다 아버지의 욕심입니다. 남을 가르치려 들지 말고, 그냥 살아가려고 해야 합니다. 말하자면 인생을 이렇게 살아라는 식의 충고가 아니라, 살아보니까 이런 면도 있더라는 정도에서 그쳐야 합니다. 왜냐하면 이렇게 저렇게 살라고 한다고 해서 사람들이 그렇게 저렇게 사는 것도 아니고, 무엇보다 그렇게 저렇게 산다고 해서 그 사람이 느꼈던 행복감이나 성취감을 그대로 갖게 될 것이라는 보장도 없기 때문입니다.

"삼류는 가르치고 일류는 드러낸다." 만들어놓고 보니 괜찮군요. 제가 평소에 하는 말로 풀어보면, 약한 놈은 남의 가르침에서 배우려고 하고 또 배운 걸 남에게 가르치려고 하지만, 센 놈은 제 삶을 그저 이래저래 살아갈 뿐입니다. 이걸 삼류들은 모릅니다. 그래서 그들은 자기 처지에서 볼 때는 엄청날지 몰라도 참새 같은 출세를 자랑하고 다닙니다. 더 기가 막힌 건 그런 삼류의 이야기를 듣고자 채널을 고정하거나 강연회에 또 다른 삼류, 사류들이 꼬인다는 사실입니다. "나는 이렇게 해서 성공했다."거나 "나는 이렇게 해서 고통에서 벗어났다." 또는 "인생은 이렇게 살아야 합니다."는 게 그런 방송이나 강연회의 주제인데, 그 시간과 비용이라면 그냥 자기 하고픈 걸 하십시오. 아, 그런 방송을 보고 강연회에 가는 게 바로 하고 싶은 일이라고요? 그렇다면 어쩔 수 없습니다. 다만 다른 쪽으로 관심을 가져보시기는 했는지 묻고 싶습니다. 다른 관심이 요구하는 노력, 능력, 믿음이 자신에게 부족하다는 걸 알고 두려워서 피하지 않았는지도 묻고 싶습니다.

그런데 지금 저도 누굴 가르치고 있는 겁니까? 저는 제 생각을 글로 표현하고, 여러분은 그 글을 읽을 뿐입니다. 그 속에서 뭘 건지건 버리건 그건 모두 여러분의 선택일 뿐입니다. 대놓고 가르치겠다고 한다면, 그건 학문이나 수련이 아니라 종교이고 신앙입니다. 혹시 나도 방송이나 한번 타고 연예인처럼 폼 나게 살아볼까 하는 분이 계신다면, 이런 말을 드리고 싶습니다. 도대체 누가 그런 연예인을 폼 난다고 생각하는지 짐작해보라는 겁니다. 방송에 나왔다고 그 사람 그럴듯하다고 믿는 사람이 누군지 꼽아보라는 말입니다. 마치 동네 병원에서 눈에 잘 띄는 곳에 걸려 있는 의사의 방송 출연 사진을 보면서 누가 무슨 생각을 할지 상상해보십시오. 그런 사진을 보고 "이 의사 대단한가 보다."고 판단하는 환자가 있다면, 그게 삼류고, 그보다 먼저 그런 사진을 걸어놓은 의사가 삼류입니다. 'KBS, mbc, sbs 맛집 프로그램에 한 번도 안 나왔지만 정말 맛있는 집'이라는 간판처럼 삼류의 아이디어는 삼류를 부러워하면서 비꼬고 있습니다. 맛있는 집은 그냥 맛있습니다. 제 팔 것 팔고 나면 문 닫습니다. 손님에게 안달하지도 않습니다.

인생을 사는 동기가 무엇이고 또 목적이 무엇이고, 인간을 어떻게 대해야 한다는 거짓 윤리로부터 자유로워져야 합니다. 동기는 언제나 결과를 통해서 꾸며지고, 결과는 언제나 이해관계에 따라 조작됩니다. 목적은 내가 지금 흔들리기 때문에 필요한 것이고, 흔들리는 까닭은 내가 못났기 때문입니다. 인간을 무시하는 건 자신이 무시당하기 싫기 때문이고, 남을 존중하는 건 자신이 존중받고 싶기 때문입니다. 결국 인생은 그냥 제 잇속으로 살아가는 것일 뿐, 남에게 도움이 된다거나 걱정한다거나 하려고 사는 게 아닙니다. 남에 대한 도움이나 걱정도 다 제 잇속일 뿐입니다. 멍청한 삼류들이 세상을 흐려놓는 건 삼류가 되고픈 사류들이 넘쳐나기 때문입니다. 배우려 하지 말고 느껴야 합니다. 가르치려 하지 말고 제 삶을 살아야 합니다. 삼류는 배워서 써먹고자 하고, 일류는 제가 쓸 것을 혼자 배웁니다. 삼류는 가르치려 들고, 일류는 교훈을 피하려고 합니다. 강호의 고수는 싸움을 피하고자 하지만, 좀 배운 삼류는 실력을 시험해보고 싶어합니다. 결과는 영화에서 이미 많이 보았습니다. 노자는 『도덕경』에서 "훌륭한 무사는 무용을 보이지 않는다. 이를 일러 겨루지 않음의 덕이라고 한다善爲士者不武 是謂不爭之德."고 이미 깨닫고 있었습니다.

"무엇을 위해서 살고 있는가?", "지금 어떻게 살고 있는가?" 다 좋은 물음입니다. 그런데 그보다 센 물음은 "넌 왜 그런 물음을 던지고 있는가?" 하는 겁니다. 뭔가가 두려워서, 힘들어서, 욕심나서 그런다면, 그냥 두려워하고 힘들어하고 욕심내십시오. 잔뜩 겁먹은 얼굴로 산다면 적어도 삼류처럼 남의 눈에 띄면서 이렇게 살아라 저렇게 살아라고 충고는 하지 않고 살 수 있을 겁니다. 늘 두려운 마음으로 산다면, 남의 눈에 띄려고 하지 않을 것이고, 그러면 고민거리도 줄어들 것입니다. 늘 욕심이 난다면, 적어도 욕심나는 무엇을 좇아가기 바빠서라도 남에게 잔소리를 늘어놓지 않을 겁니다. 실제로 삼류들이 자칭 출세하기 전까지는 그들도 출세하고 싶은 욕심에 조용히 살았습니다. 그때까지는 어쩌면 삼류가 아니었을지도 모릅니다. 그들의 자칭 출세가, 그 출세를 자랑으로 남에게 이러쿵저러쿵하기 시작하면서부터 천하의 삼류가 된 것입니다.

뚜벅뚜벅 제 길을 걸어가고 남의 이목에 휘둘리지 않고, 남의 입에 오르내리기를 즐기지 않으며, 내가 나를 가르치는 것 외에는 가르치지 않는 센 놈이 바로 일류입니다. 그리고 이런 센 놈은 남들이 일류니 이류니 하고 사람을 나누는 일을 넘어서 있습니다. 장자는 이런 사람을 진인眞人이라고 하면서, "진인은 모자란다고 억지를 부리지 않고, 이루어도 우쭐거리지 않고, 무엇을 하려고 꾀하지 않는다. 이런 사람은 실수를 하더라도 후회하지는 않고, 일이 잘되어도 자만하지 않는다不逆寡 不雄成 不謀士 若然者 過而弗悔 當而不自得也."고 합니다. 제 갈 길을 가는 사람은 남에게 그 실수가 부끄러운 게 아닙니다. 하지만 남에게 보여주려는 삶에서는 실수는 때론 치명적인 게 되기도 합니다. 이루어도 그건 운이 좋았기 때문이지요. 그래서 참사람은 잔머리를 굴리지 않으면서도 잘 살아갈 수 있습니다. 노자의 말을 감상해봅시다. "남을 아는 것이 지혜라면, 자기를 아는 것은 밝음이다. 남을 이기는 것이 힘이 있는 것이라면, 자기를 이기는 것은 정말 강한 것이다知人者智 自知者明 勝人者有力 自勝者强." 이게 노자가 가장 훌륭한 삶은 물처럼 사는 것上善若水이라고 말하는 바로 그런 삶의 태도일 것입니다.

잘못된 믿음으로 살아가다

미신迷信, superstition은 무엇에 이끌려 잘못 믿는다는 뜻을 가지고 있습니다. 때로는 과학적 근거가 없는 맹목적 믿음이나 비판 없는 믿음을 가리키기도 합니다. 하지만 과학이니 비판이니 하는 관점에서는 미신과 신앙을 가려내기 어렵습니다. 미신의 영어 superstition은 라틴 어에서 '넘어서다'는 뜻의 super에 '믿는다'는 stitio를 합친 것으로 가장 가까운 풀이는 과도한 종교적 믿음excessive religious belief 또는 과도한 믿음입니다. 철학적인 사고방식에 조금이라도 익숙한 사람이라면, 지금까지의 설명만으로도 뭔가 목에 걸리는 느낌을 받을 수 있을 것입니다. 그냥 잘 넘어갔다고요? 그렇다면 공부해야 합니다! 짐작했겠지만 그것은 다름 아닌 '잘못'과 '과도한'이라는 단어입니다. 사실 모든 가치판단이 그렇듯이 무엇과 무엇을 구분하기 위해서는 기준이 있어야 합니다. 그런데 문제는 바로 이 기준의 정당성에서 생겨납니다. 무엇을 잘못된 것으로 볼지, 어느 정도를 과도한 것으로 볼지는 일상인의 손에 달려 있지 않습니다. 사회적으로 관련되는 분야에서 힘을 가진 사람들이 이 기준을 결정합니다. 그래서 푸코는 이것을 지식에서 나오는 권력, 즉 지식 권력savoir-pouvoir이라고 합니다. 마치 일본이 식민지 시절 황국신민을 양성했듯이 과거 독재 권력과 결탁한 학문 권력이 우리를 지배했습니다. 문제는 이게 어제의 일로 그치지 않고 여전히 일상의 삶에서 지속된다는 데 있습니다.

우리는 종교를 설명하려고 하지 않고 이해하려고 해야 합니다. 설명이라는 말에는 진리가 숨어 있습니다. 그래서 과학은 설명한다고 합니다. 반면에 이해라는 말에는 상대성이 담겨 있습니다. 서로 다르니까 이해해야 합니다. 그래서 인간은 이해한다고 합니다. 종교적인 교리나 가치를 설명하고 그것을 진리로 강요하는 게 아니라, 그 교리와 가치가 도대체 인간의 삶에서 어떤 의미를 갖는지 다른 사람이 이해하면 그만입니다. 물론 더 현명한 사람이라면, 그러한 이해 작업이 다른 사람에게서 전혀 성공적이지 않을 수도 있다는 것까지 염두에 두어야 합니다. 이해는 이해시키는 사람의 몫이 아니라 이해당하는 상대방의 몫이기 때문입니다. 반면에 설명을 알아듣지 못한다면, 그건 설명을 듣는 사람의 수준에 문제가 있는 것입니다. 인수분해 공식을 설명하는데도 알아듣지 못하는 학생은 꾸지람을 듣고 노력해서 그것을 깨우쳐야 합니다. 하지만 종교적 주장을 설명했다고 해서, 또 그것을 알아듣지 못했다고 해서 벌을 줄 수는 없습니다. 과학이나 학문적 이론이 인과관계에 기초한 공통의 값을 구한다면, 종교는 개인적인 심리관계에 기초한 자신만의 값을 구하는 것이기 때문입니다. 따라서 누군가에게 큰 의미를 갖는 종교도 누군가에게는 하찮은 것일 수도 있습니다. 이런 측면에서 보면 과학은 대단히 성공한 종교라고 말할 수 있습니다. 그리고 그 성공의 비결은 누구에게나 같은 효과를 갖는다는 일반적 성격에 있습니다.

여자 무당, 즉 만신萬神 김금화에게 내림굿을 받은 독일 여성 안드레아 칼프의 이야기가 사람들에게 알려졌습니다. 가톨릭 가정에서 자란 칼프는 어린 시절부터 남의 앞날을 예언하는 능력을 보이곤 했다고 합니다. 하지만 가톨릭의 전통에서 이런 능력은 그리 환영받지 못했기에 칼프는 오히려 자신을 감추고 지내야 했다고 합니다. 그러다 우연히 김금화의 이력을 듣고 한국으로 와서 무당이 되었습니다.

이 이야기 자체는 그저 백인 서양 여성이 무당이 되었다는 식의 가십거리에 지나지 않는 것입니다만, 가톨릭 사제와의 만남에서 그냥 넘기기 아까운 따뜻함에 주목한다면 작은 가르침을 얻을 수 있습니다. 칼프는 자신이 다니던 교회의 가톨릭 사제를 만나 무당이 되었음을 알립니다. 이때 사제는 비난이나 거부감을 표현하기보다는 참으로 훌륭한 태도를 내보입니다. 칼프의 능력을 가톨릭이라는 종교 내에서 받아들이고 해결해주지 못해서 미안하고, 종교와 관계없이 사람은 신과 접촉할 수 있다고 사제는 말합니다. 설령 그 신이 가톨릭의 신이 아닐지라도, 신과의 접촉을 통해서 사람이 얼마든지 새로워질 수 있다는 그런 이야기를 덧붙였습니다. 사제의 포용력과 칼프의 눈물에서, "아! 저게 가능하구나!" 하는 감탄이 절로 나왔습니다. 가톨릭 신을 모독하는 무당이 아니라 칼프는 자신의 신을 성실히 섬기고 사람을 사랑하는 신앙인인 것입니다.

우리의 삶에서 무당의 역할은 크게 세 가지로 나뉩니다. 의례를 주재하고 신과 인간을 연결하는 사제司祭, 병을 치유하는 주의呪醫, 길흉을 점치는 예언豫言이 그것입니다. 여기서 무당에 대한 편견은 주의와 예언과 관련됩니다. 기독교에서도 신의 말씀, 즉 신탁神託을 전하는 예언을 인정하고, 그런 사람을 예언자라고 부릅니다. 하지만 이 예언자의 역할은 무당의 그것과는 조금 다릅니다. 기독교의 예언자가 주로 죄지음이나 죄사함 또는 구원을 다룬다면, 무당은 주로 개인적인 길흉화복을 알려줍니다. 일부 기독교에서는 개인적인 문제에까지 발을 들여놓기도 하지만, 그건 널리 인정받는 예언 방식이 아니고, 그럴 경우 대부분이 이단 논쟁에 휩싸이게 됩니다. 무엇보다 무당에 대한 비난은 주의에서 비롯됩니다. 병을 치유하는 굿거리가 대표적인데, 어떻게 굿으로 병을 낫게 할 수 있는가가 그 비난의 핵심입니다. 하지만 뉴스 보도에 심심찮게 등장하는 병을 치유하기 위한 안수 기도의 부작용을 생각한다면, 그런 안수 기도가 기독교의 교리에 맞는가를 떠나서 그냥 무시할 것은 아닙니다. 현대의 많은 심리학자는 무당의 굿이 실제로 병을 낫게 하거나 낫게 하는 데 도움을 줄 수 있다고 말합니다. 정신과 치료에서 사용되는 심리 치료와 무당의 굿 효과는 크게 다르지 않다는 것입니다. 공공연한 장소에서 응어리를 풀어버림으로써 카타르시스 작용을 경험하게 된다면, 그건 마치 이해심 넓은 친구에게 속내를 털어놓아 마음이 편해지고, 그래서 몸도 한결 가벼워지는 바로 그런 것과 같을 것입니다. 가톨릭의 고해성사도 마찬가지일 것입니다.

  기독교와 불교, 이슬람, 천도교의 사제들이 함께 모여 종교 간의 벽을 허물고자 하는 노력이 우리 사회에서도 잔잔히 일어나고 있습니다. 여기에 이른바 무속 신앙이라고 불려지는 많은 토속 신앙도 자리를 할 수 있어야 한다고 생각합니다. 누군가는 그게 어떻게 같이 놀 수 있느냐고 반문할지도 모릅니다. 그러나 기성 종교의 교리가 아니라 그 종교를 믿는 신앙인의 행동을 본다면, 둘 사이에는 아무런 차이가 없습니다. 자식이 시험에 합격하기를 기도하는 신앙인과, 그렇게 하기 위해서 부적을 쓰고 치성을 드리는 사람의 차이는 무엇일까요? 만약 기성의 종교가 이런 토속 신앙과 구별되기를 원한다면, 본래 신앙의 모습을 지켜내야 합니다. 종교에서 말하는 신앙인은 그 종교의 신을 숭배하고 신의 가르침을 실천하는 사람입니다. 또 교리와 일치되도록 자신을 추슬러 일체의 고뇌로부터 벗어나 안정을 찾는 게 신앙인의 모습입니다. 만신 김금화가 말하는 무당도 이와 다르지 않습니다. 김금화는 내림굿에서 사람 사랑하고 사람 존경하고 사람 아끼는 무당을 강조합니다. 그리고 그런 삶이 얼마나 힘들고 고독한 길인지를 알기에 참석한 만신들은 너나 할 것 없이 눈물을 흘립니다. 엄숙한 사제 서품식과 수계식도 사정이 다르지 않습니다. 사제로서, 비구와 비구니로서 가야 할 길이 험하고 힘들 것이라는 걸 잘 알고 있고, 바로 이런 앎이 사제를 존경하게 합니다.

　일상의 삶에서 소통하기를 방해하는 큰 걸림돌이 개인의 종교생활입니다. 알려진 바에 따르면 우리나라는 다른 나라에 비해 종교적 배타성이 강하다고 합니다. 이걸 시민의식과 굳이 연결시킬 필요까지는 없다고 할지라도, 뭔가 아름답지 못한 태도인 것은 틀림없습니다. 내 자식 소중히 하듯이 남의 자식을 대하기를 바라는 게 어리석기는 하지만, 어리석음이 곧 가치 없음을 뜻하지는 않습니다. 재벌 회장의 폭행이 문제가 되는 까닭은 시시비비를 떠나 그가 폭행한 사람도 누군가의 아들이라는 점 때문입니다. 존중하기는 존중받기의 전제조건이고, 존중받기는 존중하기의 결과물입니다. 하지만 안타깝게도 우리 사회에서 존중하기와 존중받기는 서로 무관한 듯 보입니다. 존중하더라도 존중받지 못하고, 존중받으면서도 존중하지 않는 사람이, 그러면서도 착하게 사랑하면서 살겠다는 신앙인이 너무 많습니다. 하기야 신앙을 갖고 있는가가 그 사람의 인간됨과는 별개의 문제라는 걸 잘 알고 있습니다. 그래도 아쉬움을 갖는 까닭은 그 사람들의 입에서 툭하면 신앙의 가르침이, 자신이 신앙인임을 알리는 말이 나온다는 것 때문일 것입니다.

　사실 토속 신앙으로서 이른바 미신도 잘못된 믿음이 아닙니다. 현실적으로는 믿는 사람의 숫자가 적거나 사제 역할을 하는 사람의 경제 사정이 좋지 못하기 때문에 그런 평가를 받는 것입니다. 거의 모든 이단 논쟁은 신도가 증가하거나 재정이 넉넉해지면 사그라집니다. 기독교도 그리 멀지 않은 시간만 거슬러 올라가면 사람을 미혹하는 서학西學이었습니다. 불교도 인도와 중국을 거쳐 들어온 외래문물이었습니다. 무엇이 먼저 들어왔는가는 중요하지 않습니다. 또 민족 신앙, 민족 종교라는 말이 있기는 하지만 누가 만들었는가도 중요하지 않습니다. 만약 시간의 선후, 발생의 근원을 구별하기 시작한다면, 가장 오래되었고 가장 민족적인 것은 샤머니즘shamanism이고, 우리의 경우 무속巫俗일 것입니다. 종교는 문화의 일부분이고, 종교생활은 삶의 방식 가운데 하나입니다. 문화는 언제나 흐르고, 그 흐름은 종잡을 수 없습니다. 삶의 방식은 그때그때 이곳저곳에 맞게 바뀌게 됩니다. 그렇기에 기성의 종교도 문화에 따라 존재 방식이 다릅니다.

  그렇다면 종교의 핵심, 더 일반적으로 말해서 무엇인가를 믿는 행위의 핵심은 무엇일까요? 그건 행복입니다. 그래서 우리를 불행하게 만드는 구분하기, 차별하기가 종교적 믿음 때문에 생겨나는 것이라면, 그 믿음이 곧 미신입니다. 경전經典처럼 교리 냄새를 풍기는 경經이라는 단어가 마음에 들지 않지만, 그리고 노자의 생각에도 맞지 않지만, 노자는 『도덕경』에서 "도는 모두를 따뜻하게 하는 곳. 착한 사람에게는 보물 같고, 착하지 않은 사람까지 편안한 곳이다道者 萬物之奧 善人之寶 不善人之所保."고 말합니다. 교회가, 법당이, 사원이, 교당이, 무당집이 믿는 종교를 구별하지 않고 누구에게나 보물 같고 안식처가 되는, 우리 사회의 소도蘇塗이길 기대할 수는 없을까요? 구분하지 않고 소통하고, 차별하지 않고 더불어 사는 게 이상이 아니라 현실이 되어야 한다는 그런 믿음도 미신일까요? 그게 미신이라면 기꺼이 잘못된 믿음으로 살아가야 합니다. 이게 혹세무민惑世誣民하는 것일까요?

누가 사회적 약자에 대한 배려를 말하는가?

'사회적 약자에 대한 배려'
라는 말이 더러운 사람들의 입에서 아름다움을 잃고 있습니다. 아무도 "누가 사회적 약자이지요?", "왜 그 사람들이 약자가 되었지요?" 뭐, 이런 질문은 하지 않고 그저 '약자', '약자' 합니다. 약자가 무슨 말입니까? 힘이나 세력이 약한 사람이나 집단을 약자라고 하는데, 한자로 약弱은 병든 닭이나 새처럼 날개가 활(弓)을 가로로 놓은 것처럼 축 처진 모양을 나타내는 것이라고 합니다. 반대로 강强은 클 홍弘에 벌레 충虫을 덧붙인 것인데, 우리말로 하면 엄청 큰 벌레입니다. 참, 여기는 마법 천자문이 아닙니다! 그런데 이런 식으로는 약자와 강자를 제대로 알 수가 없습니다. 이게 마법 천자문의 한계입니다. 글자는 알면서 살아 있는 뜻을 알지 못하는 마법이 일어나고 있는 것입니다.

센 놈과 약한 놈을 정확히 구분하는 서양으로 가봅시다. 센 놈은 the strong인데, 이 단어의 뜻은 the powerful, 즉 뭔가를 할 수 있는 능력을 가진 사람입니다. 이것은 아주 포괄적인 의미를 담고 있는데 뭐든 간에 다 할 수 있는 놈이 가장 센 놈이 됩니다. 이런 존재를 전능자omnipotence, the almighty라고 하고, 간단히 신이라고도 합니다. 반면에 약한 놈은 the weak이고, 그 뜻은 the underprivileged, 즉 경제적이고 사회적인 지위가 낮아서 충분한 권리나 혜택을 받지 못하는 사람입니다. 좀 심하게 말해서 다른 사람들에게 아무런 존재감이 없다는 말입니다. 또 the disadvantaged라고 해서 불리한 조건에 처한 사람을 뜻하기도 하는데, 경쟁에서 질 수밖에 없는 조건을 가지고 있다는 말입니다.

그렇다면 약자에 대한 배려가 무엇일까요? 권리도 주장하지 못하고 혜택도 못 받는 사람, 경쟁에서 질 게 뻔한 사람에게 힘을 주자는 것입니다. 그런데 여기서 제가 화가 납니다. 힘을 주는 방식에 문제가 있기 때문입니다. 대통령 선거를 앞두고 정치꾼들이 너나 할 것 없이 사회적 약자에 대한 배려를 말합니다. 도대체 배려가 무엇입니까? 배려란 도와주거나 보살펴주려고 마음을 쓰는 일이고, 여기서 마음을 쓴다는 말은 마치 자신의 짝(配)인 양 생각하는(慮) 것입니다. 또 배配에는 나누다(分配)는 뜻이 있는데, 어떻게 하면 나누어 먹고 나누어 가질까 하고 생각하는 게 배려입니다. 자기 짝이 다른 곳으로 떠내려가도록 놔두면 그게 유배流配입니다. 대부분의 유배 대상은 임금의 총애를 받던 정치적 짝이기 때문에 아마 이런 말이 생기지 않았는가 합니다. 물론 제 구라입니다.

그런데 평생 살면서 수십, 수백 억의 돈을 가지고 있는 정치꾼들이 평소에 생활 속에서 어떻게 하면 약자들과 나누어 가질까 하고 생각했다면, 다시 말해 사회적 약자를 배려했다면, 그놈들 그 재산 지금처럼 다 갖고 있지 못합니다. 정치인이나 경제인 가운데 사회적 약자와 짝처럼 지내면서 그 사람들을 위해 나누어 가진 놈이 몇이나 있습니까? 그런 놈들이 정치적 공약이나 법원에서 유리한 판결을 끌어내기 위해 사회적 약자를 배려해서 모두가 인간답게 사는 세상을 만들겠다고 약속하고 돌아다닙니다. 그것도 자기 생돈이 아니라 대통령이 되면 국가의 세금으로, 경영권을 제대로 유지하게 해주면 그렇게 하겠다는 것입니다. 자신이 땀 흘려 번 돈을 내놓겠다는 사람은 거의 없습니다. 정치꾼 한둘이 이른바 '민생 체험'이라고 해서 돌아다닙니다. 평소에 봉사활동을 해온 사람이 늘 하던 대로 봉사활동을 하는 그런 정치인이 늘어나야 하고, 그런 쇼 같은 짓을 보도하는 언론도 각성해야 합니다.

아니 그런 정치인이나 경제인, 언론을 기대하는 우리가 잘못입니다. 우리가 합시다. 자식을 배려하고 아내를 챙기는 아버지, 남편이라면 그 마음을 자식과 아내가 직접 느낄 수 있게 몸으로 보여주어야 합니다. 정치꾼이나 장사꾼에게 기댈 게 아니라 우리가 스스로 나서야 합니다. 집 안에서, 직장에서, 학교에서, 유원지에서 내가 아닌 타인을 위해 내가 할 수 있는 일을 해야 합니다. 반드시 그 대상이 약자가 아니어도 좋습니다. 털끝만 한 시민의식도 없이 막무가내로 함부로 버리고 떠들고 하는 사람이라면, 그 사람은 이미 약자입니다. 그래서 나부터 환경을 깨끗이 하는 것, 예의를 지키는 것도 그런 약자를 배려하는 일입니다. 누군가는 기분 나쁜 사람도 있겠지만, 마치 좀 인간이 된다, 먹고살 만하다는 사람들이 환경을 생각하고 실천하는 것하고 비슷합니다. 이처럼 배려는 마음으로 그치는 게 아니라 작은 일에서부터 행동으로 옮겨 반드시 결과를 만들어내야 합니다.

'배려하다'를 뜻하는 영어에는 consider와 concern이 있습니다. consider는 어원에서 '함께 점을 치다'는 뜻을 갖고 있습니다. con(with)＋sider(siderare/observe the star, 점치다)인데, 점치는 일이 다가올 길흉화복을 짐작하는 것이므로, 결국 배려하는 일은 다가올 행과 불행을 서로 나누겠다는 것입니다. 또 concern은 con(together)＋cern(cernere/sift, 체질하여 구분하다)인데, 여러 가지 곡식을 체에 올려놓고 까불어서 이것과 저것을 구분해냄으로써 내가 챙겨야 할 것과 버려야 할 것을 나누는 일입니다. 그래서 배려는 그냥 내버려두어도 될지, 아니면 돌봐야 할지를 잘 생각하는 일이기도 합니다. 이처럼 배려는 마치 사랑하는 사람에게 하듯이, 지금이라는 시간에서는 늘 주변을 살피면서 뭔가를 해야 하고, 더 나아가 미래라는 시간까지 함께하려는 쉽지 않은 행동입니다.

그런데도 너무 쉽게 사회적 약자에 대한 배려를 흘리고 다닙니다. 혹시 장애인이나 빈곤한 사람을 보면서 마음속으로 "사회는, 국가는 무엇을 하고 있나?" 하고 화날 때가 있습니까? 사회니 국가니 하는 게 어디 있습니까? 다 우리가 낸 세금을 대신해서 계획하고 쓰는 사람들만 있을 뿐입니다. 그리고 그들도 국가가 아니라 자신의 삶을 위한 직업생활을 하고 있을 뿐입니다. 사회적 약자는 사실 우리가 만들어내는 사람입니다. 누구나 강자가 되고 싶어하는 세상에서는 반드시 약자가 생겨날 수밖에 없습니다. 제가 늘 말하는 센 놈은 천한 강자들이 하지 않는 일, 즉 약자를 위해 자신을 나누고, 더 나아가서는 약자가 없는 세상을 실현하고자 하는 비현실적인 꿈을 가진 사람입니다. 그게 못 된다면, 강자가 되어서 진정 약자를 배려하는 삶을 살아가는 그런 사람입니다. 의사였던 혁명가 체 게바라를 생각해보면 됩니다.

이런 일을 위해서 우선 자신부터 남의 배려를 요구하지 않을 만큼 튼튼해져야 합니다. 이게 자립自立입니다. 그러고 나서 자신의 세계에서 자신이 살아가는 자존自存과 스스로를 존중하는 자존自尊을 실천하면서 살아야 합니다. 그런데 만약 이른바 깨우친 사람이 이런 사람이어서 누군가를 배려한다면, 아마도 이미 내가 아닌 남까지도 자신의 자존自存과 자존自尊의 세계 속에 포함시켜놓을 것입니다. 내가 나로서 존재하는 시간에는 무분별無分別과 무차별無差別의 세계가 펼쳐지기 시작합니다. 오늘도 구분하고 차별하면서 나를 확인해가고 있는 우리를 부끄럽게 하는 그런 깨달음의 경지입니다. 그렇다고 이 경지가 넘볼 수 없는 그런 대단한 것은 아닙니다. 다만 좀 힘들고 외로운 길을 가야 만나는 오지의 비경秘境이라고 짐작하면 됩니다.

사정이 어떻든 간에 도대체 우리는 무엇을 위해서 구분하고 차별하려 할까요? 두렵기 때문입니다. 두려움! 다름 아닌 바로 내가, 남이 제 잇속을 위해 억지로 배려하는 그런 사회적 약자일 수 있다는 두려움. 배려는커녕 온갖 멸시와 차별과 분노 속에서 살아야 하는 비참한 사람일 수 있다는 두려움. 그래서 나는 적어도 저놈하고는 다르다는 걸 보여주어야 하는 강박감. 나도 바로 너희들하고 같은 편이라는 걸 확인받고자 하는 비참함. 차별받지 않기 위해서 차별해야 하는 악순환의 고리는 세상과 삶에 대한 근본적인 물음과 고민 없이는 끊어지지 않습니다. 그렇기에 철학은 사람이 누리는 여유가 아니라 사람의 조건인 것입니다. 지혜를 얻기 위해서 철학하는 게 아니라 고민하고 살 수밖에 없기에 철학하는 것이고, 이게 바로 인간의 삶입니다.

제4부

인간되기

현존과 부재 그리고 차별성

"남자는 남근이 있는 여자이고, 여자는 남근이 없는 남자이다." 무슨 이런 망측스런 이야기를 하느냐고요? 있음이 없음을 규정하고 구분하는 것이 아니라 없음이 있음을 규정하고 구분한다는 차별성 또는 변별성differentiality에 관한 슬라보예 지젝의 이야기입니다. 쉽게 말하면 무엇이 있다는 것을 규정하기 위해서는 그것이 있음을 의미하는 기표記表, signifier와 그것이 없음을 의미하는 기표가 동시에 있어야 한다는 말입니다. 어려운 말로는 무엇으로 무엇을 상징하는 것이 가능하려면, 상징적 체계 말고도 그것이 없는 상태를 뜻하는 제로 기표zero-signifier도 있어야 한다는 말입니다. 남근이 있다는 현존現存은 남근이 없는 대상이 없다면 의미를 전달하지 못한다는 것입니다. 없음이 있음의 의미를 먼저 규정하는 것, 없다는 텅 빈 제로 상태의 무엇이 있음을 규정하는 것. 이게 바로 부재에 의한 현존의 증명이고, 이 과정에서 나타나는 것이 차별성 또는 구분을 가능하게 하는 변별성입니다.

여러분이 싫어하는 수능시험 성적으로 비유하자면, 누군가의 고득점의 부재가 누군가의 고득점의 의미를 발생시킨다는 것입니다. 개나 소나 다 100점을 맞는다면, 100점을 가지고 있다는 나의 현존은 별달리 의미할 게 없고 다른 사람과 나는 변별되지도 차별되지도 않습니다. 흔히 이번 수능은 변별력辨別力이 없다고 할 때 바로 그 변별력입니다. 무엇인가의 부재를 통해서 생겨나는 무엇인가의 존재. 없음(空)을 토대로 생겨나는 있음(色)이 바로 그런 것입니다. 남자아이는 자신에게 고추가 달렸음을 별다른 생각 없이 받아들입니다. 그러다가 여자아이가 고추가 없다는 사실, 더 정확히는 고추의 부재를 알고서 자신의 고추의 현존 또는 존재에 의미를 부여합니다. "나는 있는데, 너는 없다." 이제 남자아이와 여자아이는 그냥 아이가 아니라 남자와 여자로 구분되고 차별됩니다. 여기까지가 우리의 전통적인 견해이고, 다음부터는 확 달라집니다. 무슨 말인고 하면 지금부터는 짐작했을지 모르겠습니다만, 부재의 우위가 나타난다는 말입니다. 존재를 가능하게 하는 것이 부재니까 논리적으로는 그렇습니다. 하지만 없는 게 있는 걸 규정한다는 건 아무래도 우리의 상식과는 다릅니다.

비약적인 발언이기는 하지만, 오늘날 라캉 식의 정신분석학은 이렇게 말합니다. 남자는 남근이 있는 여자인데, 이때 남근은 참을 수 없는 공허를 감추는 미끼이자 사기라는 겁니다. "뭐도 아닌 것 하나 달고 있으면서 폼 재기는!" 하고 비아냥거리는 것입니다. 전통적으로 여자는 남근이 없는 남자니까, 남자가 가진 것을 결여하고 있는 남자 아닌 남자, 남자와는 달리 불완전한 인간을 뜻합니다. 하지만 이제는 여자의 그 남근 부재가 남자를 남자로 규정할 수 있게 하는 상징으로 작동하게 되고, 결국 남근이 없다는 여자의 제로 기표가 남근 있음이라는 존재 기표를 가능하게 하고, 그 둘 사이의 변증법으로부터 남근의 의미 또는 기의記意, signified가 생겨납니다. 그 기의는 잘 알다시피 남근 숭배로 발전합니다. 그런데 이 남근 숭배는 불가사의하게도 가장 여성적인 여성성을 자신의 목표로 제시합니다. 바로 여성의 처녀성, 순결성, 모성애가 그것입니다. 뭔가 하나 더 가졌다고 엄청나게 큰소리 치는 남자가 궁극적으로 원하는 것이 여성이라는 말입니다. 현존을 가능하게 하는 부재의 힘이 바로 이런 것일까요?

불교 용어로 말하자면 색불이공 공불이색色不異空 空不異色과 비슷합니다. 물질인 색은 그 자체로는 아무것도 아닙니다. 다만 우리에게 감각되면서 이런저런 모습이나 색, 맛을 갖게 되는데, 그건 색 자체의 것이 아니라는 것입니다. 그러므로 사실은 그런 게 없는 것입니다. 또한 우리 사유는 물질적이지 않은 빈 무엇이지만, 그것을 통해 무수한 무엇을 만들어낼 수 있는 능력을 지닌 것이므로 없는 정신이 있는 물질과 다름이 없다는 것입니다. 흔히 이것을 색즉시공 공즉시색色卽是空 空卽是色이라고 합니다. 이 말은 중국의 고전을 통하면 더 쉽게 이해됩니다. "큰 사각형에는 모서리가 없고, 큰 그릇은 언제 만들어질지 모르며, 큰소리는 들을 수 없고, 큰 형태는 모양이 없다大方無隅 大器晚成 大音希聲 大像無形."는 『노자』에 나오는 잘 알려진 구절입니다. 마치 지구가 둥근 줄 모르듯이 정말 큰 사각형에는 모서리가 모서리처럼 느껴지지 않을 것입니다. 있는 것이 없는 것처럼 받아들여지는데, 이를 역으로 생각해보면 없는 것도 없는 것이 아니라 있는 것인데 착각할 수 있다는 주장이 충분히 가능합니다.

거짓말인 줄 알면서도 그 말을 믿는 행위를 지젝은 이런 부재와 현존의 관계로 이해합니다. "당신은 세상 누구보다도 아름다운 여자입니다."라는 말을 하는 남자는 정말 그렇게 생각할 수 있습니다. 자신의 취향이 특이할 수도 있고 무엇보다 여자를 몇 안 본 남자일 수도 있기 때문입니다. 하지만 여자는 사정이 다릅니다. 여자는 이 말이 '거짓말'이라는 걸 잘 알면서도, 이 말을 통해 남자가 자신을 사랑한다는 '진실'을 표현하려고 한다는 점을 이해합니다. 진실의 부재인 거짓말을 통해서 사랑이라는 진실의 현존을 이해하는 것입니다. 진실이 아니라 거짓말을 하고 있다는 사실 자체가 진실한 사랑의 증거라고 지젝은 말합니다. 참으로 흥미진진한 주장입니다. 거리낌없이 거짓말을 할 수 있다는 게 사랑의 증표입니다. 그리고 그 거짓말 앞에서 상대방의 사랑이 진실이라는 사실을 확신하는 이해할 수 없는 상황이 우리의 삶 도처에서 생겨납니다. 이런저런 핑계를 대고 회사 업무시간을, 대출로 강의시간을 벗어나서 내게 찾아온 남자나 여자를 맞으면서 우리는 그 사람의 거짓말이 사랑의 강도와 비례한다는 걸 알고 있습니다. 그래서 온통 세상에는 과장되고 거짓된 이벤트만이 난무하고, 그 거짓과 위선의 잔치 속에서 사랑이 더욱 깊어가는 코미디 같은 이벤트를 봅니다.

부재와 현존에 기초한 변별성은 탁월한 비유를 통해서 쉽게 이해됩니다. 다민족 국가였던 유고 연방에는 각 민족의 저마다의 특질과 연관되는 조크가 있었다고 합니다. 그 가운데 몬테네그로 인의 게으름에 관한 이야기가 눈길을 끕니다. 한 몬테네그로 인이 있었는데, 그는 밤마다 침대 곁에 물이 든 컵과 물이 들어 있지 않은 빈 컵을 갖다놓고 잡니다. 우리말로 자리끼를 두고 잔다는 말입니다. 그런데 왜 물이 든 컵과 빈 컵 두 개를 놓고 잘까요? 유고의 속담으로는 밤에 목이 마를지 안 마를지를 생각하는 것조차 귀찮아서 둘을 놓고 잔다는 겁니다. 목이 마를 경우를 대비해서 물이 든 컵을 두고 잔다면, 목이 마르지 않을 경우를 상징하기 위해서 빈 컵을 두고 자야 한다는 게 바로 변별성입니다. 목이 마르지 않다고 해서 물이 든 컵을 사용하지 않는 것만으로는 변별성이 충분하지 않다는 말입니다. 그런데 이 재미난 이야기는 참으로 엄청난 것을 담고 있습니다.

만약 당신이 범인으로 지목되어 조사를 받고 있다면(조사하면 다 나와!), 그래서 자신의 무죄 증명에 매달려야 한다면, 어떻게 하겠습니까? 알리바이alibi, 現場不在證明를 제시해야 합니다. 그냥 그 시간 그 장소에 없었다는 단순한 부재 진술이 아니라 부재 사실을 증명해야 합니다. 나는 그날 물이 든 컵의 물을 마시지 않았다가 아니라, 나는 그날 물이 들어 있지 않은 컵을 손에 쥐고 있었다는 사실을 증명해야 하는 것입니다. 이런 우연한 상황을 가정해봅시다. 분명히 나는 내가 산 우유를 마셨고, 내 입가에는 우유 자국이 남았는데, 누군가가 마침 내가 찾아갔던 사람의 자리에 있던 우유를 마셔버려 정작 그 사람이 왔을 때는 우유가 남아 있지 않았다면 결말은 불을 보듯 합니다. 우유의 부재는 나의 입술에 묻은 우유의 현존으로 인과관계를 만들어냅니다. 우유가 없는데 왜 그 우유를 있음에서 찾을까요? 있음은 이전의 없음을 전제하고, 지금의 없음은 누군가의 있음의 소유로 나타납니다. 이런 이유 때문에 범죄 조사에서는 사람의 현장부재증명 외에 사물의 현장부재증명은 아주 까다롭습니다. 비슷한 사물은 조사하면 얼마든지 다 나오기 때문입니다.

마무리해봅시다. 부재로 현존을 정의해준다는 말은 어쩌면 약자의 가슴에 한 번 더 못을 박는 짓인지도 모릅니다. 나의 아름다움의 결핍이 다른 누군가의 아름다움의 증거 자료가 되는 현실은 칼날처럼 비참합니다. 나의 재산의 부재는 남의 재산의 현존에 가치를 부여하는 원인이라는 사실도 마찬가지입니다. 하지만 철학적으로는 그렇지 않습니다. 존재의 가치가 존재한다는 사실 자체가 아니라 부재에 의해 생겨나는 것이라면, 무엇을 소유하고 있다는 사실 자체가 그것을 가치 있게 하거나 자랑스럽게 하는 건 아니라는 것입니다. 다른 말로 하자면 삶의 현장에서 전혀 가치 없는 것일지라도 부재 때문에 가치를 갖게 되는 게 현실입니다. 다이아몬드가 사촌지간인 석탄처럼 세계 곳곳에 분포한다면 그냥 단단한 광석일 뿐이겠지요. 여러분은 남의 부재에 무임승차하고자 하는 그런 존재입니까? 아니면 남의 부재 앞에서도 그것은 단지 너와 나의 구분을 위한 것이지 차별을 위한 도구는 아니라고 말하겠습니까? 너는 남근이 없는 남자, 남근이 있는 여자라고 하겠습니까, 아니면 너는 나와 같은 사람이라고 하겠습니까? 어쩌면 이제는 인류와 다른 생명체 사이의 부재와 현존의 가치도 남녀 문제만큼이나 심각하게 다루어져야 할지도 모릅니다. 그 생명체들은 이런 사정을 전혀 모르고 있지만.

순수의 함정

순수純粹, purity! 참 좋은 단어입니다. 뿐만 아니라 우리를 기죽게 하는 단어이기도 합니다. "저 사람은 참 순수해!" 이런 말을 들어보았습니까? 그리고 혹시 이런 말에 우쭐하고 기분이 좋았던 적이 있습니까? 그런데 여기서 말하는 '순수'가 무슨 뜻을 가지고 있을까요? 순수를 가리키는 영어 purity는 라틴 어 purus에서 나왔는데, 그 뜻은 섞이지 않았다unmixed는 것입니다. 순결純潔도 마찬가지인데, 잡된 것이 섞이지 않고 깨끗하다는 말입니다. 따라서 "저 사람은 참 순수해!"라는 말은 "저 사람은 잡된 것이 섞이지 않고 깨끗하다."는 뜻을 가집니다. 결국 이 말을 이해하려면 '잡된 것'과 '섞임', '깨끗함'이 무엇인지 알아야 합니다. 그냥 순수라는 단어에서 시작했는데, 철학 안으로 들어오면 이렇게 사정이 엉망이 됩니다. 문제를 더 꼬이게 하는 철학은 어쩌면 그 자체 불순한 의도를 가진 잡된 것인지도 모릅니다.

그런데 왜 뭔가가 섞이면 잡된 것이 되고 마는 것일까요? 짐작하셨겠지만 잡된 것은 피의 문제입니다. 인종적으로는 이른바 순혈純血, pure blood과 혼혈混血, mixed blood, 생물학적으로는 순종純種, pure blood/full blood과 잡종雜種, mixed breed/crossbred이 그것입니다. 이 섞임이 문제가 되는 까닭은 경계짓기 때문입니다. 사실 정체성은 경계짓기 또는 구별하기의 결과물입니다. 그런데 이 경계와 구별이 애매해지는 게 바로 섞임입니다. 쌀과 보리가 반씩 섞인 밥은 쌀밥일까요, 보리밥일까요? 그 비율이 올라가거나 내려갈 때, 어디부터 쌀밥이고 보리밥일까요? 이걸 사람, 즉 인종의 문제로 바꿔 생각하면 양상이 심각해집니다. 내 편 네 편을 구별할 줄 알아야 생존에 유리하고, 그 구별의 기초가 바로 순혈 또는 순종입니다. 한민족이니 게르만 순혈주의니, 유대 순혈주의니 하는 것이 다 이런 구별하기의 산물입니다. 그래서 여전히 혼혈에 대한 편견이 남아 있습니다. 박쥐가 조류도 포유류도 아니라 여기저기에 빌붙어 잘 살아갈 것 같지만 결국에는 모두에게 따돌림을 받는다는 동화는 교훈을 주는 이야기이기 이전에 엄청난 순혈주의의 편견을 담고 있는 것입니다.

깨끗함도 마찬가지인데, 여러분에게 누가 "깨끗한 게 뭐지?" 하고 묻는다면 아마 쉽게 답이 떠오르지 않을 것입니다. 그저 더럽지 않다는 정도면 무난한 답입니다만, 더럽다는 게 또 걸립니다. 더럽다는 얘기는 때나 찌꺼기가 있어 순수하지 못하다는 건데, 이 꼬리에 꼬리를 무는 물음의 끝은 그래서 결국 뭔가가 섞이지 않아야 한다는 것입니다. 그런데 진화생물학에서 이 순수는 생존에 불리한 요소입니다. 근친교배가 사실 순수 혈통을 보존하는 가장 정확한 방법입니다만, 그 결과는 알다시피 열성 유전자를 가진 새끼를 낳게 됩니다. 물론 근친교배를 피하면서 종의 혈통을 유지하고 발전시키는 일은 가능합니다. 같은 종 내에서도 다양한 부모계를 지닌 것들이 교배하는 것인데, 이걸 순종이라고 해야 할지, 잡종이라고 해야 할지 그 경계가 분명치 않습니다. 다른 종과 교배하지 않았다는 점에서는 순종이지만, 종을 넘나드는 교배는 자연에서는 일어나지 않기 때문에 별다른 의미를 가질 수 없습니다. 인간의 경우에는 어떻습니까? 인간은 인종과 무관하게 모두 교배가 가능한 생물종입니다. 따라서 종 내적인 시각에서 본다면 인간은 어떤 인종과 결합하든 종적 순수성을 가집니다. 그런데도 인종 간의 구별하기는 왜 생겨나는 것일까요? 무엇보다 인종 간의 교배로 나타난 혼혈이 생물학적으로 열등하다는 증거는 어디에도 없습니다.

부계 사회에서 강조하는 여성의 순수함, 순결함도 구별하기 위한 것입니다. 이른바 처녀성은 남성에게 큰 의미를 갖습니다. 반면에 남성의 순수함은 사정이 전혀 다릅니다. 그래서 여성들도 남성의 성 문제에 대해서는 상대적으로 너그러운 편입니다. 이런 차이는 섞임 때문에 발생하는 문제입니다. 생물학적 유전자의 섞임 가능성이 바로 그것인데, 적어도 남성에게는 그런 섞임이 가능하지 않기 때문입니다. 여성의 몸은 여러 남성의 정자를 받아들일 수 있고, 그 결과 상대가 아닌 남성의 아이를 낳을 가능성을 늘 가지고 있습니다. 역사적으로 약혼 의식은 이 섞임을 방지하는 수단, 즉 섞이지 않았음을 증명하는 수단이었습니다. 약혼 기간은 대체로 3개월에서 길게는 2년을 넘기기도 하는데, 그 기간 중에 상대 남성은 여성의 임신 여부를 점검하게 됩니다. 이 섞임의 불안이 깊어지면 처녀성을 숭배하는 신화를 낳는 것입니다. 처녀의 순수함은 다른 남성의 정자로 더럽혀지지 않은, 처녀성 외에 뭔가가 섞이지 않은 무엇이고, 그 무엇을 차지해서 자기 유전자를 남기는 대가로 남성은 노동과 금전을 제공합니다. 그런가 하면 모계 사회에서는 이런 이야기가 통하지 않습니다. 중국의 모수오 족 사회에서는 여성의 처녀성이 전혀 중요하지 않습니다. 부계와 무관하게 모계 가정에서 아이를 기르기 때문입니다. 오늘날 여성의 성적인 해방이 가능한 원인도 바로 여성의 경제력, 독자적인 양육 능력 때문입니다. 순수하지 않기에 자유롭다는 것입니다. 잘 세탁한 하얀 옷을 입고 다니면 여간 신경이 쓰이는 게 아닙니다. 이 경우 해방은 두 가지 가능성에 연결되어 있습니다. 하나는 늘 세탁소에 옷을 맡기거나 가정부를 고용할 수 있을 만큼 경제력을 가지는 것이고, 다른 하나는 때가 타도 덜 표가 나는 색상의 옷을 입는 것입니다. 오늘날 여성은 앞의 경우를 선택한 셈입니다.

순수든 순결이든 이런 단어는 그 자체로는 아무 의미도 갖지 않습니다. 섞임도 그렇고 더럽혀짐도 그렇습니다. 불순이나 불결, 섞이지 않음, 깨끗함이라는 반대말이 등장하면서 어느 것에 가치를 두는 일이 생긴 후에야 비로소 이런 단어들은 특정한 의미를 획득하게 됩니다. 갓난아기에게 똥은 그냥 똥입니다. 엄마의 "지지! 안 돼!"라는 말과 함께 똥은 장난감이 아니라 더러운 배설물이 됩니다. 이때 똥은 더럽다는 엄마의 생각은 엄마의 생각일까요? 구조주의 언어학자 소쉬르는 언어 속에 있는 구조적이고 사회적인 무엇, 다시 말해 단어나 말이 어떤 의미를 갖게 하거나 의미를 소통하게 하는 랑그langue가 있다고 합니다. 또 어떤 단어나 말에 나만의 의미를 부여하고 집단 내에서 새로운 의미를 갖는 그런 파롤parole도 있다고 합니다. 모범생이라는 말이 갖는 의미는 랑그에 의해서 정해져 있습니다. 중고등학생이 사용하는 범생이는 융통성 없는 공부벌레를 가리키는 파롤인데, 이 파롤도 랑그의 제약을 받습니다. 미워도 범생이는 모범생입니다. 이처럼 사적 언어인 파롤은 독특한 의미를 갖기도 하지만, 그 의미조차도 공적 언어인 랑그의 감시 하에 있다는 말입니다. 농부가 아무리 똥은 거름이라고 하더라도 그건 똥이라는 랑그의 틀을 벗어나지 못합니다. 좋은 말로 해서 똥의 긍정적인 쓰임새일 뿐이지 똥은 똥이라는 말입니다. 단어나 말의 의미는 사용하는 주체나 상황 이전에 이미 결정되어 있습니다.

순수도 마찬가지입니다. 우리가 말을 처음 배우고 순수가 무엇인지 알게 되면 이미 우리는 순수라는 단어에 갇힌 존재가 됩니다. 여성이 한 번도 처녀성이니 순결이니 하는 단어에 노출되지 않는다면, 적어도 그런 단어의 포로는 되지 않을 것입니다. 그렇다면 누가 이런 단어나 말에 특정한 의미를 부여하고 강요하는 것일까요? 왜 우리는 그런 의미가 강요된 것이라는 사실을 모른 채 기꺼이 복종하는 것일까요? 푸코는 성性에 대한 우리의 생각이 권력 장치 안에서 구성되는 것이라고 설명합니다. 우리가 생물학적으로 일상에서 자연스레 발견하는 성은 실제로 자연스럽고 정상적인 것입니다. 어린아이가 서로 성기를 보여주거나 만지면서 신기해하거나 즐거워하는 모습을 가장 잘 표현하는 단어가 '순수함'일 것입니다. 그런데 어른이 개입하면서 그 순수함은 '더러운 짓', '해서는 안 되는 짓'이 되고 맙니다. 일상의 자연스런 생물학적인 성 외에 뭔지 모르는 순수한 성, 성스러운 성, 금지된 성이 있다는 바로 그 생각이 권력이 만들어내는 성 관념입니다. 우리는 누구나 순결한 성이라는 환상을 갖고 있습니다. 그런데 그게 뭐지요? 아무도 모릅니다. 우리는 누구나 순수한 사랑이 있다고 생각합니다. 그런데 그게 뭐지요? 아무도 모릅니다. 우리 너머에 있는 순수하고 순결한 무엇 때문에 우리는 더럽고 지저분하고 음탕한 짐승이 됩니다. 우리는 너무나 자연스러운 것들을 순수와 순결의 이름으로 비난하고 범죄시합니다. 이렇게 함으로써 도대체 우리 삶에 무슨 좋은 일이 생겨날까요?

답은 의외로 간단합니다. 순이니 순결이니 하면서 만들어낸 의미에 갇힘으로써 우리 스스로 우리를 감시하고 처벌하고 훈육하는 것입니다. 자발적인 노예가 되는 것입니다. 청소년기에 느끼는 자위의 이중감정이 바로 그것입니다. 음탕한 성욕의 노예가 되지 않아야 한다는 자발적인 검열을 수도 없이 하면서 괴로워해야 합니다. 순결을 원하는 남자를 위해서 순결을 지켜야만 하는 어리석은 여자들이 그 어리석음을 자랑으로 삼고 살아갑니다. 언젠가 누군가와의 순수한 사랑을 꿈꾸면서 눈앞에 닥친 사랑을 외면하는 미친 사람들이 자신을 아름다운 정상인이라고 생각합니다. '처음처럼'이라는 단어에 잡혀서 바로 그 '처음'이 잘못된 것일 수도 있다는 간단한 가르침을 놓치는 바보들이 의지 굳은 인간이라고 착각하고 삽니다. '자연'이라는 말에 휘둘려 살고 있는 곳을 떠나 산으로, 농촌으로 향하는 사람에게 자연은 가장 자연스럽지 못한 인위적인 삶의 터전이 되고 맙니다. 언어는, 단어는, 말은 생각과 삶의 도구이지 기준이 아닙니다. 하물며 삶의 장애물이 되어서는 안 됩니다. 순수해야만 살 수 있는 건 아닙니다. 순수 때문에 괴로워하지 않아도 됩니다. 그런 고민 앞에서 먼저 도대체 순수가 무엇이고 왜 순수해야 하는지 물어야 합니다. 언어, 말, 단어의 포로가 되지 않는 것이 자유의 첫걸음입니다. 술의 이름이 '참이슬'이든 '개'든 간에 술은 우리의 슬픔을 달래고 기쁨을 노래하는 도구일 뿐입니다. 모든 게 마찬가지입니다. 당당히 말합시다. 나는 불순하다! 나는 더럽다! 나는 섞였다! 그래서, 나는 자유롭다!

미인과 남자

　　　　　　　　　　미인美人은 아름다운 사람이 아니라 얼굴이 아름다운 여자를 가리킵니다. 또 아름답다는 말은 마음에서 좋은 느낌이 생기게 할 정도로 예쁘다는 걸 뜻하고, 예쁘다는 건 생김새가 아름답다는 것입니다. 결국 미인은 아름다운 얼굴을 가진 여자, 보기에 기분 좋은 여자, 생김새가 좋은 느낌을 주는 여자입니다. 보면 기분이 좋아지는 여자라!

　만약 이게 문자 그대로의 미인의 뜻이라면, 대부분의 여자는 미인입니다. 왜냐하면 여자의 생김새를 잘 보면 우리의 기분이 좋아지는 무엇인가가 꼭 있습니다. 그것이 눈일 수도 입일 수도 있지만, 이른바 전체적인 분위기 또는 그 여자만의 얼굴의 향기가 있습니다. 물론 어떤 여자를 보면 좋은 기분이 들지 않습니다. 하지만 그건 이미 우리가 가진 가치관 때문이지 그 여자의 얼굴 때문은 아닐 것입니다. 마음속에 품고 있는 여자가 다른 여자를 내치게 하는 것입니다. 음, 마음속의 여자라!

　그런데 우리는 미인을 보고 기분이 좋아지는 여자라고 말하지 않습니다. 미인은 욕망의 대상이자 불안의 원천입니다. 미인은 자기 여자로 만들고 싶은 대상이지만 지켜내기에는 자신이 없는 대상이라는 말입니다. 그래서 흔히들 미인에게는 남자가 없다는 말을 합니다. 아주 배고픈 사람에게 주어진 뜨거운 감자 같은 존재라는 뜻일 겁니다. 뜨거운 감자라!

　미인을 원하지 않는 남자는 없을 것입니다. 다만 원하더라도 사귈 수 없거나 인연을 맺기 어려운 남자들이 자신의 여성 취향을 끌어들여 "내 타입이 아니야."는 식으로 흰소리를 하는 것일 뿐입니다. 그리고 사실 남자는 미인에게 콤플렉스를 가지고 있습니다. 일종의 머슴 또는 보디가드 콤플렉스인데, 잘해주어야 하고 보호해주어야 한다는 중압감을 갖고 있습니다. 그리고 그 까닭은 비참하게도 미인이 자신을 버리고 다른 남자에게 갈 것이라는 불안 때문입니다. 머슴의 불안이라!

이런 어지러움에는 좀 센 놈의 도움이 필요합니다. 그래서 시인 김수영의 손을 빌려보기로 합시다. 김수영은 누군지 알 수 없는 Y여사에게 시를 씁니다. 그리고 그 시의 제목은 '美人'입니다. 우선 한번 읽어보세요.

美人
-Y 여사에게

美人을 보고 좋다고들 하지만
美人은 자기 얼굴이 싫을 거야
그렇지 않고야 미인일까

美人이면 미인일수록 그럴 것이니
미인과 앉은 방에선 무심코
따놓은 방문이나 창문이
담배연기만 내보내려는 것은
아니렷다

(1967. 12)

이 시는 미인에 대한 남자들의 콤플렉스를 너무도 잔인하게 보여주고 있습니다. 먼저 여기서 우리가 당황스러워지는 건 미인이 자기 얼굴을 싫어하고, 그렇지 않고서는 미인이 아니라는 구절입니다. 그것도 미인이면 미인일수록 더 그렇다고 합니다. 왜 미인은 자기 얼굴을 싫어하는 것일까요? 그건 남자들이 미인을 다들 좋다고 하면서도 좋아하지 않는, 좀더 정확히 말하자면 두려워하는 까닭입니다. 마치 마약에 대한 욕망과 그 파멸의 효과에 대한 두려움과 같습니다. 두려움에 떠는 남자여!

사실 미인은 구경의 대상이지 나의 여자가 아닙니다. 설령 나의 여자일 경우라도 언제나 남의 여자입니다. 왜냐하면 미인은 나를 넘어 남의 시선에서 더 빛나기 때문입니다. 그리고 미인이 미인인 근본적인 이유도 남의 시선에 있기 때문입니다. 무슨 말이냐 하면, 미인은 사람들의 시선에서 그렇게 인정받아야 하고, 그렇게 인정받는 여자는 나의 인정을 대수롭지 않게 생각하기 때문입니다. 나는 그저 그 미인을 좋아하는 많은 사람 가운데 한 사람일 뿐이라는 말입니다. 흔하고 흔한 개나 소나 다름없는 남자여!

남자들의 더 깊은 콤플렉스는 "미인과 앉은 방에선 무심코 따놓은 방문이나 창문이 담배연기만 내보내려는 것은 아니렸다"는 구절에서 절정에 이릅니다. 그냥 하는 말로는 방문 꼭 걸어 잠그고 무슨 짓이든 해보고자 하는 것입니다만, 이게 쉬운 일이 아닙니다. 무슨 수로 방문을 걸어 잠그겠습니까? 어쩌다 아주 은밀한 이야기라도 있으면 다행이지만 핑계거리가 없습니다. 만약 방문을 잠근다면, 십중팔구 그 남자는 여자의 외모를 노리는 치한으로 변할 것입니다. 치한이고 싶지만 치한일 수 없는 남자의 슬픔이여!

그래서 자신의 결백을 증명하고자 방문을 따놓습니다. 그러면서도 방문을 따놓아야 하는 자신이 비참하고 비굴하고 원망스럽습니다. 도대체 잃을 것이 무엇이 있다고? 하지만 사정은 뻔합니다. 만약 누군가가 불쑥 방문한다면, 미인과 함께 있다는 사실만으로도 의심을 사기에 족합니다. 미인이 아닌 여자와 있을 경우에는 설혹 방문을 잠그고 있었다 할지라도 방문자의 의심은 급격히 감소합니다. 좀 긴밀한 이야기가 있었다는 변명이 통한다는 말입니다. 이처럼 미인과 만나는 남자는 힘이 듭니다. 오, 변명은 고사하고 사실도 통하지 않는 고단함이여!

그런 적이 언제였는지 기억이 아득합니다만, 저도 미인을 만나면 눈길을 어디에다 두어야 할지 모릅니다. 얼굴을 보자니 얼굴만 보는 놈이 될 듯하고, 딴 곳을 보자니 자신이 없어 얼굴도 못 보는 놈이 될 듯하고. 또 갑작스레 다른 사람이 나타나면 아무 사심이 없는데도 저도 모르게 당황해하면서 이런저런 말을 늘어놓게 됩니다. 무엇보다 미인이 제게 호감을 보이면 이건 정말 지옥입니다. 그 호감에 반응하면 외모에 반응하는 속물이 될 듯하고, 또 반응하지 않으면 무슨 성인군자처럼 거짓 행세를 하는 놈이 될까 두렵기 때문입니다. 아, 이 부끄러운 옹졸함이여!

하여튼 미인은 욕망의 대상이자 부담을 주는 대상이기도 하고, 또 그 부담 때문에 그런 욕망을 실현하고 있는 남자는 은근히 부러움의 대상이 됩니다. 쉽게 말해 미인을 사귀거나 편하게 대하는 놈은 능력 있는 놈, 센 놈, 대단한 놈이라는 것입니다. 그래서 예부터 그런 놈들이 미인을 차지한다고 했는지도 모릅니다. 물론 제가 말하는 미인은 연예인이 아닙니다. 우리의 일상에서 마주치는 보통의 여자로서의 미인을 말합니다. 연예인은 연예인일 뿐입니다. 그네들은 이미 자기 얼굴을 팔기로 작정을 한 여자들입니다. 그래서 연예인 미인은 대부분의 남자들에게 욕망의 대상이나 불안의 대상이 되지 못합니다. 어쩌면 연예인 미인은 불행한 미인일 것입니다. 평범함의 위대함이여!

이제 다 왔습니다. 그런데 혹시 저를 만나는 여자 가운데 제가 얼굴을 보면서, 그것도 똑바로 보면서 말하고, 방문도 열어놓지 않고 이야기한다고 달리 생각지는 마십시오. 그건 제가 남자로서 그 여자를 만나 이야기하는 것이 아니기 때문입니다. 결코 얼굴 생김새와 관계가 없습니다. 더불어 혹시 자기 얼굴을 싫어하는 여자들은 그것 자체로 미인이라고 생각해서도 안 됩니다. 어쩌면 정말 싫을 수도 있습니다. 하지만 저는 확신합니다. 제가 앞으로 당황하거나 눈길을 잃거나 하는 일, 그리고 미인이어서 자기 얼굴을 싫어하는 그런 여자를 만나는 일은 없을 것이라는 명백한 사실을. 아, 명백한 사실의 슬픔이여!

선의는 없다!

　　　　　　　　　　　어릴 적 우리를 늘 괴롭히던 것 가운데 하나가 거짓말을 둘러싼 도덕적 가르침입니다. 지금도 초등학교 5학년 도덕 교과서에는 정직한 행동이라는 주제로 거짓된 행동이나 말을 다루고 있습니다. '의사의 위로'라는 이야기를 보면, 아버지의 병이 낫지 않는다는 걸 알고 있는 의사가 할머니를 안심시킬 양으로 치료를 받으면 좋아질 것이라는 거짓말을 합니다. 그런가 하면 그 주제의 끝머리에는 나 자신을 속이지 않겠다에서부터 언제나 솔직하겠다는 다짐이 나오고, 급기야 "정직은 가장 확실한 '재산'이다."라고 하는, 도저히 도덕 교과서의 가르침이라고 보기 어려운 교훈으로 마무리하고 있습니다. 우리는 의사의 거짓말을 선의善意의 거짓말이라고 합니다. 자기가 훔치지도 않은 지갑을 같은 반 친구들이 더는 벌을 받지 않게 하기 위해서 자신의 행동이라고 말하는 아이를 칭찬하는 너무도 뻔한 이야기는 위인전의 단골메뉴입니다. 이것도 우리는 선의의 거짓말이라고 합니다. 선의라? 도대체 누가 누구에게 갖는 선의이고, 그 선의로 혜택을 받는 사람은 누구일까요?

　도덕 교과서는 분명히 정직은 가장 확실한 '재산'이라고 합니다. 재산이 무엇이지요? 좀 천박하게 말하면 돈이 된다는 말이고, 좀 고상하게 말하면 품이 난다는 것입니다. 이 두 가지 말에는 남에 대한 배려가 아니라 자신의 이익이 밑바탕에 깔려 있습니다. 정직함으로써 뭔가 얻는 게 있다는 건 사실입니다. 적어도 심한 벌이나 비난을 면할 수 있기 때문입니다. 그런데 여기서 왜 사람들은 정직한 사람을 좋아할까요? 그건 그 사람이 나를 속이지 않기 때문입니다. 그런데 또 왜 사람들은 선의의 거짓말을 좋아할까요? 이것 역시 나를 해칠 의사가 없었다는 것 때문입니다. 그러나 잘못을 하고서도 정직한 사람이나 선의의 거짓말을 하는 사람에게로 시각을 돌려보면 사정은 노골적으로 더러워지기 시작합니다. 아마 여러분도 한번쯤 정직해본 적이 있었을 것입니다. 그리고 그때 대부분 잘못을 저지르고 두려움이나 불안에 떨면서 벌을 피하거나 가벼이 하고 싶은 생각이 가득했다는 것도 기억하고 있을 것입니다. 늘 정직한 사람이었다면, 이런 사람이야말로 정말 칭찬받아야 할 사람이지만, 우리는 그런 사람을 별로 주목하지 않습니다. 왜냐하면 그런 사람을 우리는 무서워합니다. 나의 잘못을 감싸지 않을 가능성이 높은 사람을 좋아할 사람은 많지 않습니다. 바로 여기서 선의의 거짓말에 대한 기대심리가 생겨나는 것입니다.

선의는 우리말로는 착한 마음 또는 좋은 뜻입니다. 주목할 것은 좋은 뜻이라는 부분입니다. 누구에게 좋은 뜻일까요? 바람을 피우고 아내에게 들킨 남자들에게서 볼 수 있는 공통점은 오리발작전을 쓴다는 것입니다. 저도 그런 조언을 해준 경험이 있습니다. 그런데 조언의 핵심이 어처구니없는 것입니다. "아내에게 정직하게 고백하고 인정하는 것은 더 큰 배신감과 상처를 주는 일이다. 비록 아내가 네 말을 믿지 않는다고 하더라도 아마 외도를 부인하기를 원하고 있을지도 모른다. 외도로 이미 잘못을 저지른 네가 아내에게 잘해줄 수 있는 건, 우선 외도를 부인하는 일이고, 그다음은 앞으로 정말 잘해주는 것이다." 대충 제가 해준 조언의 내용입니다. 저의 선의가 먹혀들었는지 모르지만 어쨌든 문제는 그렇게 일단락되었습니다. 이게 제 선의입니까? 소가 웃을 소립니다. 친한 사람을 도와주기 위해서 명백하게 의도적인 거짓말을 한 것입니다. 의도적인 거짓말! 바로 이 의도가 문젭니다. 이 의도가 좋으면 선의가 되고, 의도가 나쁘면 악의가 됩니다. 그런데 의도의 좋고 나쁨은 어떻게 나눌 수 있을까요? 누구의 관점에서 나누어야 할까요? 제 조언에서 저는 친구의 입장입니까, 친구 아내의 입장입니까? 둘 다 아닙니다. 그저 제 입장일 뿐입니다. 잘못을 저지른 사람을 야멸차게 비난하지 않으면서 거짓말의 정당성까지 옹호해주는 따뜻한 인간이라는 평가를 노리는 이기적 속내에서 나오는 행동일 뿐입니다.

법률에서는 선의와 악의를 구분하는 기준이 사실을 알고 있었는가, 모르고 있었는가 하는 사실 인지認知 여부입니다. 예를 들어 훔친 물건인 줄 모르고 그 물건을 산 사람은 물건을 돌려주면 그만입니다. 하지만 알고 산 사람은 물건을 돌려줄 뿐만 아니라 그 물건을 산 행위로 인해 생긴 손실도 배상해야 하고 처벌도 받습니다. 선의와 악의가 적어도 법률에서는 분명한 기준을 갖고 있는 셈입니다. 반면에 일상의 삶에서는 인지 여부가 중요한 사실이 되지 못합니다. 오히려 알고 있었으면서도 거짓말을 해야 더 센 놈이 되고 도덕적인 놈이 됩니다. 친구가 사람을 때리는 걸 보았으면서도, 또 다른 사람들도 그 사실을 알고 있는데도 보지 못했다고 거짓말을 하는 게 선의의 거짓말입니다. 여기에다 만약 그 거짓말을 한 친구가 함께 벌이라도 받게 된다면, 아마 삼류 신문은 '우정을 위해 감옥행을 택하다'는 식으로 그 친구를 두둔할 것입니다. 우리나라 정치꾼들의 행동이 대표적입니다. 마치 주군의 죄를 뒤집어쓰고 죽어가는 신하처럼 입 다물고 감옥에 다녀옵니다. 그러고 나서 한결같이 무슨 구호처럼 역사가 다시 심판할 것이라고 말합니다. 뿌리부터 악의적인 거짓말입니다.

선의의 경쟁도 마찬가집니다. 제가 험하고 모질게 살았는지 모르지만, 제 기억에 선의의 경쟁은 없습니다. 경쟁은 센 놈을 가려내는 수단일 뿐입니다. 골프 선수들이 단지 한국인이나 한국계라는 사실 때문에 시합에서 선의의 경쟁을 한다고 말하는 건 언론의 장난입니다. 만약 경쟁을 하고 있는 두 선수 가운데 한 명이 누구와 경쟁할 수 있게 되어 영광이고 결과에 연연해하지 않는 선의의 경쟁을 하고 싶다고 말한다면, 그 진실은 이렇습니다. 둘 중 한 명은 센 놈이라 지는 것에 대한 두려움을 피하느라 겸손한 척하는 것이고, 다른 한 명은 약한 자라 미리 질 것에 대비하는 것입니다. 손익계산의 자연스런 귀결이라는 말입니다. 더 추잡스럽게 말하자면 뻔한 거짓말을 하고 있는 것입니다. 그런데도 두 사람은 결국 시상대에서 손을 잡거나 서로를 칭찬합니다. 진실은 이미 경쟁의 결과가 나온 마당에서 할 수 있는, 마치 진심인 듯 승자를 칭찬하고 패자를 위로하는 게 최선의 방책이라는 걸 알고 있다는 것입니다. 그런데도 또 삼류 언론은 소란스럽습니다. "모두가 승자가 된 아름다운 경쟁!" 이번에는 지나가던 개가 웃습니다.

그런데 사람들은 왜 이런 거짓말을 하고 살아갈까요? 진화생물학자들은 거짓말이 진화의 과정에서 유용했기 때문에 유전자 속에 각인되어 있다고 말합니다. 모든 생명체는 예외 없이 강한 척합니다. 몸집을 과장하거나 색깔로 경고합니다. 눈이 꼬리에 달린 물고기가 있는가 하면 거품을 물고서 죽은 척하는 파충류도 있습니다. 사람도 마찬가지입니다. 젊고 아름다운 여성 앞에서 숨을 들이마시면서 배를 집어넣는 남자들. 마음에 드는 남성 앞에서 요조숙녀로 변하는 여성들. 누군가를 만나러 갈 때 값지고 좋은 옷을 꺼내 입는 사람들. 자기 소개서를 쓰면서 자기 희망을 쓰는 사람들. 이 모두가 살아남기 위한 거짓들입니다. 선거철 정치꾼들의 입에 발린 말이 아마 그 중에서도 최상급일 것입니다. "대한민국의 발전과 국민을 위해서 몸을 바치겠다." 애덤 스미스는 『국부론』에서 "우리가 식사를 할 수 있는 것은 푸줏간, 술집, 빵집 주인의 이타심 덕택이 아니라 그들의 이기심 때문이다."라고 못을 박습니다. 장사하는 사람들이 기분 나빠할 말이지만 거부하기 어려운 진실입니다. 우리 식당은 손님을 위해 식재료를 우리 농산물만을 엄선해서 쓴다고 자랑하는 주인의 말은 합리적 계산의 결과물이지 주인의 도덕성의 표현이 아닙니다. 국산 삼겹살 일인분에 3천 원이라는 간판을 곧이곧대로 믿는 사람은 없을 것입니다. 이것도 손님을 배려하는 선의의 거짓말일까요?

생존에 유리하다면 우리는 정직을 택할 수도 거짓을 택할 수도 있습니다. 심리학자들의 연구에 따르면 우리는 하루에 보통 200번 이상의 거짓말을 하고 산다고 합니다. 이 말도 거짓말 같아서 한번은 제 생활을 들여다보았습니다. 결과는 사실일 가능성이 아주 높다는 것입니다. 물론 그 거짓말들은 아주 가벼운 것이거나 남에게 전혀 해를 끼치지 않는 것들이고 자신만이 아는 내용이 대부분입니다. 사람을 만나서 반갑다거나 다시 만나자거나 하는 것에서부터 점심값을 내거나 술자리를 같이하는 일에까지 마음에도 없는 일이 한두 가지가 아닙니다. 이게 다 선의에 해당하는 것이겠지요. 나를 위한 것이면서 동시에 남의 기분도 좋아지게 할 수 있다면 그게 어찌 선의가 아니겠습니까? 그런데 선의에 해당하는 영어 단어를 살펴보면, good intention(좋은 의도), favorable sense(호의적인 뜻)가 있고 라틴 어 pro bono가 있습니다. pro가 영어 for에 해당하고 bono가 the good을 가리키는데, '무상無償의', '공짜의', '호의적인'이라는 뜻을 갖고 있습니다. 우리말로 하면 공짜가 좋다는 것입니다. 저는 이 천박한 뜻이 선의의 핵심일 수 있다고 생각합니다. 대가를 지불하지 않으면서도 나에게 이로운 것이라면, 그게 바로 선의라는 것입니다. 밥을 사기 싫지만 밥을 산다면, 밥을 얻어먹는 사람은 공짜로 배부르게 되고, 밥을 사는 사람은 거짓된 마음이지만 남에게 이로움을 주는 행동이므로 선의의 거짓말을 하는 셈입니다. 결국 선의의 거짓말이나 거짓행동이 선의인 까닭은, 선의를 베푸는 사람은 좋은 평판을 얻어서 좋고, 상대방은 혜택을 받을 수 있기 때문입니다. 그래서 아무리 선의라고 우겨도 상대방이 해를 입게 되면 그 선의는 인정받기 어렵습니다.

 거짓말을 하면서도 선의와 악의를 나누는 것은 그 자체로 거짓말이 일상적임을 증명하는 것입니다. 사실 누군가는 참말로 이익을 얻고자 하고 누군가는 거짓말로 이익을 얻고자 한다는 점에 주목한다면 이익이 구분점이라는 걸 알 수 있습니다. 자신에게 큰 이익을 안겨주는 새빨간 거짓말을 범죄시하면서 비난할 사람은 많지 않습니다. 자신에게 큰 손해를 끼치는 선의의 거짓말을 칭찬하면서 기꺼이 용서할 사람도 적습니다. 선의와 악의는 결국 선택의 문제입니다. 그리고 선택의 기준은 여전히 이익입니다. 문제의 중심은 과연 나에게도 이익이 되고 남에게도 이익이 되는 거짓말이 있는가 하는 것입니다. 만약 그런 게 있다면, 그건 선의의 거짓말이 아니라 그냥 선의의 행동이어야 할 것입니다. 우리의 삶에서 가장 눈에 띄는 선의의 행동이 봉사奉仕입니다. 여기서 말하는 봉사는 작은 힘을 보태는 일에서부터 얼마 안 되는 돈을 내놓는 것까지 포함합니다. 봉사가 무겁게 다가온다면, 그건 희생을 요구하기 때문입니다. 희생은 봉사가 아닙니다. 봉사는 제 능력이 갖는 여유를 통해서 해내는 것입니다.

그래서 봉사는 영어로 service라고 합니다. 희생은 제 능력을 다 바치거나 넘어설 것을 요구합니다. 영어로 희생은 sacrifice이고 이는 곧 제사에 바쳐지는 제물祭物입니다. 그래서 희생을 요구하는 것은 가장 못된 짓이고 비난받아야 하는 범죄행위입니다. 희생하거나 희생을 요구하는 것이야말로 악의에 찬 거짓입니다.

봉사 행위에서 의도는 중요하지 않습니다. 누군가는 노숙자에게 매일 밥을 제공하면서 그 이유를 자신의 배고팠던 어린 시절 때문이라고 말합니다. 고통스런 과거를 보상받는 것입니다. 누군가는 장애인을 도우면서 자식의 장애에 대한 아픔을 봉사로 극복했다고 합니다. 개인적인 상처를 달래는 것입니다. 하지만 그들의 행동을 자기 위안을 위한 이기적 행위라고 말하지 못합니다. 왜냐하면 우리 주변에는 그보다 훨씬 많은 사람들이 제 잇속을 위해 남을 해치고 있기 때문입니다. 왜 누군가는 제 잇속을 위해 남을 돕고, 왜 누군가는 남을 해치는 것일까요? 다 선택의 문제이고 생존의 문제입니다. 그런데도 우리가 봉사하는 선의의 거짓말쟁이를 칭찬하는 까닭은 그게 쉬운 선택이 아니기 때문입니다. 삶의 지침으로 받아들일 만한 선의는 없습니다. 하지만 삶의 수단으로 삼을 만한 선의는 있습니다. 시작에서 선의는 없습니다. 그러나 결과에서는 선의가 있습니다. 언제나 그렇듯이 우리는 갈림길에서 고민할 수밖에 없습니다. 그리고 그 갈림길은 선의와 악의만이 아니라 무관심과 범죄에 이르기까지 다양합니다. 여러분은 어디로 가려고 하는가요? 어느 날 누군가의 이 물음 앞에 어떻게 대답하려는지요? "왜 당신은 하필 그 길을 택했습니까?" 우리가 충분히 불안에 떨 만한 두려운 물음입니다. 왜? 하필? 다른 길도 아닌 그 길을?

아니마와 아니무스

anima는 영혼이나 정신, 생명을 뜻하는 라틴어입니다. 인간을 포함해서 생명을 가진 것을 animal이라 하고, 살아 있는 생명처럼 움직이는 그림을 animation이라고 합니다. 그리고 모든 자연의 사물에 생명이나 영혼이 있다고 생각하는 태도가 animism입니다. 그런데 이게 정신분석으로 들어오면 새로운 뜻을 갖게 됩니다. 정신분석에서 아니마는 남성의 무의식에 숨어 있는 여성적인 요소를 말합니다. 남성의 여성성 또는 여성 지향성인 아니마는 어머니에 대한 애정이나 콤플렉스로 나타나는데, 대부분의 남성에게 어머니는 이상적 여성상으로 자리한다는 게 그 이유입니다. 그래서 아니마가 강한 남성은 어머니에게 집착하게 되고, 특히 어머니는 정이 많고 따뜻한 반면에 아버지가 무뚝뚝하거나 아버지 구실을 못할 경우에는 그 의존 정도가 심해집니다. 남성의 본보기로서의 아버지가 없을 경우 남자아이는 어머니를 본으로 삼고, 이를 통해 어머니를 이상형으로 내면화하게 됩니다. 아니마는 긍정적일 경우에는 어머니 말을 잘 듣고 어머니를 잘 모시는 남자로 성장하게 하지만, 그렇지 않을 경우에는 어머니 의존증을 지닌 마마보이로 성장하게 작용하거나 어머니의 억압적 그늘에서 벗어나지 못하는 콤플렉스를 키웁니다.

물론 아니마는 사회화 과정을 통해서 또래집단과 교류하면서 남성으로서 성적 정체성을 찾아가지만, 아니마가 강할 경우에는 성적인 혼란이나 미성숙, 신경증을 동반하게 됩니다. 말하자면 남성이 자신의 남성성을 혐오하여 수염을 뽑거나 털을 제거하고 여성적인 몸가짐과 말투를 선호하게 됩니다. 겉보기에는 소심하고 착하고 예쁜 남자아이지만 바람직한 모습은 아닙니다. 뿐만 아니라 아니마가 강한 남자아이를 키우는 어머니는 아들의 연애를 방해하거나 결혼을 미루는 일도 하고, 아들을 독립시키지만 끝내 큰 상처를 입습니다. 이 상처는 며느리에 대한 억압으로 나타납니다. 그런데 아니마는 대단히 자연발생적이어서 의지만으로는 제어되지 않습니다. 다만 일반적인 성장과정의 경우에는 이 아니마를 다른 여성에게 투사하여 사랑하게 됨으로써 사라지거나 완화됩니다. 흔히 첫눈에 반했다는 말은 이 아니마가 현실에 드러나는 것이라고 해석합니다.

남성에게 아니마는 논리적인 판단을 방해하여 비논리적인 신경질을 유발하기도 하는데, 매사에 신경질적인 남자를 우리가 여자 같다고 하는 것도 이 때문입니다. 아니마가 강한 남성은 여성과 잘 어울리고 수다를 떨고, 같이 다니기를 좋아하고, 대부분 다른 남자들에게 놀림을 받습니다. 하지만 여자들은 이 남자를 말이 통하는 동료로서 좋아합니다. 하지만 남자친구나 미래의 결혼 상대자로 생각하는 경우는 드뭅니다. 결국 아니마가 강한 남성은 여성과의 관계에서 성공하기 어렵고, 이 때문에 성적 콤플렉스에 빠지거나 성 정체성을 바꾸는 일도 생겨납니다.

animus는 적의, 원한, 증오를 뜻하는 enmity(enemy)에서 왔는데, 이 말은 라틴 어 부정어 in에 친구를 뜻하는 amicus가 합쳐진 것입니다. 간단히 '친구 아닌 놈'이라는 말입니다. 그리고 아니무스는 여성이 지닌 무의식적 남성적 요소를 말합니다. 아니무스가 강한 여성은 고집스럽고 강하며 다른 사람과의 언쟁에서 공격적이고 화를 잘 냅니다. 특히 남의 입장이나 감정을 배려하지 않고 자기 의견을 내놓으며, 따지는 편입니다. 그러면서도 자신을 논리적이라거나 정직하다거나 솔직하다는 식으로 생각합니다. 간단히 말해 까다롭고 공격적이고 논쟁적인 성격일 경우가 많은데, 이 때문에 주변 사람들은 떠나고, 그렇지만 스스로의 잘못을 인정하지는 않습니다. 아니무스가 강한 여성은 근거 없이 아무 말이나 만들어서 자신을 정당화하고, 또 판에 박힌 말로써 남을 공격합니다. 이런 여성은 자신의 잘못을 인정하지 않기 때문에 태도를 고치는 것도 쉽지 않습니다. 그래서 결국 좌충우돌하면서 고립되어 살아가는 경우가 많습니다.

이 아니무스의 원천은 아버지인데, 많은 아버지가 별다른 근거도 없이 자식이나 아내를 구박하거나 몰아세우는 태도에서 비슷한 모습을 찾을 수 있습니다. 남자들은 이처럼 아니무스가 발달한 여성을 싫어합니다. 다만 특정한 일이나 취미활동을 할 때는 동료로 받아들여 줍니다. 왜냐하면 그런 일을 할 때는 적극적이기 때문입니다. 하지만 아니마를 가진 남성과 마찬가지로 이런 여성은 남성에게서 연애 상대자나 결혼 상대자로 받아들여지는 경우는 적습니다. 그냥 아는 동료나 알고 지내는 사람 정도에 그칩니다. 그리고 아니무스가 강한 여성은 동료 남성을 리더하고 가정에서도 어머니나 가족 가운데서 아버지와 같은 역할을 합니다. 무능력하면서도 고함만 꽥꽥 지르는 아버지의 모습을 싫어하면서도 어느새 비슷한 모습으로 아버지의 빈자리를 채우고 있습니다.

그런데 이런 정신분석의 아니마와 아니무스는 병적일 정도로 분명히 드러날 경우에만 해당되는 것입니다. 보통의 사람들은 남성적이면서도 여성적이고, 여성적이면서도 남성적입니다. 그리고 이 남성성, 여성성이 딱히 정해져 있는 것도 아닙니다. 생물학적인 유전자에 의해서 드러나는 육체적이고 정신적인 몇몇 특징들, 예를 들어 남성의 공격성(경쟁 지향성), 불안성(떠돌아다님), 논쟁성(논리적 언쟁), 여성의 화합성(어울려 지냄), 안정성(한 곳에 눌러앉음), 수다성(그냥 이야기 나눔)은 천성적인 영향이 지배적입니다. 하지만 아니마나 아니무스는 환경적 영향으로 드러날 수도 있고, 2차 성징(사춘기) 전에 잠시 지나가는 성향일 수도 있습니다. 무엇보다 아니마나 아니무스가 지나친 남녀는 스스로 그런 증상을 인정해야 합니다. 그래야만 다른 사람과의 소통과 이해가 가능해집니다. 결국 누군가에게 의존하기보다는 독립적인 삶을 살고, 남의 소리에 귀를 기울이고 사는 게 우리가 이런 아니마와 아니무스로부터 벗어나는 길이 아닌가 합니다.

일상의 반복에서 발견하는 행복

과거에도 그랬지만 요즘 누가 키르케고르를 읽겠습니까? 강의 때 간혹 반복의 위대함을 이야기합니다. 참 아름답고 놀라운 통찰이기에 이야기를 한번 늘어놓겠습니다. 그리고 그 실마리는 덴마크 철학자 키르케고르s. A. Kierkegaard(1813~1855)가 콘스탄틴 콘스탄티우스라는 가명으로 1843년에 발표한 『반복反復』입니다. '실험적 심리학에 관한 시도'라는 부제를 달고 있는 이 책 제목에서 실험적 심리학이란 말은, 한 젊은 남자의 사랑과 실연을 편지나 대화체를 곁들여 이야기하는 새로운 구성 방식만을 가리키는 것은 아닌 듯합니다. 그것보다는 반복이 딱히 뭐라고 주장하기에는 뭔가가 부족하지만 그래도 한마디 해야겠다는 의도, 더 직접적으로는 반복에 대한 사람들의 고정관념을 건드리겠다는 키르케고르의 생각을 담고 있는 듯합니다.

누구나 가슴속에 지나간 사랑을 하나쯤 묻고 있을 겁니다. 많은 이야기꾼들이 상기 속의 사랑, 추억 속의 사랑만이 진정 행복한 사랑이라고 하지만, 그것은 사실 대부분 불행한 사랑입니다. 이루어지지 않았기에 또는 지나가 버렸기에, 무엇보다도 생각으로 만족해야 하는 사랑이기 때문입니다. 반면에 키르케고르는 반복의 사랑만큼 행복한 사랑은 없다고 '실험적'으로 말합니다. 왜냐하면 반복의 사랑에는 추억이 안겨다주는 비애가 없기 때문입니다. 반복의 사랑에는 지금 이 순간에 대한 확실성이 있습니다. 언젠가 속옷 광고에서 "지금 이 순간 내게로 다가와 ~ 트라이" 하는 문구가 있었습니다. 이것은 두 가지 의미를 담고 있는데, 하나는 바로 지금 내게로 와서 집적거려보아라는 뜻과, 지금 바로 속옷을 한번 입어보아라는 뜻이 들어 있습니다. 물론 다 합치면 광고하는 속옷 입고 한번 집적거려 보아라는 것인데, 아마 그 연인은 속옷 때문에 문제가 있었나 봅니다. 중요한 것은 연인의 관계가 어디까지인가가 아니라 '지금 이 순간'입니다.

희망希望이란 풀을 잘 먹여서 빳빳하고 광택이 나는 새 옷이라고 할 수 있습니다. 하지만 그 옷을 한 번도 입어보지 못했기에 잘 맞을지 잘 어울릴지 알 수 없습니다. 우리 가슴에 담겨 있는 희망의 연인은 이름만으로도 황홀하지만 잘 어울릴지 모르는, 어쩌면 전혀 어울리지 않는 사람일 것입니다. 멋진 스포츠카 포르쉐가 바로 그것입니다. 한편 상기想起는 더는 소용가치가 없는 옷이라고 할 수 있습니다. 비록 그것이 아름답다고 할지라도 이제는 너무 작아져서 몸에 맞지 않는 옷입니다. 지나간 추억 속의 연인은 아름답기 그지없습니다. 물론 이 경우 대부분은 기억이 조작되어 아름다운 것만을 기억하기 때문입니다. 여하튼 지나간 연인은 지나갔습니다. 버스는 떠났다는 말입니다. 그것도 직행으로. 그런가 하면 반복反復은 질기기 때문에 결코 해지지 않는 옷입니다. 그러면서도 몸에 꽉 조이거나 헐렁거리지도 않고 잘 들어맞는 옷입니다. 승용차보다는 못하지만 택시보다는 크고 버스보다는 작은, 그래도 집 앞까지 데려다주는 마을버스라고 할 수 있습니다.

키르케고르의 말처럼 희망은 우리 손에서 곧잘 빠져나가는 매력적인 처녀입니다. 매력적이지만 빠져나갑니다. 희망으로 속을 채우는 사람은 늘 배가 고픕니다. 히딩크의 축구가 그랬습니다. 그런데 그 끝에는 배가 고프다는 말은 삼키고 할 만큼 했다, 열심히 했고 잘했다는 이상한 자기 정당화만 남습니다. 버림받고서 매력적인 처녀의 성질이 까칠했다는 변명처럼 말입니다. 상기는 아름다운 여인이기는 하지만 이제는 늙어서 아무짝에도 소용없는 노파입니다. 노인 폄하가 아니라 말이 그렇다는 겁니다. 십대 때 만난 연인을 다시 본다면, 그 연인에게서 무얼 찾아야 할지 당황스러울 것입니다. 그러나 반복은 아무리 보아도 싫증이 나지 않는 사랑스러운 아내입니다. 아내가 싫다고요? 지금 사귀는 연인이 싫다고요? 인생은 반복한다는 바로 그 사실 때문에 아름답다는 것을 깨달아야 합니다. 이게 바로 지혜이고 통찰이고 깨달음입니다.

희망은 탐스러운 과일이지만 우리의 배를 채워주지 못하고, 상기는 빈약한 여비旅費에 지나지 않아 우리의 배를 지속적으로 채워주지 못합니다. 희망은 배고픔을 대가로 요구합니다. 옛 추억으로 어느 날까지는 견디겠지만 오래 가지 못합니다. 그러나 반복은 우리의 축복받은 일용의 양식으로서 우리를 배부르게 해줍니다. 어릴 적 먹던 불량식품은 우리가 꿈꾸던 근사한 음식점의 요리나, 어렴풋이 남아 있는 지난날의 호식하던 추억이 채워주지 못하는 배고픔을 채우고 기쁨을 주었습니다. 적어도 우리에겐 우량식품이었습니다. 인생이 반복이라는 것, 행복이 반복이라는 것을 이해하려면 용기가 있어야 합니다. 희망을 포기하고 추억을 땅에 묻는 용기가 있어야 합니다. 그 포기와 매장 의식을 거치고 우리는 매일 매순간 다시 시작하는 반복에서 삶의 열매를 맺어야 합니다. "야생나무에서는 꽃이 향기를 풍기고, 정원수에서는 열매가 향기를 풍긴다."는 플라비우스 필로스트라투스의 이야기는 이런 이야기를 하고 싶어하는 것입니다. 야생나무의 꽃향기는 상기나 희망의 사랑입니다. 정원수의 열매 향기는 반복의 사랑입니다.

　상기는 뒤를 향해 나아가고 희망은 앞을 향해 나아갑니다. 반복은 지금을 즐깁니다. 쓰린 속을 안고 더는 술을 마시지 못할 때, 지겨운 술자리의 반복은 찬란한 행복으로 다가옵니다. 집 문을 열고 들어갈 때 잔소리로 반기던 어머니의 얼굴은 어머니의 부재에서 비로소 소중한 가치로 눈물을 만들어냅니다. 월요일 아침 출근의 부담은 실직의 아픔에서, 놀기 위해 그만둔 학교는 늦은 후회에서, 빠듯한 밥상은 길게 늘어진 노숙자 배급소에서, 쓰러지는 초라한 집은 철거의 횡포 앞에서 비로소 행복의 이름으로 각인됩니다. 궁극적으로는 내일 아침에도 다시 눈을 뜨는 뻔한 반복이 인간의 마지막 소원으로 자리합니다. 반복은 반복의 끊김을 통해서 고귀한 정체를 드러내는 신비한 삶의 진실이 입고 있는 다른 옷의 이름입니다. "나는 반복한다. 고로 나는 존재한다." 이 말의 의미를 깨닫는다면, 이미 행복한 사람입니다. 그래도 아직 일상의 반복이 지겹습니까? 반복을 끝내 드릴까요?

봄꽃을 곁에 하고서

　　　　　　　　　　　　김수영은 시 '꽃(二)'에서 "꽃은 過去와 또 過去를 向하여/피어나는 것"이라고 말합니다. 너무 아름답고 시린 문장이라 가슴이 벅찹니다. 과거와 또 과거를 향하여 피어나는 것이 꽃이라니! 여러분은 꽃을 보면서 무슨 생각을 하십니까? 꽃은 보는 사람의 마음에 따라, 기억에 따라, 희망에 따라 달리 나타납니다. 그런데 김수영은 꽃에서 과거를 발견합니다. 이게 무슨 뜻일까요? 아마도 그 시의 다음 구절이 도움이 될 듯합니다. "過去와 未來에 通하는 꽃/堅固한 꽃이/空虛의 末端에서 마음껏 燦爛하게 피어오른다." 그런데 도움이 될 것이라고 하고서는 오히려 더 어려워졌습니다. 그 어려움은 단지 한자 때문만은 아닐 것입니다.

　우선 첫 문장에 다가가 봅시다. 과거로 향하는 꽃을 단순히 과거를 회상한다는 식으로 해석하면 좀 막된 말로 수준이 낮은 것입니다. 그 정도라면 시인의 감수성은 이미 폐기처분해야 할 평범함일 뿐입니다. 도대체 꽃은 나무에서 무슨 일을 하는 것일까요? 하염없이 피고 후회 없이 지는 벚나무의 벚꽃을 생각해보세요. 꽃은 그저 열매를 맺는 수단이고, 열매는 나무로 자라는 수단이고, 나무는 세월을 견디며 죽어가는 생명입니다. 이제 이 순서를 뒤에서부터 앞으로 되돌아가 보면, 꽃이 과거로 향한다는 말의 뜻을 어렴풋이 짐작할 수 있습니다. 꽃은 자신의 근원인 열매와 나무로 향한다는 것이 바로 그것입니다. 이걸 그냥 꽃은 열매를, 나무를 향하여 피어나는 것이라고 한다면 허전합니다.

이 말을 우리의 삶과 연관시켜보면, 이런 사정이 드러납니다. 꽃은 나의 근원으로 향하고 나는 꽃에서 그리운 어머니의 얼굴과 사랑했던 사람의 얼굴을 떠올립니다. 유달리 봄꽃을 좋아하셨던 나의 어머니는 문자 그대로 나의 근원이고, 그 어머니는 또 어머니를 꽃 속에서 떠올렸을지도 모릅니다. 내가 사랑했던 사람은 그 자체로 과거입니다. 그리고 그 사랑에서 우리는 자신의 생명이 얼마나 힘차게 뛰었는지를 기억합니다. 그래서 그 사랑은 나의 또 다른 생명이었습니다. 누구든 꽃에서 현재의 사람을 떠올린다면, 현재의 일을 떠올린다면, 그만큼 밍밍한 것도 드물 것입니다. 사랑하는 사람과 꽃구경을 떠나 보세요. 그때 꽃은 사람에 묻혀서 빛을 내지 못합니다. 그때 꽃은 사랑하는 사람과의 사랑을 돋보이게 하는 액세서리일 뿐입니다.

이제 과거와 미래로 통하는 꽃으로 갑니다. 그리고 우리는 대강 이 말을 이해하고 있습니다. 꽃은 나무라는 과거와 또 나무라는 미래를 이어주는 다리입니다. 우리는 꽃에서 어머니며 사랑했던 사람이며 하는 과거를 보는 동시에, 또 어느 날 지금의 꽃에서처럼 떠오를 누군가를 기대합니다. 말하자면 우리는 꽃을 통해서 미래로 가고 있습니다. 그런데 왜 이게 공허의 말단일까요? 시어를 그대로 해석하면 가지 끝에 아무것도 없는 상태에서 피어나는 것이 꽃이므로 '공허의 말단'이라는 표현을 썼습니다. 하지만 우리는 철학으로 진입해야 하는데, 따라서 공허의 말단을 철학적으로 해석해보아야 합니다.

김수영에 따르면 꽃은 과거와 미래를 이어주고, 그러면서도 과거로 또 과거로 향하는 것입니다. 과거를 회상하는 우리는 늘 시간의 말단, 즉 끝에 서 있습니다. 무슨 말인지 알겠습니까? 만약 어제를 생각한다면, 우리는 그 생각함의 끝인 오늘에 서 있다는 말입니다. 그리고 어제를 생각하고 있기 때문에 과거로 향하고 있는 것이고, 또 어제는 어제일 뿐 다시 돌이킬 수 없기에 공허한 것입니다. 이게 바로 공허의 말단에서 피어나는 꽃이고 과거로 향하는 꽃입니다. 시 한 수를 이해하는 것도 지식이 없으면, 감성이 없으면, 무엇보다 여린 가슴이 없으면 쉬운 일이 아닙니다.

흔히 꽃구경이 좋아지고 단풍구경이 좋아지면 나이가 들었다고들 합니다. 한 학생이 "선생님은 여의도 윤중로 벚꽃구경 안 가세요?" 하고 물어오길래, "거긴 젊은 애들이나 가는 곳이지!" 하고 대답했습니다. 꽃구경이 좋아지면 나이가 들었다는 옛말이 싫어서 그랬나 봅니다. 물론 제 말에는 그렇게 사람들이 북적거리는 곳은 꽃구경이 아니라 사람구경 하는 곳이라는 속내를 담고 있는 것이기도 합니다. 진해의 벚꽃놀이가 그렇듯이, 사람들은 꽃을 핑계로 사람을 구경하러 갑니다. 꽃으로 인연을 맺고 싶은 것이겠지요. 뿐만 아니라 우리는 늘 꽃을 보거나 사거나 하면서 사람을 생각합니다. 그렇기에 꽃에는 꽃만 있는 것이 아니라 사람이 늘 함께합니다. 아마 꽃은 과거로 향한다는 김수영의 말도 이런 우리의 성정을 표현하는 게 아닐까 합니다.

언젠가 강의 때 저의 대학 시절을 빗대어 "툭하고 떨어지는 눈물처럼, 목련꽃 떨어지듯 그렇게 당신을 사랑하다 죽어가고 싶습니다."는 식으로 사랑고백도 할 줄 알아야 한다고 말했다가, 학생들의 웃음을 샀습니다. 아마 이런 식의 사랑고백은 옛날 신파조일 뿐인가 합니다. 하지만 저는 아직 이런 감상이 좋고, 이런 고백이 좋습니다. 요즘 젊은 사람들은 어떻게 고백하는지요? 혹시 "졸라 사랑^^, 쪽

^O^." 뭐 이런 건 아니겠지요? 또 그 고백에 혹시 "당근, U2."라고 답하는 건 아닌지요? 이것도 나쁠 것이야 없습니다만, 한 번쯤은 시처럼 말하면서 사랑해보시기 바랍니다.

주변이 온통 무슨 미인 선발대회처럼 꽃들이 난리가 아닙니다. 개나리며 벚꽃이며 목련이며 산수유며 생강나무꽃이며 진달래가 공허의 말단을 깨고 과거로 또 과거로 향하고 있습니다. 그 꽃 하나하나에 사람의 얼굴을 새기고, 과거를 담아서 우리는 그만큼 기뻐하거나 슬퍼해야 할지 모릅니다. 그래서 봄은 찬란한 슬픔의 계절이고 사람의 계절이고 꽃의 계절입니다. 이번 주말에 시간이 나면 혼자서 꽃길을 걷거나 산에 들어가 이곳저곳에서 숨바꼭질하듯 기다리고 있는 산꽃들을 찾아보십시오. 그리고 길을 돌아오거나 산을 내려올 때는 그 꽃들에서 찾은 사람의 얼굴이며 과거의 향기를 고스란히 놓아두고 오셔야 합니다. 왜냐하면 우리의 일상에는 그 꽃보다 더 아름다운 현실이 있기 때문입니다. 비록 그 현실의 꽃이 고통스럽다 할지라도 우리는 그 꽃과 함께 공허의 말단을 깨고 살아가야 합니다. 그 끝에 어떤 꽃이 필지는 알 수 없을지라도.

시간과 백지

제가 하는 일 때문에 제게는 시간이 학사 일정표대로 계산되고 다가옵니다. 네 계절이 자연의 시간이고, 하루나 한 달 또는 네 개의 분기, 그리고 한 해가 일반인의 시간이라면, 제게는 개학, 방학, 개학, 방학이라는 네 개의 시간이 있습니다. 저와 비슷한 처지의 사람들은 "벌써 개학입니다.", "방학 잘 보내셨는지요?"라는 식의 인사를 던집니다. 시간은 이 외에도 사람마다 달리 가고 달리 다가옵니다. 사랑하는 사람의 시간은 쏜살같고 미워하는 사람의 시간은 더디기만 합니다. 기다리는 시간은 길지만, 누리는 시간은 짧습니다. 원하는 시간은 손가락 사이로 빠져나가고, 원하지 않는 시간은 온몸을 칭칭 감습니다. 게으른 제게는 방학은 휙하고 지나가고 학기는 또박또박 자국을 남기면서 지나갑니다.

그런데 시간이 우리에게 주는 문제의 핵심은 이런 시간의 길이나 지루함의 여부에 있는 게 아니라, 시간이 이미 종이에 기록해놓은 내용에 있습니다. 종이에 기록된 내용이라? 무슨 말이냐 하면 우리는 백지에서 시작할 수 없다는 겁니다. 다시 말해 시간은 기록된 시간 경험에 따라 성질이 달라지는데, 사랑의 시간이 기쁨으로 기록되어 있는 사람에게는 다가오는 사랑도 그 길이나 느낌이 이미 결정되어 있을 가능성이 아주 높다는 겁니다.

경험론자 로크J. Locke(1632~1704)는 경험이 비로소 관념을 새겨넣는다고 하면서 빈 서판tabula rasa 이론을 주장했습니다. 물론 우리는 빈 서판이 아닙니다. 칸트의 말처럼 우리에게는 무엇을 무엇으로 인식해내는 인식의 틀이 있고, 그 틀에 따라 대상을 인식합니다. 그렇지만 로크의 말이 틀린 것도 아닙니다. 인식의 틀이 있더라도 그것에 붙들리는 경험적 내용이 없으면 우리는 아무것도 알 수 없습니다. 그리고 그 경험적 내용은 개념으로 정리되고, 이제 그 개념이 경험에 의미를 부여하게 됩니다. 이게 바로 칸트의 유명한 명제, "개념이 없는 직관은 맹목적이며, 직관이 없는 개념은 공허하다 Anschauungen ohne Begriffe sind blind, Begriffe ohne Anschauungen sind leer."는 겁니다. 풀어보면, 눈에 뭐가 보이더라도 그것이 무엇인지 개념이 없으면 눈을 감고 있는 것과 마찬가지고, 어떤 개념을 갖고 있더라도 그 개념에 대응하는 경험 내용이 없으면 텅 빈 것과 같다는 말입니다.

이런 철학적 사유는 우리의 일상에도 그대로 적용됩니다. 어린아이는 눈 앞의 불꽃을 보기는 하지만 그게 뜨겁다는 걸 모르고 손을 갖다댑니다. 불꽃의 뜨거움이라는 개념이 없기에 맹목적으로 행동하는 겁니다. 또 동화책을 통해 상상 속의 온갖 동물들의 이름을 알고는 있지만 그걸 본 적이 없어 그저 공허한 상상만 할 뿐입니다. 물론 상상이 주는 즐거움을 누릴 수는 있습니다. 그런데 어찌 어린아이만 그러겠습니까? 어른도 사정은 다르지 않습니다. 첫사랑이 실패하는 확률이 아주 높은 까닭은 사랑이라는 개념은 가졌지만 그 확실한 내용을 경험하지 못했기 때문입니다. 아름다울 것만 같았던 사랑이 살을 도려내고 정신을 앗아가고 사람을 상하게 한다는 걸 경험한 다음에는 사랑이 두려워집니다. 그래서 모든 처음은 설레지만 그 끝은 손사래를 치게 합니다. '처음처럼'이라는 소주에도 뒤끝은 있게 마련이고, '참이슬'도 많이 마시면 독이 됩니다. 재미난 말로 표현하자면, '처음처럼'을 마시고 처음처럼 끝나는 놈 드물고, 난이 이슬을 머금으면 향을 내지만 인간이 '참이슬'을 마시면 개가 됩니다. 술이 두려운 제가 그나마 '참이슬'보다 '처음처럼'을 좋아하는 이유가 짐작됩니까?

다시 돌아와서 시간은 항상 무엇인가 씌어진 종이에서 시작합니다. 그래도 새로운 학기가 열리는 개학이라는 시간이 기다려지는 까닭은 그것이 기록한 내용이 썩 나쁘지 않기 때문입니다. 하기야 왜 나쁜 기록이 없겠습니까? 아무리 양보하더라도 사악하다고 할 수밖에 없는 학생이 있고, 아무리 이해하더라도 앙금을 치울 수 없는 일들도 있습니다. 하지만 주머니에 넣고 싶은 따뜻하고 귀여운 학생도 있고 가르치는 기쁨을 주는 번뜩이는 눈을 가진 학생도 있습니다. 저절로 신이 나서 토하듯 즐거웠던 일, 참 잘했던 일도 더러 있습니다. 그래서 늘 뭔가 백지에서 출발하는 듯한, 거짓되지만 희망을 주는 새 학기가 좋습니다. 그리고 이게 바로 저의 어리석음입니다.

시간이 기록해놓은 상처나 기쁨이 우리가 말하는 기억이고 추억입니다. 기억이 상대적으로 나쁜 용도로 사용된다면, 추억은 좋은 용도를 갖고 있습니다. "너를 기억할 것이다!"거나 "어찌 잊을 수 있겠습니까?"는 질긴 보복을 감추어 담고 있습니다. 하지만 "당신을 추억합니다."나 "어린 시절의 추억"이라는 말에는 비록 구체적인 뒷맛이 어쨌든 간에 온기를 담고 있습니다. 김수영 시인이 또 한마디 합니다. "混色은 黑色이라는 걸 경고해준 小學校 때 선생님……." 시간은 늘 각양각색의 사연을 가진 얼굴을 하고 우리에게 내려앉습니다. 그러다보면 백지는 혼탁해지고, "안 돼!" 하는 소리 한번 지르지 못하고 검게 변해버립니다. 색을 섞지 않고 백지로 살 수는 없을까요? 백지는 모든 색을 제 것으로 표현할 수 있지만, 안타깝게도 자신의 색을 잃어버립니다.

  그래서 저는 이미 검게 변해버렸지만, 그 혼탁함 속에서도 희망의 빛, 하얀 빛을 발견하고 싶습니다. 마치 '처음처럼'을 고집하는 주정뱅이같이 말입니다. 그리고 이 희망의 빛, 검지만 하얗고 싶은 종이에 아직은 백지에 가까운 아이며 학생이며 사람의 이름을 담고, 그들과 함께한 시간을 담고 싶습니다. 지혜는 제게 그렇게 할수록 점점 너는 너의 빛을 잃고 더더욱 검게 될 것이라고 가르칩니다. 김수영은 제게 소학교 선생님의 가르침도 지켜내지 못하면서 무슨 학생을 가르치느냐고 쏘아붙입니다. 그래도 좋습니다. 어제 한 학생에게서 받은 문자 메시지를 평소답지 않게 아직 지우지 않고 무슨 비밀스런 자랑처럼 다시 봅니다. "오후에 수업을 들은 영어교육과 학생예요. 첫 강의 너무 좋았어요. 다음 강의도 기대할게요." 다만 그 학생의 백지에 저의 강의가 혼탁한 색 하나를 더하는 게 아닐까 두렵습니다. 하지만 두려움보다는 즐거움이 큽니다. 어허! 작은 일에 우쭐하는 천생 소시민인 범춘 씨! 정신 차리세요!

접속사의 진실

접속사接續詞, conjunction는 단어 그대로 문장이나 구절을 이어주면서 계속하게 하는 역할을 합니다. 그리고 이 이어주는 방식에서 '그리고'나 '또한'처럼 나열하는 나열접속사, '그래서', '따라서', '그러니'처럼 선후나 원인 관계를 나타내는 순접접속사, '그러나', '그렇지만', '하지만' 같은 역접접속사가 있습니다. 뜬금없는 접속사 이야기로 무엇을 말하려는 것일까요? 접속사를 통해서 우리의 삶을 한번 들여다보려는 것입니다. 다음 문장에서 괄호에 어울리는 접속사를 넣어보십시오. "나는 자려고 일찍 잠자리에 들었다. (①) 잠이 오지 않았다.", "나는 그 사람을 믿었다. (②) 그 사람은 배신했다.", "나는 공부를 열심히 했다. (③) 좋은 학점을 기대한다."

 괄호 ①번은 '그러나', ②번도 '그러나' 또는 '하지만', ③은 '그래서'나 '따라서'를 생각할 것입니다. '논리적'으로는 그게 답이고 일상생활에서도 그렇게 씁니다. 그런데 철학은 언제나 상식에 도전하고 모든 것을 비판의 법정에 세운다고 합니다. 그 정신에 맞춰 이게 진실일지 한번 살펴보자는 게 이번 주제입니다. 자려고 일찍 잠자리에 드는 것과 잠이 오지 않은 것은 어떤 관계일까요? 자려고 하는 주체의 관점에서는 의도가 좌절되었으므로 역접이라고 할 것입니다. 그런데 이걸 있는 그대로 보면 사정이 달라집니다. 일찍 잠자리에 드는 것과 잠이 오지 않는 것은 실제로 아무 관련이 없습니다. 마치 자지 않으려고 버티지만 잠들게 되는 것과 마찬가지입니다. 그저 시간의 흐름에서 이런 일을 하고, 그다음에 그런 일이 생겨날 뿐입니다. 이 속에는 역접이니 전환이니 하는 것은 없습니다. "일찍 잠자리에 들었고, 잠자리에서 잠이 오지 않았다."는 것 외에 아무것도 없다는 말입니다.

②번도 같습니다. 나의 믿음과 그 사람의 배신은 짝을 이루는 무엇이 아닙니다. 나는 믿었고, 그 사람은 나의 믿음을 염두에 두지 않은 것이고, 간단히 말하면 서로 다른 생각을 하고 있었던 것입니다. 나의 믿음을 강조하기 위해서 우리는 '그러나'를 쓰고 있습니다. 하지만 불행하게도 그렇게 나의 믿음을 지켜주는 그런 '그러나'는 없습니다. 이 역시 "나는 믿었고, 그는 속였다."일 뿐입니다.

③번은 처지가 더 나빠지는데, 그 까닭은 내가 열심히 공부하는 일과 그 일에 따르는 성적은 그 개인에게는 상관적일지라도 상황에서는 무관합니다. 왜냐하면 나보다 더 열심히 하는 사람이 있는 한, 나의 노력은 언제나 부족할 수밖에 없기 때문입니다. 그래서 이것도 "나는 공부를 열심히 했고, 성적은 시험의 결과에 따라 나올 것이다."고 말해야 합니다. 누구나 열심히 하지만, 대부분이 '믿었던' 성적을 얻지 못하는 이유가 바로 여기에 있습니다.

우리의 삶은 사실 그저 이어지고 이어지는 시간의 흐름처럼 언제나 나열되는 것입니다. 말하자면 늘 '그리고'만이 있는 문장입니다. "어제 술을 마셨고, 오늘도 마셨다."라는 문장에서 우리는 다음 내용을 생각합니다. "어제, 오늘도 마셨으니, 그러니 내일은 안 마시겠지." 여기서 '그러니'는 원인과 결과 또는 긴밀한 관계를 가리키는 말입니다. 하지만 어제와 오늘과 내일은 분리되어 있지도 않고 끊을 수도 없는 것입니다. 며칠 후 담담하게 있었던 일을 써봅시다. "그제는 술을 마셨다. 어제는 술을 마셨다. 오늘은 술을 마신다."처럼 그날의 행위는 그날의 행위로서 의미를 갖습니다. 그런데도 우리는 세 가지 시간을 연결하고 접속하여 "그제**도** 마시**고**, 어제**도** 마시**고** 오늘**까지** 마신다."고 말합니다. 앞의 두 구절에 나오는 굵은 글씨 '도'와 '고'는 안 할 짓을 했다는 뜻이고, 마지막 '까지'는 인간도 아니라는 것입니다. 그리고 그 속에는 자신의 의지나 다짐이 들어 있습니다. 만약 아무 의지도 다짐도 없었다면, 글 속에 '도'와 '고'와 '까지'가 들어갈 까닭이 없습니다. 결국 우리가 우리의 삶에 개입하여 우리의 삶을 힘들게 하는 것입니다.

"우리 집은 가난했다. 그러나 나는 열심히 노력하여 부를 이루었다. 그래서 나는 행복하다." 흔히 성공한 사람들이 하는 말입니다. 물론 그놈들은 한마디를 덧붙입니다. "너희들도 나처럼 하면 부자 되고 행복해질 걸!" 약 올리는 재주가 밉기 그지없습니다. 무엇보다 앞의 말이 다 거짓이라는 게 중요합니다. 가난한 사람은 거의 모두 노력하지 않는다는 주장이 승인되어야만 '그러나'가 가능하고, 부를 이루면 다 행복하다는 게 인정되어야만 '그래서'도 사용할 수 있습니다. 우리 삶이 정말 그렇습니까? 가난과 노력은 관련이 없고, 부와 행복도 마찬가지입니다. 가난한 사람이 노력했고 우연히 성공했고, 또 우연히 행복한 것입니다. 오늘이 내가 잠든 사이 어제로 바뀌고, 내일이 내가 잠을 깨니 오늘로 와 있을 뿐입니다. 고된 땀을 흘리면서 일했는데, 어느 순간 보니 돈이 모였고, 그 모인 돈을 보면서 행복한 느낌을 가졌다는 게 진실입니다.

우리 삶은 그리고, 그리고, 그리고 하면서 이어지다가, 어느 날 "그리고 죽었다."로 마무리됩니다. 서른하나에 죽은 전혜린의 수필집 제목이 '그리고 아무 말도 하지 않았다'입니다. 어떤 사람은 전혜린의 죽음을 천재의 요절이니 시대를 앞선 여성의 비극이니 하면서 호들갑을 떱니다. 서울법대를 다니다 독일에서 독문학을 하고 돌아와서 서울대와 이대에서 강의하다 성균관대의 교수가 되었는데도 서른하나에 죽다니! 이게 신화를 만듭니다. 담담히 전혜린은 서울법대를 다니고 독일에 가고 문학을 하고 강의를 하고 교수직을 가졌고, '그리고' 죽었을 뿐입니다. 게다가 그는 "그리고 아무 말도 하지 않았다."고 스스로 말했습니다. 물론 지금도 아무 말도 하지 않습니다. 태어나서 서른하나에 이르는 시간에서 그는 하루하루를 살았고 어느 날 다음 하루를 잇지 못하고 맙니다. 이 삶의 연속 가운데는 우리가 신화로 말하는 것들이 하나도 없습니다. 괴로워하고 또 괴로워하다 죽어간 윤동주도 같은 부류입니다. 괴로움을 이어가지 못하고, 괴로워할 다음날을 만들지 못하고 '그리고' 죽었습니다.

김수영은 그의 시 '孔子의 生活難'에서 "동무여 이제 나는 바로 보마/事物과 事物의 生理와/事物과 數量과 限度와/事物의 愚昧와 事物의 明晳性을/그리고 나는 죽을 것이다."고 말합니다. 사물의 진면목을 보고 '그래서' 깨달았다고 해야 멋이 날 텐데, 김수영은 '그리고' 죽는다고 합니다. 이 정도면 '그래서' 김수영이다고 해도 될 듯합니다. 철학도 술잔에서 쓰러지고, 인생도 어제로 묻혀가고, 그리고 나는 죽어가네. 우리네 삶은 우리가 의지로 신념으로 가치로 재단하여 의미를 부여하기 이전의 '그리고'로 이루어진 것입니다. 아침에 일어나고, 그리고 다시 잠자리로 파고들고, 그리고 일어나서, 그리고 밥을 안 먹고, 그리고 다시 밥 먹고, 그리고 학교에 갔다. 그리고 학교 가는 길에 집으로 돌아왔다. 이걸 논리적으로 연결한다면, 이미 그 순간 삶은 조각으로 나뉘고, 어떤 것은 쓸모 있는 것이 되고, 어떤 것은 나쁜 짓이 되고, 어떤 것은 죄악으로 다가올 것입니다. 이 모든 조각과 쓸모와 나쁜 짓과 죄악은 삶을 나누고, 마음대로 무엇과 연결지우고, 마음대로 원인과 결과로 묶는 까닭에 생겨나는 것들입니다. 독일의 조형건축센터인 바우하우스를 통해 근대 디자인 예술을 정립한 발터 그로피우스Walter Gropius(1883~1969)는 그의 삶을 그가 살았던 시대에 빗대어 이렇게 표현했습니다. "폐허 속에서 태어나서 광란 속에서 살다가 비참하게 죽다." 여러분은 어떻게 자신의 삶을 표현하시렵니까?

Sie wissen das nicht, aber sie tun es

무슨 잘난 척하려고 하는 독일어가 아닙니다. "그들은 왜 그렇게 하는지도 모르면서 그렇게 한다."는 뜻입니다. 예수는 십자가에서 "아버지, 저 사람들을 용서하소서. 사실 저들은 무슨 짓을 하는지 알지 못하옵니다."(루가 23 : 34)라고 말합니다. 도대체 저들이 누구를 죽이고 있는지 알지 못하면서 죽이고 있다는 뜻입니다. 그 사람들이 모르고 한 일이니까 용서해야 한다는 말이기도 합니다. 소크라테스는 모르고서 한 일은 용서해야 하지만 모른 채 그대로 방치하는 것은 용서할 수 없다고 합니다. 꼭 경험할 필요는 없지만, 그리고 지금도 그런지 모르겠습니다만, 작은 죄를 짓고 검찰에 가면, "본인本人의 무지無知의 소치所致로 이런 죄를 저지르게 되었으니 선처善處를 바랍니다."는 아주 어려운 소명서疏明書를 쓰게 하면서 기소하지 않는 관례가 있습니다. 우리말로 하면 "제가 아는 게 없어서 이게 죄가 되는지도 모르고 한 일이니 봐주세요."라고 소명, 즉 변명하는 말입니다. 참으로 치욕적인 반성문입니다.

마르크스는 "생산물을 교환할 때 가치를 따지면서 서로 다른 노동을 인간의 일반적인 노동으로 동등시하고 있다."(MEW23.S88)는 뜻으로 같은 이야기를 합니다. 시장에서 물건을 팔고 사는 사람들이 신발 한 켤레와 고등어 두 마리를 교환하면서, 그것을 생산하거나 잡을 때 투여된 노동시간이나 노동력을 계산하면서도 정작 바로 그 노동시간 또는 노동력이 가치의 근원이라는 사실은 모른 채 교환하고 있다는 점을 지적하면서 '노동가치설'을 설명합니다. 모르면서도 하는 일. 이게 사람 잡습니다. 그리고 사실은 알면서도 모르는 체하기 때문에 더 큰 문제가 발생합니다. 우리는 이런 말을 하면 상대방이 얼마나 기뻐하고 상처받을지를 압니다. 하지만 뻔히 아는 사실을 뒤로 한 채 몰랐다는 식으로 발을 뺍니다. 그것도 아주 심하게 하고선 말입니다. 예수는 피를 내놓고 남을 위해 죄를 받는 대속代贖을 합니다. 그렇다면 우리는 예수의 피를 빨아먹은 모기나 다름이 없습니다. 모기의 친척인 드라큘라가 왜 십자가를 무서워하겠습니까? 이유는 간단합니다. 피만 빨아먹고 돈 안 내고 간, 예수한테 빚진 게 있기 때문입니다. 우리는 어떻습니까? 혹시 우리는 남의 피를 빨아먹고 살면서도 너무나도 뻔뻔스레 내가 그들을 위해 피 흘린다고, 대속한다고 생각하지는 않습니까?

아내가 어제부터 아픕니다. 겨우 아침을 차리고 종일 침대에 누워 있습니다. 나름대로 설거지를 하고 빨래를 개고 널고 합니다. 산행 나서는 길 전에 약국에 들러 몸살약을 사고, 돌아오는 길에 아내를 위해 초밥도 샀습니다. 그리고 맥주를 마십니다. 문득 나는 알면서도 하지 않는 사람, 소크라테스가 용서할 수 없는 사람, 예수의 구원을 모기처럼 빨아먹는 인간이라는 무서운 각성이 아스피린처럼 다가옵니다. 저는 아내가 아픈 것, 아이가 아픈 것을 싫어합니다. 사랑 때문이냐고요? 천만의 말씀입니다. 불편하기 때문입니다. 흔히 남의 빈자리에서 그 사람의 가치를 깨닫는다는 말을 하는데, 이건 정말 들어줄 수 없는 거짓입니다. 자신의 불편함에서 남의 필요를 느끼는 것이지요. 술상을 치우고 산책을 다녀와서 아픈 마음으로 글을 씁니다. 아직 저는 사람이 덜되었습니다. 그토록 노동자의 아픔을 내 아픔처럼, 학생들의 고민을 내 고민처럼 하고 살자고 하면서도 정작 아내의 감기 수발도 하지 못하는 이중인격자입니다.

　제 강의를 들었던 사람들은 알 것입니다. "남을 행복하게 해주지는 못할지라도, 적어도 나 때문에 남이 불행해지는 일은 없어야 한다." 이게 제 지론입니다. 하지만 이건 정말 나쁜 이기적인 이타주의고, 나쁜 발뺌입니다. 오늘 산행길에 절집에서 나오는 소리를 들었습니다. "다들 행복해지기를 원하지만, 행복하게 해줄 것을 생각하는 사람은 적다."는 말입니다. 간단하고 명료합니다. 아내가, 아이가 아프지 않고 제구실을 해주면 저는 행복합니다. 그리고 그 사람들의 제 할 일이 삐끗하면 불행해집니다. 그러면서도 제가 남을 행복하게 했는지는 생각지 않습니다. 비록 믿음은 없지만 그 절집의 동자상을 보면서 '관세음보살 나무아미타불' 하고 속으로 말했습니다. 한없이 부끄러운 마음에 아내를 위한 초밥을 사게 된 듯합니다.

　우리는 자신이 하는 일을 알고 있습니다. 그렇지만 자신이 한 일을 잊으려고 합니다. 바로 그 잊음의 자리를 남에 대한 원망과 바람으로 채웁니다. 더 놀라운 사실은 그 억지 채움의 자리가 어느새 정말 그런 것처럼 기억되고 버릇으로 남는다는 것입니다. 결국 나의 허물은 사라지고 남에 대한 서운함만 남게 됩니다.

　며칠 전 교수들과 한판 술자리를 가졌습니다. 뻔히 지출이 클 줄 알면서도, 모두 모르는 체하고 2차, 3차를 했습니다. 그리고 남은 건 개운치 않은 뒷끝입니다. 물론 우리가 뭘 그리 비도덕적인 일을 한 건 아닙니다. 문제는 '뻔함'을 모르는 체했다는 사실입니다. 알면서도 하는 일. 그러면서도 누구나 다 하는 일인 양 스스로를 위안하는 일. 예수가 앞으로도 몇십 명은 필요할 듯합니다. 분개하는 소크라테스도 마찬가지입니다. 일상에서, 맡은 일에서, 우리는 정말 아는 만큼 뭔가를 하고 있는 것일까요? 아니면 정말 모르기 때문에 이렇게 살고 있는 것일까요? 약사의 한마디가 위로로 남습니다. "요즘 그런 증상의 감기 몸살을 앓는 사람이 많습니다." 우리는 무지의 감기를 앓고 있고, 그런 사람이 많은가 봅니다. 늘 늦은 깨달음에 이르는 저처럼.

명절증후군

증후군症候群의 한자를 그대로 풀어보면, '한데 묶을 수는 있지만 딱히 뭐라고 인과관계를 지적할 수 없는 병적인 조짐'입니다. 영어 syndrome은 '함께', '같이'를 뜻하는 syn과 '경주 코스'나 '달리기'를 뜻하는 dromos를 합쳐놓은 것인데, 액면 그대로의 뜻은 '무엇과 함께 뭔가가 달리는 것'입니다. 달리 표현하면 '무엇과 함께 이런저런 것들이 진행되기는 하는데, 그 속사정은 정확히 모르는 것'입니다. 명절증후군은 여기에다 명절名節을 앞에 붙여놓은 것이므로, '명절과 함께 뭔가 병적인 조짐들이 발생하고 진행되는데, 의학적으로 정확한 진단을 내릴 수 없는 무엇'이 글자 그대로의 뜻입니다. 명절은 우리에게는 가장 큰 잔칫날이고, 서양의 경우에는 크리스마스와 연말연시를 잇는 축제 기간 festive season에 해당하는 것입니다. 그런데 명절증후군은 이런 잔칫날에 뭔지 모를 병적인 탈이 난다는 것입니다. 이게 뭔 말입니까?

몇몇 배웠다는 잘난 놈들이 명절은 여성을 착취한다느니, 가부장제의 폐해를 잘 드러내는 사례라느니 하고 입방아를 찧는데, 이런 어줍은 해석은 늘 못마땅합니다. 여러분들도 자주 경험했겠지만, 무슨 일이 생기면 흔히 전문가의 견해라고 하면서 호들갑을 떱니다만, 그 내용은 누구나 할 수 있는 말들이 대부분입니다. 끔찍한 살인사건이 터지면 정신과 전문의가 한마디 합니다. "정상적이지 못한 가정에서 성장하고 제대로 애정을 받아보지 못해서 세상에 대한 불만이 커졌을 것입니다." 턱도 없는 소리입니다. 어디까지가 정상적인 가정이고 애정을 받는 것도 어느 정도를 말하는지 제시하지 않는 한 모든 사람에게 적용될 수 있고, 그렇기에 아무에게도 적용할 수 없는 엉터리 잣대이고 해석입니다. 무엇보다도 정상적이고 애정을 받으면서도 살인을 저지르는 패륜적 반대 사례도 대단히 많습니다.

우선 한발 물러나서 명절증후군 자체로 가봅시다. 이런저런 증세가 나타나고 그것이 명절이라는 특정한 시기와 한데 묶이기는 하지만 의학적 인과관계를 세우기는 어려운 게 명절증후군이라고 했습니다. 이렇게 잘난 척하면서 말하지 말고 쉽게 하자면, 명절에 이런저런 몸살을 앓고 스트레스를 받는 사람도 있고 그렇지 않은 사람도 있어서 이게 꼭 명절 때문이라고 해야 하는지 아닌지를 꼬집어 말하지 못하겠다는 것입니다. 눈치 채셨습니까? 명절증후군은 명절이 아니더라도 명절 같은 상황에서는 언제나 생겨나는 것입니다. 명절 비슷한 상황으로는 생일잔치, 돌잔치, 결혼식, 집들이, 개업식, 심지어 장례식까지 포함됩니다. 이 모든 상황의 공통점은 평소 보지 못하던 사람들이 많이 모인다는 것입니다. 사람들이 많이 모이니까 자연히 뭔 일이 생기겠지요? 그런데 이렇게 쉽게 이야기할 게 못 됩니다. 문제의 핵심에는 모이는 사람들이 누구인가 하는 인간 관계와, 어떤 이유로 모이는가 하는 이해관계가 깔려 있습니다.

꼭 만나고 싶은 고교 동창생이나 사랑하는 사람의 마음씨 좋은 가까운 친구, 내게 잘 대해주는 선생님, 그리고 내가 늘 마음에 두는 어머니, 막내 동생, 큰오빠. 뭐 이런 사람들이 모이는 걸 꺼릴 사람은 없습니다. 마음이 먼저 달려가고, 몸도 길 위에서 달려갑니다. 선물도 턱하니 기분 좋게 장만하고 용돈도 챙깁니다. 그런데 명절은 이런 사람들만 모이는 게 아니라 피 한 방울 섞이지 않은 남편의 먼 친척, 나를 싫어하는 고모님, 뭔지 모르게 미운 시동생, 별 자랑스럽지 못한 처가 친척, 피하고 싶은 수다쟁이 동서, 잘난 척하는 올케, 돈 자랑하는 아주버니, 꼴도 보기 싫은 누구누구가 다 모입니다. 명절이 아니더라도 괜한 부담을 지는 것 같은 남의 잔치도 그렇고, 하물며 아이의 돌잔치에서도 그 아이의 부모나 친척이 싫으면 아이까지 미운털이 박히게 됩니다. 그러면서도 출세와 돈을 위해서는 생면부지의 사람에게도 간을 내놓습니다.

대표적인 명절증후군이라고 전문가입네 하는 사람들이 제시하는 게 참 재미납니다. 시가 남자들은 명절이면 술 마시고 고스톱 치면서 판판이 노는데, 며느리들은 죽어난다는 게 일등 이유입니다. 시가 남자들 안에는 며느리의 남편들이 있을 것이고, 오빠나 동생도 있을 것이고, 친척 어르신들이 계시기도 할 것입니다. 남편을 좋아하는 아내가, 남편이 좋아하는 사람들을 데리고 집으로 놀러 왔다면 그래도 죽을 지경일까요? 내가 좋아하는 막내 동생이, 오빠가 놀러 와서 술 마시고 이야기하고 고스톱 치는 게 그렇게 내칠 일입니까? 일 년에 몇 번을 모시길래 친척 어르신의 놀이에 부아를 냅니까? 좀 과도한 표현이기는 하지만 이런 태도에는 "내가 왜 저 사람들 때문에 힘들어야 하는가?"라는 이해타산이 깔려 있습니다. 가정부를 고용해서 모든 걸 해결한다고 해서, 더 가능한 방법으로 모든 끼니를 외식으로 하거나 주문해서 먹거나 한다고 해서 여자의 명절증후군이 없어질까요?

남자들도 한마디 합니다. 명절이면 소요되는 경비를 마련한다고 허리가 휘고, 남보다 못한 자신의 처지가 남과 비교되면서 입방아에 오를까 걱정이고, 장거리 운전에 힘들다고. 하물며 며칠씩 술 마시고 고스톱 치는 것도 힘들다고요. 이게 무슨 개 풀 뜯어 먹는 소립니까? 있는 만큼 쇠면 되는 게 명절이고, 남보다 못하면 못한 게 사실인데 뭐가 억울할 게 있으며, 아내에게 운전대를 맡기지도 못하면서 가족의 안전을 위해 꼭 남자가 운전해야겠다고 한다면 당연히 힘이 들어야지요. 혹시 술이 세다는 걸 자랑하는 건 아닌지, 그리고 겉으로는 심심풀이라고 하면서 속내로는 돈 사업을 하는 것은 아닌지 하고 물어봅시다. 집안살림 넉넉하고 남보다 그럴듯하고, 운전기사를 두고 살고, 술 안 마시고 고스톱 안 치면 남자의 명절증후군이 없어질까요?

미혼남녀가 겪는 명절증후군도 있다고 합니다. 언제 결혼하느냐, 취직은 했느냐 하는 물음에서 받는 스트레스라고 하는데, 이것도 답답하기는 마찬가지입니다. 결혼 이야기는 그냥 인사치레일 경우가 대부분인데, 민감하게 반응하기보다는 "네, 좋은 사람 있으면 소개해주세요."나 "언제 짝이 나타나면 하겠지요." 하고 담담히 대응하면 그만입니다. 취직 이야기는 거의 걱정에서 나오는데, 이 경우에도 "걱정해주셔서 고맙습니다."나 "나름대로 노력하고 있습니다."는 정도면 족합니다. 간혹 마음에 상처를 주기 위해서 비아냥거리는 사람도 있는데, 그건 그 인간의 인간성으로 치부하고 넘어가면 됩니다. 사실 이런 이야기가 증후군을 일으키는 까닭은 자신의 삶의 이력이나 심보, 실력에 문제가 있기 때문입니다. 아무리 모진 인간도 대놓고 함부로 사람을 비웃지는 않습니다. 그렇다면 그건 둘 사이의 인간 관계가 꼬여 있기 때문일 것입니다.

또 전문가들이 한마디 합니다. 명절증후군을 극복하기 위해서는 우선 가사노동을 분담하자고 합니다. 그런데 이게 얼마나 비현실적인 일인지는 일해본 사람은 다 압니다. 남자가 분담할 수 있는 일은 극히 제한되어 있습니다. 장을 볼 때 무거운 것 들어주거나 큰 그릇이나 솥단지를 내다주는 것입니다. 음식을 준비하고 상을 차리고 물리고, 설거지하는 게 여자의 큰일인데 이걸 도와주는 게 말만큼 쉬운 게 아닙니다. 극히 적은 예외를 빼면 큰 상을 옮기고 펼치는 일이나 쟁반에 담긴 음식을 옮기는 정도가 남자가 도우는 일의 전부입니다. 이게 가사 분담이라면, 그래서 명절증후군이 줄어든다면 해야지요. 하지만 저는 장담 못합니다. 명절증후군은 단순한 노동의 강도 문제가 아니기 때문입니다. 남편과 아내가 각자 결혼 전 자기 집에서 자기 가족과 함께 명절을 보내더라도 사람이 싫으면 명절증후군을 앓게 될 것입니다.

또 명절을 간소하게 쇠어서 경제적 부담을 줄이자고 하는데, 명절에 경제적인 이유로 명절증후군을 앓는 사람은 많지 않습니다. 그리고 설령 그런 사람들이 기대하는 것도 잘난 전문가의 진단에 따르면 돈이 아니라 사람의 따뜻한 정이라고 합니다. 이 대목에서 돈과 애정 사이에서 줄타기를 하는 전문가가 또 싫어집니다. 일하면서도 자주 휴식을 취해라는 말도 병의 원인을 무시한 처방입니다. 가만히 아무 하는 일 없이 있어도 싫은 사람과, 가고 싶지 않은 장소에서라면 가시방석이고 고문입니다. 나아가 따뜻한 격려나 고마움을 표현하자고 합니다. 웃기는 게 이럴 경우 보상하는 여행이나 금전적 선물이 좋다는 친절한 헛소리도 덧붙이고 있습니다. 사람을 완전히 속물 바보로 취급하는 셈입니다. 대가를 지불하는 노동이니까 덜 미안해도 된다는 것인지, 대가를 받으니까 병적 증상이 나아진다는 것인지 도대체 모르겠습니다.

비전문가인 저는 이렇게 제안합니다. 나의 가사노동은 나도 먹고 남편도 먹고 아들딸이 먹을 음식을 장만하는 겁니다. 그런데 사람들 입이 좀 늘어났습니다. 그래서 평소보다 두 배 정도 더 하는 것입니다. 또 내가 좋아하는 아내가 힘들어합니다. 기꺼이 도와주겠다고 준비하는 마음과 몸이 필요합니다. 인간 관계에서는 명절을 시부모나 처가부모, 먼 친척이나 동서, 올케에게 자신을 알리는 기회라고 여기세요. 여러분은 옆집 사람에게도 예의를 갖추는 그런 좋은 사람입니다. 그리고 처음 보지만 막나가는 사람에게 예의 없는 인간이라고 말하는 그런 도덕적 인간입니다. 이 잣대가 올바르다면, 그 사람들보다 한없이 가까운 사람들에게 명절증후군을 느낀다는 것 자체가 예의 없는 일일 것입니다. 무엇보다 자신의 처지를 인정하세요. 사정이 좋지 않아서 선물이 가벼우면 가벼운 대로 하면 그만입니다. 선물을 받는 사람에게 "저 사람은 돈을 벌더라도 제대로 된 선물 안 할 사람이다."는 평가를 받지 않는다면, 작은 선물도 큰 선물일 것입니다. 그리고 매년 이렇게 마주해야 하는 사람들과 의사소통하는 계기로 삼으세요. "아, 저 사람은 저러니까 이렇게 대해야 하는구나.", "저 친척은 이러니까 저렇게 해야 하는구나." 하고 사람들을 하나씩 알아가는 것입니다.

사실 명절은 힘이 듭니다. 차례상을 차리는 일도 만만치 않습니다. 차례 이후에 정리하는 일도 한둘이 아닙니다. 달랑 세 식구 추석을 지내면서 아내는 무척 힘들어합니다. 별로 도움이 되지 못한 저도 차례를 지내고 처가를 다녀오고 하는 일만으로도 고단합니다. 그렇지만 이걸 명절증후군이라고 이름 붙이는 병이라고 말하기는 싫습니다. 명절증후군은 명절에 생겨나는 '인간의 병'입니다. 그리고 이 병은 우리의 어머니 세대에는 없던 병입니다. 농부의 기쁨이라고 하지요. 마른 논에 물 들어가는 것과 자식새끼 입에 음식 들어가는 것. 우리들의 어머니는, 그리고 아버지는 모처럼 새 옷을 입고 새 신을 신고 신이 난 자식들을 보면서 끝없이 기뻐하셨습니다. 밥 먹기도 어렵던 시절, 그래도 먹을 게 하나 더 늘어나서 나눠 먹는 기쁨이 "더도 말고 덜도 말고 한가위만 같아라."는 기원을 만들어냈습니다. 우리는 너무 많은 것을 손에 쥐고서 아주 얕은 병을 대단하게 누워서 앓고 있습니다. 풍족함의 빈곤, 빈곤한 인간의 풍족한 병, 인간성의 병. 어느새 명절증후군이 사라지고 있습니다. 마치 꾀병이었던 것처럼. 그리고 비참한 인간들의 변명이 넘쳐납니다. 마치 명절 때문이라는 듯!

선물과 뇌물 사이

지금은 거의 들을 수 없지만, 과거에는 예식장에 가면 "예물 교환이 있겠습니다."는 말을 식중에 으레 들었습니다. 대체로 고가의 반지나 목걸이, 시계를 신랑과 신부가 주고받습니다. 예물禮物은 고마움을 표하는 물건이나 돈(gifts)에서부터, 결혼 당사자가 서로에게 주는 물건(wedding gifts), 그리고 천주교에서 미사를 올리기 위해 내는 물건이나 돈(Mass offering)을 가리키는 말입니다. 그런데 저는 이 모든 예물이 그 속성상 좀 이상하다고 생각합니다. 예의를 갖춘 물건으로서 예물은 '예의'를 갖추었을 뿐 언제나 '뇌물賂物, bribe'입니다. 음습한 뒷거래를 공개적인 장소에서 함으로써 허물을 벗고자 하는 방편이 뇌물을 예물로 치장하는 것입니다. 결혼하는 신랑과 신부가 왜 고가의 물건을 주고받아야 하고, 고마움을 표현한다고 하면서 그 고마움의 표현이 물건이나 돈이어야 하는지, 하물며 미사를 올리면서 수고비인지는 몰라도 돈이나 기물을 내놓는 것도 이상합니다.

차분히 따져보아 속사정을 알면 낙담이 큽니다. 우선 결혼에서의 예물 교환은 사실 신랑의 함函과 신부의 예단禮緞에서 이미 이루어졌습니다. 그게 서구 결혼식이 보태지면서 남들 앞에서 우리는 이 정도 예물을 했다는 알맹이만을 보여주는 형식으로 자리하게 되었습니다. 몇십 년 전만 해도 예물로 무엇을 주고받는지를 결혼식 사회자가 "신랑은 신부에게 다이아반지와 목걸이 등등." 하는 식으로 소개하기도 했습니다. 예단이라는 단어 자체가 '예를 갖추어서 주는 비단'입니다. 그런데 왜 이런 값비싼 물건을 결혼하면서 주고받을까요? 간단히 말하면 결혼이 거래라는 것입니다. 이쪽에서 얼마를 하면 저쪽에서도 얼마를 합니다. 그 '얼마'가 맞지 않으면 이른바 혼수 전쟁이 일어나고 파국으로 치닫기도 합니다. 적어도 내가 준 만큼, 또는 그 이상을 내놓든지 아니면 그만두자는 게 혼수, 즉 예물의 속내입니다. 줄 돈이 부족할 때는 어느 한쪽이 가진 능력이나 자격을 내놓고 거래합니다. 변호사, 의사, 교수라는 식의 직업이 바로 그것입니다.

뇌물을 뜻하는 bribe는 그 어원이 거지에게 준 빵 한 덩어리a lump of bread given to beggars입니다. 거지에게 준 빵 한 덩어리는 사람의 고운 심성을 표현하는 것인데, 그게 왜 뇌물이 되었을까요? 뇌물을 뜻하는 한자 뢰賂와 회賄에는 모두 돈을 가리키는 조개 패貝가 붙어 있고 선물이라는 뜻도 함께 있습니다. 선물膳物은 두 가지로 나뉘는데, present는 가벼운 고마움을 표현하기 위한 물건이나 돈으로 생일 선물 같은 것이고, 좀더 격식을 차리거나 액수가 커지면 결혼 선물 같은 gift가 됩니다. 이 결혼 선물wedding gifts은 gifts라는 복수형에서 알 수 있듯이 선물이 많고 따질 것도 많습니다. 그래서 예물이라고 번역합니다만, 돈이나 고가의 물건이 오가는 일이라는 고유한 의미는 그대로입니다.

다시 앞의 거지에게 준 빵 한 덩어리로 가서, 그게 왜 뇌물일까요? 매트 리들리M. Ridley의 말로 설명하자면, 거지에게 주는 무엇이 평판 評判, reputation이나 위안慰安, consolation을 얻기 위한 것이기 때문입니다. 거지나 부랑인에게 무엇인가로 도와주는 것을 적선積善한다고 하는데, 적선은 선을 쌓는 일이고, 영어로는 accumulation of virtuous deeds라고 해서 '좋은 행위를 쌓는 것'입니다. 쌓는다면 쌓는 주체가 있고 이유가 있을 것입니다. 주체는 바로 거지에게 무엇을 주는 그 사람이고, 이유는 그 사람의 평판이 좋아지는 것, 그리고 적어도 누군가를 도와주었다는 마음의 위안 또는 보람이라는 것입니다.

 미사를 올리면서 내는 미사 예물은 종교적인 의미를 빼고 나면, 가톨릭 신자가 어떻게 생각하든 간에 굿하면서 돈 내는 것과 다를 바 없습니다. 하나님과 신도를 이어주는 사제의 역할에 대한 보수인 셈입니다. 미사 예물이라는 그럴듯한 말은 마치 과거 글을 가르치는 서당 선생이 돈을 받기도 하고 곡식을 받기도 하면서도 끝내 "나는 학자이고 선비다."는 식의 자부심으로 속물 근성을 지워버리려고 했던 것과 같습니다. 이런 의례와 자부심은 속물俗物과 성물聖物을 나누는 기준이 되고, 결국 종교인이니 교육자니 하는 번듯한 외양으로 먹고사는 문제를 해결하는 직업인이라는 걸 덮어버립니다. 억대 연봉의 목사가 존재하는 현실에서 종교인에게도 세금을 물려야 한다는 주장이나 교수나 교사도 노동자라는 주장을 놓고 왜 말들이 많은지 상상해보십시오. 영혼의 구제니 인간만들기 같은 뻔한 말은 자리가 없습니다.

 그런데도 왜 사람들은 선물을 주고받을까요? 앞서 말한 평판 외에도 가장 큰 이유 중 하나는 선물이 사람을 묶어놓거나 빚갚음으로 작용한다는 것입니다. 근대 이전의 사회에서는 씨족 간, 부족 간, 국가 간의 선물은 믿을 수 없는 이방인과 계약을 맺기 위한 것이었습니다. 조사에 따르면 친밀감이 떨어질수록 선물은 더 자주 사용되고 그 속에 담긴 의미도 더욱 뚜렷해진다는 것입니다. 자신을 침략할지도 모르는 힘센 집단에 주는 선물을 조공朝貢, tribute이라고 합니다. 그런데 이때의 선물은 교환이 아니라 일방적인 제공입니다. 비슷한 힘을 가진 상대와는 거의 동일한 가치를 갖는 것들이 문자 그대로 교환됩니다. 여기서는 그 교환의 가치에서 차이가 나면 분쟁으로 이어집니다. 그래서 등가물의 교환은 선물 주고받기의 기본입니다.

하지만 그 관계가 친밀해지면 사정은 달라집니다. 어버이날 어린 자식아이가 주는 종이꽃 한 송이를, 부모가 색종이 한 장, 풀 약간, 옷핀 하나라는 식으로 계산해서 달랑 200원이라고 가격을 매기지 않습니다. 그것보다 수백 배나 되는 근사한 저녁이나 간식거리를 아이에게 제공합니다. 사랑하는 연인 사이에서도 등가물의 교환보다는 사랑하는 마음에 고마워하고 기뻐합니다. 하지만 옆집 사람이나 학교 친구, 동아리 사람, 만난 지 얼마 안 되는 데이트 상대의 선물은 등가교환으로 이루어집니다. 내가 준 선물에 대해서—이 경우 우리는 대부분 무엇인가를 '베풀었다'고 생각합니다—받은 사람이 호의적인 반응을 보이지 않는다면, 그저 당황하고 마는 게 아니라 분노하게 될 것입니다. "내가 너한테 다시 뭘 사주는가 보자!" 모든 사람이 사실 대가를 바라고 선물합니다. 최상의 경우에는 그 사람에게서 더 큰 선물을 기대하고, 최악의 경우라도 자기가 준 선물을 사용하는 사람을 보면서 남몰래 기쁨을 느끼고자 합니다. 그래서 선물을 주는 그 자리에서 선물을 팽개치는 행동이나, 준 선물을 다른 사람에게 주어서 선물을 준 사람이 그것을 보게 되는 일은 엄청난 상처를 주게 됩니다.

고상한 사람들은 "나는 정말 아무런 대가 없이 무엇인가를 줄 수 있다."고 말합니다. 그러면서 대가를 바라는 선행을 폄하합니다. 서구 유럽 인들이 대가를 바라고 선물을 주는 사람을 '인디언 선물자 indian giver'라고 마음대로 원주민을 욕하는 것도 알고 보면 그들 속에도 그런 놈들이 있었다는 걸 보여주는 것입니다. 아무런 대가 없이 무엇을 주는 행위, 다른 말로 아무런 의도나 의미를 부여하지 않고 남에게 무엇을 주는 행위는 정말 참혹한 몹쓸 짓입니다. 상상해보십시오. 누군가가 여러분에게 무엇인가를 줍니다. 그래서 묻습니다. "무슨 일인데 저한테 이런 걸 주시는지요?" 상대가 대답하길, "아무 의미도 없습니다." 남편이 아내에게 선물을 건넵니다. 아내 왈 "웬 선물이야?" 남편이 대답합니다. "아무 뜻도 없고 대가도 바라지 않는, 그냥 주는 무엇일 뿐이야!" 우리는 이런 '순수한' 선물보다는 '음흉한' 의도를 감춘 뇌물을 좋아합니다. 여자친구에게 주는 24K 금목걸이는 그게 무엇이든 그것에 걸맞은 대가를 기대하는 뇌물입니다. 아내에게 주는 현금 100만 원이라는 선물은 어쩌면 아내 몰래 저지른 외도에 대한 속죄물일지도 모릅니다.

선물은 의무감이 전제될 때 그 효과를 발휘합니다. 그리고 선물을 주거나 받으면서 의무감이 생겨난다면, 그건 이미 선물이 아니라 뇌물입니다. 그리고 이게 바로 선물의 진실입니다. 선물은 그 탄생에서부터 복종이나 구속이었습니다. 기독교에 따르면 하나님은 우리에게 은혜를 베풀어 선물을 주었습니다. 그래서 능력, 재능은 영어에서는 gift이고, 재능을 뜻하는 다른 단어 talent도 신이 인간에게 부여한 것이며, '재능 있는'은 gifted 또는 talented라는 수동형입니다. 이런 선물의 대가로 우리는 신에게 복종하고 경배할 의무를 갖게 됩니다. 선물은 결국 우리를 우리라는 틀 속에 갇혀서 살아가게 하는 '아름다운 구속'입니다. 아름답다는 말은 사정이야 어찌되었던 누군가를 이롭게 한다는 것이고, 구속이라는 말은 그 대가를 치러야 한다는 것입니다. 내게 이로운 일이 생기면 좋겠다는 우리의 본능적

바람에 기생하는 그 무엇이 바로 선물이고, 이게 진한 의도를 갖고 일그러지면 뇌물이 됩니다. 선물과 뇌물 사이에는 효과의 기대치에서만 차이가 있을 뿐입니다. 선물이, 주는 의도에서 또 대가로서 돌아오는 효과에 대한 기대치가 그나마 흐릿하고 작다면, 뇌물은 더욱 뚜렷하고 크다는 것입니다. 그리고 선물에서는 대체로 주는 사람의 선택이 중요하다면, 뇌물에서는 철저히 받는 사람을 중심으로 무엇인가가 선택된다는 것입니다.

저는 선물주기를 좋아하는 편입니다. 주변의 꽤 많은 학생들이 제게서 작은 뭔가를 받았을 것입니다. 그런데 선물받기를 반기지는 않습니다. 그런데도 주면 어쩔 수 없이 받아야 할 때가 있습니다. 물론 마음으로는 정말 고마워합니다만, 언제나 부담으로 남습니다. 그런데 제가 좋아하는 선물이 있습니다. 그건 쪼잔하지 않게 "뭘 마이 미기는 거", 바로 뭘 먹고 나서 기꺼이 계산하려는 사람의 '계산하기' 선물입니다. 이 먹은 것 계산하기는 같이 먹었으니까 대체로 억울한 마음도 적고, 부담도 덜하고, 더 나아가 아직까지 우리네 정서에서는 먹고 나서 자기가 기분 좋게 돈 내는 일은 문자 그대로 '기분 좋은' 일이기 때문에 능력을 넘어서는 걸로 보이기 전에는 굳이 막지 않습니다. 무엇보다 그 기분 좋음이 다음번 계산 때에도 다시 찾아올 가능성이 높다는 것입니다. 누구든 얻어먹은 것은 기억합니다. 차이가 있다면, 그 기억을 갚을 수 있는 능력이나 기회입니다. 혹시 제게 선물하고픈 분이 있다면, 언제 한잔 하거나 밥 한 끼 할 때 주저하지 말고 기분 좋게 계산하십시오. 선물은 먹혀들 것이고, 다음 번에 반드시 대가가 갈 것입니다. 뭘 마이 미기는 걸로!

소갈비 한 대

수락산을 내려오면서 늘 봐둔 음식점 하나가 있습니다. 냉면과 갈비를 하는 집인데, 밖에 걸어놓은 사진을 보면 갈비가 참 먹음직합니다. 뿐만 아니라 한 대에 7,500원이라는 문구를 보니 더욱 흥분됩니다. 사진에 나온 갈비는 영락없는 소갈비입니다. 지난 5개월간 손님들의 추이를 보다가, 늘 많은 사람을 보면서 나름대로 확신했습니다. "음, 소갈비 한 대에 7,500원이라. 아마 젖소겠지. 그래도 소갈빈데……." 하면서 드디어 산에서 내려오면서 사인분을 샀습니다.

집에 와서 제가 좋아하는 맥주를 냉동고에 채우고 짐짓 폼을 잡았습니다. "오늘 맛있는 것 사왔다." 굽고 나서 보니 웬 소갈비에 양념으로 막장이 딸려왔습니다. 아들은 이미 냄새로 이게 돼지갈비라는 걸 알았답니다. 아내는 설마 돼지갈비를 사와서 생색을 내겠나 해서 구우면서 먹어보고서도 좀 이상하지만 소갈비라고 알았답니다. 상에 올라온 고기를 먹는 순간, "야, 이거 돼지갈빈데!" 제 말에 아들은 당연하다고 하고, 아내는 뭔가 이상했다고 합니다. 이게 뭡니까?

사실 이런 실수는 해를 거슬러 올라갑니다. 1981년 지금처럼 삼겹살도 없고 돼지갈비는 구경도 못하던 시절, 거의 두루치기를 먹던 그런 시절입니다. 천하의 촌놈인 제가 마산 친구들과 '갈비'를 먹으러 갔습니다. 빈터와 논이며 배밭이 전부인 태릉으로. 전해들은 이야기로는 '태릉갈비'가 맛있다고 했습니다. 우리 마산 촌에서는 갈비 하면 소갈비입니다. 그래서 당연히 소갈비라고 생각하고 태릉으로 시내버스를 한 시간 이상 타고 갔습니다. 그리고 맛있게 먹었습니다. 언제 소갈비를 먹어봤어야 맛을 알지요. 그냥 맛있게 먹었습니다. 그리고 늦게 택시를 타고 시내까지 나오면서 "오늘 소갈비 한 번 잘 먹었다."고 이야기를 나누고 있는데, 택시기사님 왈, "태릉에서 소갈비도 팝니까?" 순간 우리는 의기양양했습니다. "아저씨, 우리가 지금 묵고 가는 길 아입니꺼." 기사는 대답이 없었고, 우리는 십 년 이상이 지날 때까지 그게 소갈비라고 생각하고 살았습니다.

그런데, 돼지갈비도 '몇 대' 하는 식으로 팝니까? 또 돼지갈비집에서 냉면을 전문으로 하는 것도 맞습니까? 제 촌놈 상식에는 소갈비 먹고 폼 나게 냉면 먹고, 그리고 나오는 것이 맞습니다. 그래서 저는 '몇 대 얼마'라는 간판을 보고서 당연히 소갈비라고 생각했습니다. 돼지갈비는 몇 인분, 몇 그램으로 팔지 않습니까?

은근히 싼값에 소갈비를 먹겠다던 제 희망은 거짓으로 끝났습니다. 한때 포천 이동에 자주 갔습니다. 두 대 이상을 먹으면 그 자리에서 긁는 행운권을 주는데, 거의 늘 당첨이 되었고, 더 먹거나 싸서 왔습니다. 사이판 온천에서 목욕도 하고. 물론 그때는 당연히 젖소갈비라고 알고 먹었고 맛있었습니다. 지금도 포천 이동갈비는 일인분에 2만 원 정도 합니다. 그런데도 한 대 7,500원짜리가 소갈비라고 생각했다니, 이건 먹을 귀신이 씌었다고 하지 않는 한 설명하기 어렵습니다.

이참에 행운과 불운에 대해 잠시 말하고자 합니다. 참으로 만나기 싫은 사람을 억지로 만나러 갔는데, 먹고 싶은 음식이 잔뜩 차려져 있을 때, 우리는 행복합니다. 그리고 계산을 회비로 할 때 또 배신감을 느낍니다. 친한 친구가 자기 이성친구를 소개하면서 동시에 미팅도 시켜준다고 합니다. 그런데 그 이성친구는 어쩌면 그렇게 저의 미팅 상대와는 다르게 생겼을까요? 군대 가는 친구를 위해 없는 돈 있는 돈 다 털어서 한잔 샀습니다. 그런데 3개월 후 휴가도 아니고 의가사 제대를 하고 나옵니다. 이게 뭡니까? 들은 이야기로 이럴 때 정말 화난답니다. 처가에 돈 좀 들여서 선물합니다. 그런데 다른 사위나 며느리가 그것보다 훨씬 비싼 선물을 합니다. 처가에서는 "정성이면 그만이지!"라고 합니다만, 정성은 뭘로 평가하지요? 다시는 안 간다고 다짐한답니다.

그래도 절기는 정확합니다. 입추를 지났다고 바람이 좀 선선합니다. 행과 불행, 행운과 불운이 오가는 게 인생살이입니다. 혹시 길에 떨어진 10원짜리 동전을 주워본 적이 있습니까? 하기야 요즘 누가 10원짜리를 줍겠습니까. 그래도 한번 주워보십시오. 이게 복을 주는 돈이라고 생각하면 반드시 복이 옵니다. 사람은 자기가 생각한 것만큼만 기억합니다. 그래서 점은 언제나 맞고, 그래서 점을 봅니다. 10원짜리 하나 줍고서 좋은 일이 생기겠지 하면, 꼭 좋은 일이 생깁니다. 느닷없이 누가 점심을 산다고 하면 보통 때는 그냥 얻어먹지만, 10원짜리를 주운 날이면 그게 바로 행운의 상징이 됩니다.

누군가에게 길가에 버려져서 아무도 줍지 않는 10원짜리처럼 자신이 행운의 상징이 되는 것은 어떻습니까? 너를 만난 건 불운이고 불행인 줄 알았는데, 그게 이렇게 큰 행운이고 행복인 줄 몰랐다는 고백을 듣는 멋진 시간을 꿈꿉시다. 이렇게 말하면서도 '몇 대 얼마'라는 간판이, 그 간판에 속은 제가 밉습니다. 아무도 속이지 않는 세상, 사람은 제풀에 제가 속고 사는 것입니다. 언제 소갈비 한 대 합시다. 정말 소갈비로!

기본은 기본이다

제가 대학에 다니던 시절에는 '기본'을 '기본 만 원 - 맥주 세 병 안주 하나'라고 말했습니다. 레스토랑이나 술집에서 늘 하던 기본 비용에 대한 이야기입니다. 그래서 이 기본에서 벗어나서 혹시 돈의 액수가 많아지거나 맥주나 안주의 양이 줄어들면 그건 정말 '기본이 안 된' 집이었습니다. 그 집이 장사가 잘되지 않는 건 말할 필요도 없습니다. 오히려 그 기본에 덤을 얻는 것이 상례였습니다.

택시비에도 전철요금에도 기본이 있습니다. 이런 기본은 최소한의 운영 비용을 감안한 유지비라는 개념을 갖고 있습니다. 더불어 승객에게는 그 기본 요금을 통해서 다른 운송수단을 이용할 경우와 비교할 수 있는 잣대를 제공하는 것이기도 합니다. 우리가 버스나 택시보다 전철을 많이 이용하는 까닭도 단지 시간의 절약이라기보다는 이런 기본에 대한 판단 때문일 것입니다. 컴퓨터의 기본 사양이나 자동차의 기본 장착도 마찬가지입니다. 그런데 사람에게는 기본이 무엇일까요? 만약 여러분이 자기를 파는 장사를 해야 한다면, 여러분은 무엇을 기본이라고 선전하겠습니까?

지난번에 제 책을 내면서 저는 이 기본에 대해 다시 생각하게 되었습니다. 지금은 바로잡았지만 이전 책을 읽어보면 알겠지만, 적잖은 오자나 탈자, 문장 오류가 있습니다. 이런 건 편집의 기본에 해당하는 것입니다. 그런데 제 책을 맡은 출판사 직원은 기본이 되어 있지 않았습니다. 편집의 기본은 필자가 자기 글에서 미처 발견하지 못한 오자와 탈자를 잡아내는 것입니다. 그런데 이 책임자는 오자나 탈자는 잡지도 못하면서 문장 표현이 어쩌니, 내용이 어쩌니 하고 기본을 넘어서는 일에 관심을 가졌고, 그 결과는 기본도 지키지 못한 것으로 나타났습니다. 하물며 몇몇 부분에서는 제 글을 마음대로 고치면서 오자를 만들고 문장도 어지럽히고 말았습니다. 출판사는 이 때문에 제게 심한 항의를 받기도 했습니다.

교수의 기본은 연구해서 가르치는 것입니다. 제 시간에 강의하고, 강의를 충실히 하고, 평가를 공정하게 해야 합니다. 학생과의 교감이나 인간성은 선택사양입니다. 학생의 기본은 공부하는 것입니다. 제 시간에 강의에 들어오고, 강의를 열심히 듣고, 시험에 최선을 다해야 합니다. 교수와의 친밀감이나 개인 사정은 선택사양입니다. 구두닦이는 구두를 잘 닦아야 하고, 음식점은 음식을 잘 만들어 친절하게 팔아야 합니다. 운전기사는 손님을 원하는 장소까지 안전하고 친절하게 데려다 주어야 합니다. 이 모든 게 싫거나 마음에 들지 않는다면 직업을 바꾸어야 합니다.

이제 기말고사를 채점하고 평점을 매기는 시간입니다. 몇몇 학생들에게는 정도 들었고, 몇몇 학생에게는 섭섭함도 있습니다. 또 몇몇 학생은 개인 사정을 빌미로 제게 이런저런 배려를 요구하기도 합니다. 하지만 이런 일은 제게 별로 효과적이지 못합니다. 그저 원칙에 따라 점수를 매기고 평점을 줄 뿐입니다. 기본에 충실했다면, 결과도 좋을 가능성이 높습니다. 그렇지 않다면 저와의 관계는 아무 소용이 없습니다. 물론 대부분의 학생들은 이런 기대를 하지 않습니다. 방학 중에 다시 만나서 한잔 하는 걸 바람으로 갖는 학생들이 거의 전부입니다. 그리고 저는 또 그 학생들과 만나서 한잔 할 것입니다.

기본은 문자 그대로 기본입니다. 앞서 물었던 것처럼 여러분은 무엇을 기본으로 제시하고자 합니까? 만약 저라면 이렇습니다. "김범춘: 기본—술자리에서 술 마시며 대화하기/제 할 일을 다함/되도록 남에게 도움이 되고자 함. 선택사양—꼭 술을 마시지 않아도 됨/등산을 함께 할 수 있으면 좋음/남에게 좋은 사람이 되고자 고민하는 사람은 우대함. 덤—나이와 능력에 맞게 돈을 지출함/외모와 능력을 우선하지 않음." 좀 촌스럽기는 하지만, 여러분의 기본과 선택사양도 알고 싶습니다. 왜냐하면 세상은 더불어 살아가는 곳이고, 그곳에서 좋은 사람을 만난다는 건 큰 행운이기 때문입니다. 누가 제게 행운을 주시려는지요?

체력, 정신력 그리고 인간됨

서울 북부의 불암산, 수락산, 도봉산, 북한산 40여 킬로미터를 20시간 안에 종주하는 이른바 '불수도북'을 준비하면서 신화가 된 옛말의 허황됨을 체험합니다. 『화엄경華嚴經』의 "모든 게 마음먹기에 달렸다一切唯心造."는 말이나, 이것을 패러디한 원효의 해골물 마시기는 불교를 넘어 일상적인 지혜로 받아들여지고 있습니다. 사실 원효 류의 해골물 마시기는 많은 사람이 경험한 일입니다. 친구 자취방이나 하숙집에 들러 분간할 수 없는 어둠 속에서 페트병의 물을 맛있게 마셨는데, 다음날 그게 오줌이었다니, 며칠이나 지난 상한 음료수였다는 이야기는 사람들 사이에서 흔해 빠진 전설입니다. 하지만 모든 게 마음이 만들어내는 건 아닙니다. 마음이 만들어낸다는 정도가 되려면 적어도 맛있는 물인 줄 알고 먹은 게 농약이나 독약이었는데도 멀쩡하다는 식은 되어야지 뭔가 내세울 만합니다. 얼마 전 기인을 소개하는 텔레비전 프로그램에는 부패하거나 곰팡이가 핀 음식이나 응고된 우유를 먹고도 아무 탈이 없는 사람이 소개되었습니다. 이런 건 정신의 문제가 아니라 체질의 문제입니다.

이보다 더 유명한 문구가 바로 "정신을 한곳에 모으면 이루지 못할 일이 없다精神一到 何事不成."는 것인데, 이것도 왕구라입니다. 우선 『주자어류朱子語類』에 나오는 말을 그대로 인용해보면, 陽氣發處 金石亦透 精神一到 何事不成입니다. 풀어보자면 "만물을 생겨나게 하는 힘이 있는 곳에서는 쇠며 돌도 뚫을 수 있다. 만물의 근원적인 힘을 한곳에 모으면 이루지 못할 일이 없다."는 내용인데, 여기서 말하는 양기나 정신은 우리가 말하는 남성의 정력이나 이성과 같은 의미의 정신이 아닙니다. 돌 사이를, 콘크리트를 비집고 나오는 풀과 꽃의 생명력이 바로 금석을 뚫는 양기입니다. 이처럼 세상의 근원적인 원리를 통찰하고 그것을 적용하면 이루지 못할 일이 없다는 것입니다. 그런데 이게 우리에게는 강인한 정신력, 과거 운동선수에게 자주 사용하던 말로는 헝그리 정신hungry mind의 가공할 위력을 가리키는 것이 되었습니다. 이때부터 무엇인가를 이루지 못하거나 도중에 포기하는 사람은 '정신력이 약한' 사람이거나 '인내심이 부족한' 사람이거나 '사람 되기 틀린' 사람이 되고 말았습니다.

아시다시피 정신뿐만 아니라 육체에도 분명한 한계가 있습니다. 제가 늘 농담처럼 던지는 말입니다만, 특정 과목에서 '딱'하고 걸린 점수는 좀처럼 올라가지 않습니다. 수능 점수가 그렇고 어학 능력도 그렇습니다. 마라토너 이봉주가 왜 2시간 8분대에 진입하고 싶지 않겠습니까? 그는 누구보다도 성실하게 훈련하는 사람으로 알려져 있습니다. 박찬호가 20승하고 싶은 것이나 박지성이 시즌 10골 이상을 넣고 싶은 것이나 다 마찬가지입니다. 더군다나 정신을 모아서 모든 일을 다 이룰 수 있다는 식의 주장은 궤변이고 약자를 기죽이는 거짓말입니다. 간단히 말해 "야, 이 바보 같은 약자들아! 너희들이 약자인 까닭은 정신을 한데 모으고 진력하지 않기 때문이야. 정신력도 약한 것들이 바라긴 뭘 바래!"라고 말하고 싶은 걸, 억지로 우회해서 교훈으로 가르치고 있는 것입니다. 위인전에는 하나같이 엄청난 정신력과 집중력, 인내심을 가진 인간들로 넘쳐납니다. 정말 그랬을까요?

어느 정도의 육체적 고통을 이겨내거나 견뎌내는 데에는 강한 정신이나 신념이 도움이 됩니다. 그리고 더 유용하게는 건강한 육체가 그런 고충을 이겨내는 데 더 큰 도움이 됩니다. 태릉선수촌의 유도 선수들이 소화하는 훈련량은 일반인의 상상을 초월합니다. 그 선수들은 일반인에 비해 같은 근육을 쓰는 운동에 내성이 강하고 훨씬 잘 소화해냅니다. 운동선수들은 대부분 술을 아주 잘 마십니다. 평소 즐기지 않더라도 작정하고 먹으면 일반인의 서너 배는 거뜬합니다. 이건 그 사람들의 정신력이 뛰어나서가 아니라 체력이 남다르기 때문입니다. 산행을 좀 했다고 하는 저도 다른 일반인에 비해 산을 더 빠르게 오르기도 하고 더 오랫동안 산행을 지속할 수도 있습니다. 하지만 산 곳곳에서 눈에 띄는 체력단련장에서 하는 바벨들기는 저보다 작은 덩치의 사람보다 더 못합니다. 아령도 역기도 마찬가지입니다. 옛말을 그대로 믿는다면 저는 마음 약한 놈일 뿐입니다. 물론 옛말은 이런 뜻을 담고 있습니다. "진정으로 마음을 가다듬고 한 일에 몰두한다면, 그리고 꽤 오랜 시간 몰두한다면, 웬만한 일은 이룰 수 있을 것이다."는 것입니다. 하지만 이것도 거짓말입니다. 이게 사실이라면 성공은 시간 문제일 뿐입니다.

어제 불암산을 거쳐 수락산을 넘어 동막골로 내려왔습니다. 상계역에서 출발하여 불암산 정상을 거쳐 덕릉고개 쪽으로 하산하는 데 1시간 40분, 수락산 연결 지점에서 수락산 정상까지 1시간 5분, 수락산 정상에서 의정부 장암의 동막골까지 2시간 5분이 걸렸습니다. 4시간 50분 정도의 산행이었지만 혼자서 거의 사람이 다니지 않는 길을 조용히 앞만 보면서 걸었습니다. 특히 수락산에서 동막골로 가는 2시간의 하산길은 불수도북을 하는 사람이 아니면 거의 다니지 않는 길이고, 작은 봉우리를 다시 네 개를 넘어야 하기에 단조롭고 지루했습니다. 불수도북을 완주하려면 이런 상태로 다시 도봉산과 북한산을 올라야 한다는 나름대로의 계산을 하면서 문득 '이건 사기다.'는 생각이 들었습니다. 흔히 불수도북 종주를 인간성 시험, 정신력 훈련이니 자기 단련이니 자신과의 싸움이니 하는 말로 표현합니다. 저는 '체력 테스트' 또는 '체력이 뒷받침되는 긴 산행'이라고 주장합니다. 체력 좋은 놈들이 그렇지 못한 사람을 기죽이는 그럴듯한 입술발림은 듣기에도 좋지 않습니다.

우리나라에서는 참 신기한 일이 많이 벌어집니다. 회사의 신입사원을 모아놓고 한밤에 극기훈련을 한다고 공동묘지에 데려가거나, 지난번 사고가 난 경우처럼 달랑 랜턴 하나를 주고서 야간산행을 강요하기도 합니다. 해병대니 특전사니 하는 특수부대의 극기훈련 캠프를 자처하기도 합니다. 다 마음먹기에 달렸다는 옛말 때문인 듯합니다. 그런데 은행 업무하고 공동묘지의 관련성은 무엇이며 연구개발 직종과 특수부대 극기훈련은 무슨 관련이 있나요? 그렇습니다. 은행에 혼자 남아서 밤을 새면서 야근을 하더라도 공포심이 없어야 하고, 황우석의 정신없는 자랑처럼 '월화수목금금금'하면서 밤낮 없이 특수 연구부대의 심정으로 연구개발을 하라는 말입니다. 정작 공동묘지는 이제 공원으로 변해가고, 특수부대도 전자장비로 무장하는데, 은행원과 연구직 종사자들은 정신일도 하사불성을 외치면서 강인한 체력을 요구받고 있습니다.

몇 번 불수도북에 맘을 두고 도북도 해보고 불수도 해보았지만, 남는 건 허망합니다. 이 모든 게 나의 변명이고 합리화일 것입니다. 불수도북은 백두대간 종주 앞에서 무릎을 꿇고, 백두대간 종주는 히말라야 14좌 등반 앞에서 같은 꼴이 됩니다. 그다음에는 7대륙 최고

봉이 기다리고 있고 남극과 북극, 에베레스트라는 삼극점 정복이 또 고개를 빼고 기다리고 있습니다. 이 긴 여정에 뛰어들 사람은 누구이고, 그만한 체력과 경제력을 갖춘 사람은 몇이나 될까요? 그렇기에 이른바 '산악그랜드슬램'에 성공한 사람, 우리나라의 박영석만이 정신일도 하사불성한 사람일 수는 없을 것입니다. 정신을 자기가 좋아하는 곳에 모아서, 그곳에서 몸이 함께 즐거워지는 게 중요합니다. 산악인 박영석은 욕심이 없지는 않았겠지만, 무엇보다 산에 가는 게 좋았기 때문에 그런 성과를 거둘 수 있는 것입니다. 학생들 앞에서 하루 8시간도 강의할 수 있는 교사. 손님을 위해 하루 500 그릇의 짜장면(자장면은 가라!)을 뽑을 수 있는 주방장. 하루 천 명의 승객을 받으면서도 웃음을 잃지 않는 버스기사. 아무렴, 이게 일체유심조일 것입니다. 여러분은 마음을 모아 무엇을 하려는지요? 또 몸을 단련해서 무엇을 이루려는지요? 그래도 불수도북 종주는 아직 제 현실적인 꿈입니다. 미련하게도.

등산화 길들이기

여우가 나타난 것은 바로 그때였다.

"안녕." 여우가 말했다.

"안녕." 어린 왕자는 공손하게 대답하고 주위를 둘러보았으나 아무것도 보이지 않았다.

"난 여기 있어." 그 목소리가 말했다. "사과나무 밑에."

"넌 누구니?" 어린 왕자가 물었다. 그리고는 이어서 말했다. "넌 참 예쁘게 생겼구나.

"난 여우야." 여우가 말했다.

"이리 와서 나와 함께 놀자." 어린 왕자가 제의했다.

"난 정말 슬프단다……. 난 너와 놀 수 없어." 여우가 말했다. "난 길들여지지 않거든."

"아! 미안해." 어린 왕자가 말했다. 그러나 잠깐 생각해본 후에 그는 다시 말했다. "'길들인다'는 게 뭐지?"

"넌 여기 사는 애가 아니구나." 여우가 말했다. "넌 뭘 찾고 있니?"

"난 사람들을 찾고 있어." 어린 왕자가 말했다. "'길들인다'라는 게 무슨 뜻이지?"

"사람들은 총을 가지고 사냥을 하지. 그게 참 난처한 일이야. 그들은 병아리도 길러. 그게 그들의 유일한 재미야. 너는 병아리를 찾고 있니?"

"아니," 어린 왕자가 말했다. "난 친구들을 찾고 있어. '길들인다'라는 게 무슨 뜻이지?"

"그건 너무 잘 잊혀지고 있는 거지." 여우가 말했다. "그건 '관계를 맺는다'는 뜻이야."

"관계를 맺는다고?"

"그래." 여우가 말했다. "넌 아직 나에게는 다른 수많은 소년들과 다를 바가 없는 한 소년에 불과해. 그래서 나에겐 네가 필요 없어. 또 너에게도 내가 필요 없겠지. 난 너에게 수많은 다른 여우와 똑같은 한 마리 여우에 지나지 않으니까. 하지만 네가 나를 길들인다면 우리는 서로를 필요로 하게 되지. 나에게는 네가 이 세상에서 하나밖에 없는 존재가 될 거고……."

"이제 좀 이해할 것 같아." 어린 왕자가 말했다. "꽃 한 송이가 있는데……. 그 꽃이 나를 길들였다고 생각해……."

"그럴 수도 있지." 여우가 말했다. "지구에는 온갖 것들이 다 있으니까."

『어린 왕자』에 나오는 지구에 온 어린 왕자와 여우의 대화입니다. 간단히 정리하면 다음과 같습니다. 함께 놀아줄 수 없는데, 그 까닭은 길들여지지 않았기 때문이다. 그리고 길들인다는 건 관계를 맺는 일이고, 그렇게 길들여져서 관계를 맺고 나면 세상에 둘도 없는 존재가 된다. 결국 길들여지지 않으면 관계를 맺을 일이 없고, 서로 무관하게 자신의 삶을 살아가게 된다. 뭐, 이런 것입니다.

며칠 전에 등산화를 새로 샀습니다. 이번이 네 번째 등산화인데, 그동안 변한 게 있다면 가격이 점점 높아졌다는 것입니다. 사실 등산에서 가장 중요한 도구는 등산화입니다. 그 외는 '대충' 알아서 갖추면 됩니다. 처음에는 만 원짜리 길거리 등산화였고, 다음에는 5만 원짜리 프로스펙스, 그다음은 8만 원짜리 아식스, 그리고 이제는 15만 원짜리 K2입니다. 왜 가격이 높아졌는가 하니, 등산을 할수록 점점 더 등산화의 소중함을 알게 되었기 때문입니다. 다 알다시피 새로 산 신발은 길을 들여야 합니다. 그래서 오늘 새 등산화를 길들이려고 산에 올랐습니다.

그냥 산에 오르는 것과 등산화를 길들이려고 오르는 산은 다릅니다. 등산화를 길들이는 산행은 의도적으로 이런저런 길이나 바위를 걸어서 신의 곳곳을 늘여주어야 합니다. 또 왼발, 오른발을 공평하게 사용해서 자연스런 비틀림도 만들어야 합니다. 쉽게 말해서 이런저런 지형을 골라서 다닌다는 말입니다. 그렇게 한 네 시간 하면 어느 정도 자리를 잡습니다. 이후에는 그 자리 잡은 등산화 덕분에 발이 편안해지고, 산행도 편안해집니다.

그런데 제가 이 등산화하고 '관계를 맺은' 후 길을 들이면서, 이건 제가 아니라 등산화가 저를 길들인다는 생각이 문득 들었습니다. 가만히 생각해보니, 약간 억울한 심정이 들었습니다. 물론 마음이야 제가 편하겠다고 하는 것이지만, 그 과정은 통 편안함하고는 거리가 멀었습니다. 급기야 아, 발이 적응해가고 발이 길들여지는 것이 아닌가 하는 역전현상을 경험했습니다. 실제로는 등산화가 좀 닳고 늘어나는 것이겠지만, 달리 생각해보면 새 신발이니까 당연히 발이 좀 불편해도 참아야지 하는 길들임이, 길들여질 준비가 이미 마음에 있었다는 것입니다.

사람 만나서 사귀거나 관계를 맺는 것도 마찬가지입니다. 새로운 사람을 만날 때 우리는 마음의 준비를 합니다. 마치 새 신발을 산 후에 갖는 마음처럼 좀은 불편해도 곧 나아질 거야 하고 스스로를 다집니다. 그런데 이게 알고 보면 길들여진다는 것입니다. 사람에 길들여지면 무슨 짓이든 할 수 있습니다. 우리는 그걸 사랑이니 우정이니 의리니 하고 치장하지만, 그 모든 게 길들여지는 것이라는 사실을 부정하기는 어렵습니다. 그래서 사랑이 깊다는 건 참 잘 길들여졌다는 말입니다.

오늘 이후에 이런 말을 한번 사용해봅시다. 새로운 사람을 만나면, 사귀자거나 관계를 맺자(이 말을 할 때는 조심해야 합니다. 뺨 맞는 수가 있습니다)거나 사랑하자는 말보다 "우리 한번 길들여져 봅시다." 하고 말해봅시다. 상대가 "내가 무슨 갭dog니까?" 하거든, 『어린 왕자』를 끌어들여 좀 유식한 체하면서, 혹시 마음에 있거든 "저는 당신에게 길들여지고 싶습니다."고 말하십시오. 물론 상대가 당신을 어떻게 길들일지는 모릅니다. 어쩌면 정말 개처럼 길을 들일지도……. 영화 한 편 보여주고 근사한 저녁 사주면 뽀뽀 한 번, 이런 식으로…….

어느 광고에서 말합니다. "길들여지지 않는다." 참 멋진 말입니다. 그렇게 대담한 말은 자신감의 표현입니다. 이 글의 버전으로 한다면, "나는 관계 맺지 않는다." 또는 "나는 사랑하지 않는다."쯤 될 것입니다. 참 센 놈입니다. 천상천하 유아독존天上天下唯我獨尊. 강호의 고수가 표표히 말을 타고 사라지는 모습이 떠오릅니다. 그런데 이게 무슨 짓입니까? 제 등산화가 그 짓을 하려고 합니다. 한 번 더 한 네 시간 고생하면 저와 관계를 맺을 듯 행동합니다. 못된 놈, 돈값 한다고! 그래도 어쩝니까? 이미 제가 먼저 관계를 맺어서 멀쩡하게 상점에 폼 잡고 있던 등산화를 사버렸으니까요. 관계를 맺은 책임을 져야겠지요?

사람살이

지난 토요일 워크숍이 끝나고 제 수첩에는 이런 내용이 적혔습니다. "사람을 만나지 말자. 새로운 인연을 만들지 말자. 남은 남일 뿐이다. 사람에 대한 기대도 서운함도 버리자. 내 일만을 하자." 참 모진 이야기들입니다. 하지만 살아갈수록 이런 생각이 점점 깊어간다는 걸 부정할 수 없습니다.

사람은 저마다 자신의 이해관계로 사람을 만납니다. 저는 이런 이해관계를 뚫고 들어가서 사람처럼 사람을 만나야 한다는 신념을 갖고 있습니다. 그런데 모든 신념이 그렇듯이 신념은 대가를 요구합니다. 그 대가는 때로는 희생이라는 이름을, 때로는 기쁨이라는 이름을 갖기도 합니다. 그렇지만 그게 희생이든 기쁨이든 간에 한 가지 사실에는 변함이 없습니다. 그건 바로 상처를 피할 길이 없다는 점입니다.

늘 새로이 시작되는 강의와 이런저런 사회활동 때문에 새로운 사람을 만나는 게 저의 일상입니다. 흔히 강의야 그저 학기를 채우면 되겠지 하지만, 그 강의를 듣는 학생들의 태도는 저의 의지와는 무관하게 흘러갑니다. 누군가는 '감동'을 이야기하고 '교훈'을 말하기도 합니다. 또 누군가는 자신의 '섭섭함'을 이야기하기도 합니다. 모두를 만족시킬 수는 없다는 자명한 사실 앞에서도 이런 섭섭함은 저를 주저앉게 합니다.

더 힘든 일은 같은 이념을 지녔다는 사람들의 폭력적 요구입니다. 후배든 선배든 동료든 사람들은 이념을 무기로 사람을 갉아먹습니다. 따뜻한 배려가 사라진 인연은 가시처럼 찌르고 지나갑니다. 이런 걸 이념의 굴레라고 하지요. 같이 살아야 한다는 무게와 무게가 주는 고단함은 동전의 양면처럼 붙어다닙니다.

지난 책에서도 저는 인연을 만드는 건 어리석은 일이라는 투의 말을 한 적이 있습니다. 혼자일 수밖에 없는 태생적인 한계를 인연으로 돌파할 수는 없습니다. 늘 인간다운 인간의 삶이라는 게 무엇일까 하고 묻지만, 돌아오는 답은 "너는 혼자다."는 것밖에 없습니다.

후배가 말합니다. "형은 전면적인 인간 관계를 바라니까 상처를 입는 겁니다." 그렇습니다. 저는 그게 인연이라면, 제대로 된 인연이라면 전면적이어야 한다고 봅니다. 일상의 작은 고민도 나누고 맛있는 것, 힘든 일, 이 모든 걸 적어도 함께하려는 그런 인간 관계가 필요하다는 말입니다.

하지만 현실은 그렇지 못합니다. 사람들은 부분을 즐기고 그 부분으로 모든 걸 평가합니다. 이런 부분에서는 이익을 얻고 저런 부분에서는 손해를 눈감아버립니다. 강의 듣는 학생들은 술 마실 때나 고민을 이야기할 때는 한없이 너그럽고 수용하는 선생을 강요합니다. 그러나 학점이 걸리면 찬바람 쌩쌩 날리는 '수강생'으로 변합니다. 같이 일하는 사람들도 크게 다르지 않습니다. 결국에는 삶의 방식이니 이념의 차이니 하면서 낯을 가립니다.

후배에게 이런 말을 했습니다. "내가 도대체 무슨 이유로 아이들에게, 후배들에게 술 사주고 이야기하고 같이 힘들어해야 하는 거지? 그 사람들이 그렇게 요구할 권리가 있는가? 최소한 인간으로서의 예의는 있는가 말야?" 돌아오는 말은 같습니다. "그냥 그런 놈들이라고 무시하세요!"

왜 강호의 센 놈들은 혼자 다닐까요? 왜 혼자 살아갈까요? 매달리는 인연 모두 뒤로 한 채 그립고 외로운 길을 혼자 갈까요? 일이 많으면 일 때문에 힘든 게 아닙니다. 일에 얽힌 사람 때문에 힘든 것이지요. 일에서 성취하면 일 때문에 기쁜 게 아닙니다. 일을 해낸 자신 때문에 기쁜 것이지요. 슬픔도 분노도 마찬가지입니다. 삶의 과정 자체에서 무슨 설움이며 분노가 그렇게 많겠습니까? 결국 사람입니다.

박노해는 사람이 희망이라고 했습니다. 하지만 그는 사람이 절망이라는 말을 애써 숨겼습니다. 희망이고 절망인 그런 게 사람입니다. 그럼 희망이나 절망에서 자유로울 수 있는 길은 무엇일까요? 그건 일에 빠지고 사람에서 벗어나는 것입니다. 일 자체를 즐기는 것! 바로 이게 사람에게서 벗어나고 사람에게서 자유로워지는 것입니다. 얽힌 인연 다 끊고 밭 갈고 나무 하면서 한 끼를 해결하고 잠드는 자적自適하는 삶이 그립습니다. 이게 일에 빠지는 것입니다. 남南으로 창窓을 내겠다던 월파 김상용金尙鎔처럼.

희망의 나무를 심을 수는 있지만, 희망의 인연을 심기는 어렵습니다. 절망의 나무는 벨 수 있지만 절망의 인연은 그렇지 못합니다. 이제 더는 사람에게서 희망을 찾는 일을 하지 못할 듯합니다. 그렇다고 사람에게서 절망을 배우는 일도 하고 싶지 않습니다. 아, 그런데 나의 일은 무엇이지요? 나를 해방하고 살게 할 그 일은? 물음은 풀리지 않은 채 다시 꼬이기 시작합니다. 마치 사람의 질긴 인연처럼 그리고 여기서 다시 철학이 시작됩니다.